古典文獻研究輯刊

十一編

潘美月・杜潔祥 主編

第 8 冊

籀廎學記
——孫詒讓先生之生平及其學術（三）

王更生 著

國家圖書館出版品預行編目資料

籀頄學記——孫詒讓先生之生平及其學術（三）／王更生 著

— 初版 — 台北縣永和市：花木蘭文化出版社，2010〔民99〕

目 4+254 面；19×26 公分

（古典文獻研究輯刊 十一編：第 8 冊）

ISBN：978-986-254-307-8（精裝）

1.（清）孫詒讓 2.學術思想 3.傳記

112.78   99014035

ISBN - 978-986-2543-07-8

9 789862 543078

古典文獻研究輯刊

十一編 第 八 冊   ISBN：978-986-254-307-8

籀頄學記——孫詒讓先生之生平及其學術（三）

作　　者　王更生
主　　編　潘美月　杜潔祥
總 編 輯　杜潔祥
企劃出版　北京大學文化資源研究中心
出　　版　花木蘭文化出版社
發 行 所　花木蘭文化出版社
發 行 人　高小娟
聯絡地址　台北縣永和市中正路五九五號七樓之三
　　　　　電話：02-2923-1455／傳真：02-2923-1452
網　　址　http://www.huamulan.tw 信箱 sut81518@ms59.hinet.net
印　　刷　普羅文化出版廣告事業
初　　版　2010 年 9 月
定　　價　十一編 20 冊（精裝）新台幣 31,000 元

籀廎學記——
孫詒讓先生之生平及其學術（三）

王更生　著

目

次

第六章　孫詒讓之金石學

一、緒　論

（一）孫氏治金石學之時代背景

　　金石一詞出于先秦，而墨子著書首載古先聖王，刻鏤金石之語；〔註1〕〈祭統〉述孔悝鼎銘，乃以金文證經之始；〔註2〕時迄兩漢，其學漸萌，少君審漢武所庋銅器，定齊桓公所鑄，此以金文審定時代之始；〔註3〕張敞考宣帝時于美陽所得鼎，此以金文考釋文字之始；〔註4〕叔重作《說文》，據山川所出鼎彝銘款以遵修古文，此以金文說字之始；〔註5〕史遷載嬴氏六種刻石，此有意

〔註1〕金石二字聯用成詞，見於墨子書中〈尚賢〉、〈兼愛〉、〈天志〉、〈非命〉、〈明鬼〉、〈貴義〉、〈魯問〉各篇：「古者聖王……書於竹帛，鏤於金石。」

〔註2〕《禮記・祭統》曰：「夫鼎有銘，銘者，自名也，自名以稱揚其先祖之美，而明著之後世者也。是故君子之觀於銘也，既美其所稱，又美其所爲。爲之者，明足以見之，仁足以與之，知足以利之，可謂賢矣。賢而勿伐，可謂恭矣。故衛孔悝之鼎銘曰：『六月丁亥，公假于大廟，公曰：叔舅，乃祖莊叔，左右成公，成公乃命莊叔隨難于漢陽，即宮于宗周，奔走無射。啓右獻公，獻公乃命成叔纂乃祖服。乃考文叔，興舊耆欲，作率慶士，躬恤衛國。其勤公家，夙夜不解。民咸曰休哉。公曰：叔舅，予女銘，若纂乃考服。悝拜稽首曰：對揚以辟之勤大命施于烝彝鼎。』此衛孔悝之鼎銘也。」是以金文證經之始。

〔註3〕《史記・封禪書》：「李少君見上，上有銅器，問少君，少君曰，此器齊桓公十年陳於柏寢，已而，按其刻，果齊桓公器。」是以金文審定器物時代之始。

〔註4〕《漢書・郊祀志》：「是時美陽得鼎獻之，下有司議，多以爲宜薦見宗廟如元鼎故事，張敞好古文字，案鼎銘勒」而知爲周所以襃賜大臣，大臣子孫刻銘其先功，臧之於宗廟者也。是以金文考釋文字之始。

〔註5〕許愼〈說文解字敘〉云：「郡國亦往往於山川得鼎彝，其銘即前代之古文皆自

存錄金石文字之始也。〔註6〕誠以製器爲銘，九能之選，辭誼瑋奧，同符經藝，至其文字，則又上原倉籀，旁通雅故，博稽精覈，爲益無方，是以古來準此以證經、糾史、補闕、考文，效其史法，摹其體例者多有之。然則宋元以後，最錄款識之書，若呂大臨、〔註7〕王黼、〔註8〕王俅、〔註9〕王厚之諸家，〔註10〕而以薛尚功《鐘鼎款識法帖》爲尤備，〔註11〕然薛氏旨在鑑賞書法，雖其摹勒頗精，而平釋多謬。降及元明，荒陋無文，少有佳構。至廢清乾、嘉間，器物出土者日衆，從事樸學者亦彌多，故修學之儒，研覈篆籀，輒取證于金石，尤當兩宮鑑古之書行世以後，〔註12〕則私家庋藏，士夫玩索，殆如雨後春筍，風起而雲湧，〔註13〕昔爲小學之附庸，今則蔚成大國矣。

相似，雖巨復見遠流，其詳可得畧說也。」此叔重以金文說字之始。

〔註6〕 司馬遷《史記·始皇本紀》二十八年，始皇東行郡縣，上鄒繹立石，與魯諸生議刻石頌秦德，此爲〈嶧山刻石〉，史公不錄，其文今見鄭文寶摹本，史公所錄者，〈泰山刻石〉、〈琅邪臺刻石〉、〈之罘刻石〉、〈之罘東觀刻石〉、〈碣石刻石〉、〈會稽刻石〉，及〈二世刻石〉，凡此皆以見史公之留意金石，是爲有意存錄金石文字之證。

〔註7〕 呂氏著《考古圖》十卷，《釋文》一卷，〈自序〉稱成於元祐壬申（即公元1092年）。是書係將内府之外三十七家所藏，按形工繪，不失毫髮，其出土之地，收藏之家，及器之大小尺寸，無不詳注，體例謹嚴，有疑則闕。取銘識古字，以《廣韵》四聲部分編之，其有所異同者，則各爲訓釋考證，疑字象形字無所從之字，則附於卷末。

〔註8〕 王氏繼《考古》而作《宣和博古圖》，此書著錄宣和殿所藏古器八百三十有九，分二十類以圖寫之，每類附總說，釋文列於圖下，其器之大小尺寸，容量輕重，亦有注明，大抵考證雖疎，而形模未失，音釋雖謬，而字畫俱存，裒集之功爲不可沒也。

〔註9〕 王氏著《嘯堂集古錄》二卷，編錄彝器之屬，自商迄漢，凡三百四十五器，摹其款識，各以今文釋之，未有考證。

〔註10〕 王氏亦著《鐘鼎款識》，其書凡錄款識五九種，係將秦檜、朱敦儒等所藏之器，輯其拓本而成。

〔註11〕 本書二十卷，凡錄夏器二、商器二百零九、周器二百五十三、秦器五、漢器四十二，共五百十一器，除夏器爲吳、越器誤認外，而商器亦多係周器，惟其所摹，雖大抵以《考古》、《博古》二圖爲本，但蒐輯之廣，實多有出於兩書之外者。

〔註12〕 吉金之學，自宋《考古》、《博古》、《鐘鼎款識》以後，久無嗣響。清乾隆初始命儒臣錄内府藏器，倣《宣和博古圖》爲《西清古鑑》四十卷，後又撰《寧壽鑑古》十六卷，《西清續鑑》甲乙編各二十卷，皆成於乾隆一朝。於是海内士夫，聞風承流，相與購致古器，蒐集拓本，蔚爲吉金之學之極盛時代也。

〔註13〕 海内俊彥，其集諸家器爲專書者，則始於阮元之《積古齋鐘鼎彝器款識》，而莫富於吳式芬之《攈古錄金文》，其著錄一家藏器者，則始於錢坫之《十六長

其間若儀徵阮文達、〔註14〕南海吳榮光、〔註15〕海豐吳子苾，〔註16〕蒐錄宏富，攷釋精塙，率可依據。仲容適生於此一金石學大盛之時代，幼承過庭之訓，〔註17〕得聞乾嘉大師之緒論，遂以稽古爲職志，〔註18〕以爲「古文廢於秦籀，缺于漢，逮魏、晉而益微，學者欲窺三代遺迹，舍金文奚取哉！」，〔註19〕其端居諷字，頗涉薛、阮、吳三家之書，至於登金山訪〈啓諆〉，遊海雲堂觀〈無叓鼎〉，〔註20〕手拓目論，積四十年而不遺餘力，〔註21〕所窺彝器不下二千種，終能繼絕舉廢，成《古籀拾遺》、《古籀餘論》、《毛公鼎釋文》、《宋政和禮器文字考》，以及後出彝器考跋，而散見於《籀膏述林》者，又得四十種，於金石義例，皆能貫穿證發，鉤深稽遠，析其形聲，明其通叚，宜乎其爲近世鴻通之儒也。〔註22〕

（二）孫氏治金石學所取之素材

仲容金石學，金多而石少，綜其所著，《古籀拾遺》、《古籀餘論》、《宋政和禮器文字考》等均屬宗彝，惟《籀膏述林》中有碑跋十九種屬石刻。而討其取資研究之素材；則《古籀拾遺》上卷取宋薛尚功《鐘鼎彝器款識》十四條，中卷取阮元《積古齋鐘鼎彝器款識》三十條，下卷取吳榮光《筠清館金文》二十二條，迨後又得海豐吳子苾《攈古錄金文》九卷，慕其搜羅閎肆，釋文精審，復以之而成《古籀餘論》三卷，上卷六十九器、中卷三十八器、下卷八器，至於《宋政和禮器文字考》有取自王昶《金石萃編》、程瑤田《通藝錄》者如〈牛

樂堂古器款識》，而詑於端方之《陶齋吉金錄》，著錄之器，殆四倍於宋人。王靜安嘗據清人所爲吉金圖錄之書作《國朝金文著錄表》（此書成於民國3年8月），入目者共十六種百有餘卷，後鮑鼎復據續出之書，作《國朝金文著錄表補遺》（此書成於民國10年7月），計入目之書有十八種近二百卷。如將近年出版，依朱劍心《金石學》之統計，更得二十一種，兩百卷帙，堪稱宏富。
〔註14〕有《積古齋鐘鼎彝器款識》十卷。
〔註15〕有《筠清館金文》五卷。
〔註16〕有《攈古錄金文》九卷。
〔註17〕孫父衣言字琴西，道光進士，端雅好學，喜談經濟，搜輯其鄉文獻甚勤，官至太僕寺卿，有《遜學齋文鈔》行世。
〔註18〕徐世昌《清儒學案》卷一九二云：「孫先生詒讓，少承家學，與父執耆碩游。」又云「先生爲琴西次子，同治丁卯舉人，官刑部主事，淡於榮利，家居著述。」
〔註19〕孫氏此語見於《古籀拾遺‧敍》。
〔註20〕此乃孫氏十八歲隨其父官江東時事，《古籀拾遺‧敍》曾引。
〔註21〕《契文舉例‧自敍》云：「蒙治古文大篆之學四十年，所見彝器款識逾二千種。」
〔註22〕見孫著《商周金識拾遺》（即《古籀拾遺》）寶應劉恭冕〈跋〉語。

鼎〉，有取自阮元《積古齋鐘鼎彝器款識》、曹載奎《懷米山房吉金圖》者如〈甲午簋〉、〈天錫簋〉、〈嘉禮尊〉，有採自吳榮光《筠清館金文》者如〈欽崇豆〉，有錄自翟思惠集翟汝文《政和禮器銘》者如〈洗銘〉、〈簠銘〉、〈簋銘〉、〈雞彝銘〉、〈豆銘〉、〈明堂犧尊款識〉、〈圓囧犧尊款識〉、〈山罍銘〉等，有出於仲容舊藏拓本者如〈鋼鼎〉。其他於《籀膏述林》更附古器物跋尾二十，是器或係新出手拓，或經目驗原物，〔註23〕要皆出古籀之外，不及備錄成冊者，再為〈毛公鼎〉曾前後兩釋，其用力最勤，而創解亦最多。〔註24〕

至若石刻跋尾十九篇，所含器物種屬有專、〔註25〕石鼓、〔註26〕石經、〔註27〕石刻、〔註28〕墓表、〔註29〕碑文、〔註30〕造像、〔註31〕是皆目驗拓本，校諸他書者也。〔註32〕

茲綜理其所治金石器物，分類列表如次，以見仲容取材之大畧焉。

一、鼎 45

〈晉姜鼎〉（見《古籀拾遺‧上》）、〈庌父鼎〉、〈憲鼎〉、〈鬲攸比鼎〉（見

〔註23〕如仲容〈癸卯重定毛公鼎釋文〉即係由鄭盦宮保以此鼎精拓本見貽，復示諸家釋文而作，〈邵鐘拓本跋〉云：「此鐘近時出土，潘文勤得其七，此二器為趠齋編修所得。」〈乙亥方鼎拓本跋〉云：「陽湖費君峻懷得之，拓以示余，因為據其文字審定之。」〈周虢季子白盤拓本跋〉云：「此盤舊藏毗陵徐氏，兵後為達官某所得，今在廬州合肥。此紙儀徵劉副貢壽曾所貽，猶初出土時拓本也。」此種拓本跋尾大多敘其來源，或由目驗，或由手拓者如此。

〔註24〕仲容〈毛公鼎釋文〉云：「舊作釋文，錄坿《古籀拾遺》冊末刊之，後得吳子苾侍郎式芬《攈古錄金文》，所釋畧有異同，又載徐籀莊明經同柏釋文甚詳，有足補正余釋之闕誤者，謹捃采精塙者，更以金文字例博稽精校，重定為此篇，距前攷釋時已二十有七年矣（〈毛公鼎初釋〉在光緒三年丁丑，〈癸卯重定〉在光緒二十九年癸卯二月）。再四推校，大致完具可誦讀。」足徵其致力之一斑。

〔註25〕如〈魏鄴宮殘專拓本跋〉。

〔註26〕如〈阮摹天乙閣宋拓石鼓文跋〉。

〔註27〕如〈書南昌府學本漢石經殘字後〉。

〔註28〕如〈書徐鼎臣臨秦碣石頌後〉。

〔註29〕如〈漢司隸校尉楊淮表紀跋〉。

〔註30〕如〈漢仙人唐公房碑跋〉。

〔註31〕如〈周保定四年聖母寺四面造像跋〉。

〔註32〕〈漢三公山神碑跋〉云：「元氏三公山有漢碑三，惟此碑見於《隸釋》，然元明以來，久無著錄，至道光丁酉，沈兵備濤始訪得之，載所著《常山貞石志》，碑久湮而復顯，椎拓者少，故不甚刓剝。以洪文惠所錄校之，十尚存八九，可寶也。」又〈唐房玄齡碑跋〉云：「此碑在趙德甫時，已云磨滅斷續不可考，今所存字益漫漶，予得舊拓本，較為清晰，偶以王氏《萃編》所收本校讀，補正逾百字，可寶也。」云。

《古籀拾遺・中》)、〈周大蒐鼎〉、〈周兵史鼎〉、〈周大鼎〉、〈周韓侯伯晨鼎〉、〈周寶父鼎〉、〈周申月望鼎〉(見《古籀拾遺・下》)、〈揚齍方鼎〉、〈子冊父辛鼎〉、〈旁鼎〉、〈父丁鼎〉、〈梁鼎〉、〈魚父丁鼎〉、〈木鼎〉、〈雖鼎〉、〈邾討鼎〉、〈邾伯御戎鼎〉、〈曾諸鼎〉、〈大梁鼎〉、〈伯躬父鼎〉、〈叔單鼎〉、〈虢文公鼎〉、〈小子射鼎〉、〈羌鼎〉、〈趞鼎〉(見《古籀餘論・上》)、〈師湯父鼎〉、〈伯裕父鼎〉、〈善鼎〉(見《古籀餘論・中》)、〈盂鼎〉、〈盂鼎第二器〉、〈曶鼎〉(見《古籀餘論・下》)、〈毛公鼎〉、〈克鼎〉、〈周麥鼎〉、〈漢衛鼎〉、〈無惠鼎〉(見《籀膏述林》卷七)、〈師奎父鼎〉、〈康侯鼎〉(見《籀膏述林》卷九)、〈牛鼎〉、〈鍘鼎〉(《宋政和禮器文字考》)。

二、鬲 1
〈叔帶鬲〉(見《古籀餘論・上》)

三、甗 1
〈西弗生甗〉(見《古籀餘論・上》)

四、簠 7
〈宂簠〉、〈張仲簠〉、〈曾伯霥簠〉、陳逆簠(見《古籀拾遺・中》)〈叔家父簠〉(見《古籀餘論・上》)、〈匡簠〉、〈鉅仲簠〉(見《古籀餘論・中》)

五、簋 6
〈寅簋〉(見《古籀拾遺・上》)、〈史燕簋〉、〈頊㝱簋〉、〈改簋蓋〉(見《古籀餘論・上》)、〈甲午簋〉、〈天錫簋〉(《宋政和禮器文字考》)

六、豆 2
〈周大師虘豆〉(見《古籀拾遺・下》)、〈欽崇豆〉(見《宋政和禮器文字考》)

七、匜 2
〈孟姜匜〉(見《古籀拾遺・上》)、〈姬單匜〉(見《古籀餘論・上》)

八、盤 7
〈伯侯父盤〉、〈仲戲父盤〉、〈取盧子商盤〉(見《古籀餘論・上》)、〈多父盤〉、〈兮田盤〉(見《古籀餘論・中》)、〈散氏盤〉(《古籀餘論・下》)、〈周虢季子白盤〉(見《籀膏述林》卷七)。

九、盂 1

〈周要君盂〉（見《籀膏述林》卷七）

十、壺 5

〈周壺〉（見《古籀拾遺・中》）、〈余爵壺〉（見《古籀餘論・上》）、〈史懋壺〉（見《古籀餘論・中》）、〈齊侯壺〉（見《古籀餘論・下》）、〈周唐中多壺〉（《籀膏述林》卷七）。

十一、罍 1

〈女姬罍〉（見《古籀餘論・上》）

十二、爵 4

〈女王爵〉、〈犧形父丁爵〉、〈戊午爵〉、〈孟爵〉（見《古籀餘論・上》）

十三、卣 4

〈周罳卣〉（見《古籀拾遺・下》）、〈父丁卣〉、〈覞尋卣〉、〈丁師卣〉（見《古籀餘論・上》）、〈單癸卣〉（見《古籀拾遺・上》）。

十四、尊 7

〈己酉戍命尊〉、〈師舵尊〉（古籀拾遺・上）、〈臤尊〉（《古籀拾遺・中》）〈刊宮尊〉、〈格仲尊〉、〈舵尊〉（《古籀餘論・上》）、〈嘉禮尊〉（《宋政和禮器文字考》）

十五、觶 1

〈象觶〉（見《古籀餘論・上》）

十六、斝 1

〈父舟斝〉（《古籀餘論・上》）

十七、盉 1

〈宂盉〉（《古籀拾遺・上》）

十八、角 4

〈庚申父丁角〉（《古籀拾遺・上》）、〈周父癸角〉（《古籀拾遺・下》）、〈召夫角〉、〈魯侯角〉（《古籀餘論・上》）

十九、鐘 22

〈商鐘〉、〈鄬子鐘〉、〈聘鐘〉、〈盄龢鐘〉、〈齊侯鎛鐘〉（《古籀拾遺・上》）、

〈楚良臣余義鐘〉、〈祿康鐘〉、〈叔丁寶林鐘〉、〈宗周鐘〉、〈虢叔大林鐘〉、〈楚公鐘〉、〈周公華鐘〉（《古籀拾遺・中》）、〈周井人殘鐘〉、〈周鐘〉（《古籀拾遺・下》）、〈紀侯鐘〉、〈師獲鐘〉、〈董武鐘〉、〈楚公鐘〉、〈單伯鐘〉（《古籀餘論・上》）、〈邢人鐘〉、〈吳生鐘〉（《古籀餘論・中》）、〈邵鐘〉（《籀膏述林》卷七）

二十、敦 45

〈敔敦〉、〈宰辟父敦〉（《古籀拾遺・上》）、〈叔殷父敦〉、〈遣小子敦〉、〈追敦〉、〈召伯虎敦〉、〈縮綽眉壽敦〉、〈祖辛敦〉（《古籀拾遺・中》）、〈周敦〉、〈周宂敦〉、〈周史頌敦〉、〈周然睽敦〉、〈周師寰敦〉、〈周麋生敦〉、〈周豐姬敦〉（《古籀拾遺・下》）、〈叔若敦〉、〈芇侯敦〉、〈田強敦〉、〈慧姬敦〉、〈鄧公子敦〉、〈孕林父敦〉、〈叔角父敦蓋〉、〈西宮敦〉、〈師周敦〉、〈叔皮父敦〉、〈大保敦〉（《古籀餘論・上》）、〈鄶侯敦〉、〈敔敦〉、〈陳昉敦蓋〉、〈封敦〉、〈豐姞敦〉、〈師遽敦〉、〈叔向敦〉、〈大豐敦〉、〈格伯敦〉、〈師觥敦蓋〉、〈召伯虎敦第二器〉、〈師酉敦〉、〈揚敦〉、〈大敦蓋〉、〈彔伯戒敦蓋〉（《古籀餘論・中》）、〈卯敦〉、〈不娶敦蓋〉（《古籀餘論・下》）、〈周遣小子敦〉、〈周師龢父敦〉（《籀膏述林》卷七）

二十一、彝 14

〈寓彝〉、〈繼彝〉、〈豦彝〉、〈吳彝〉（《古籀拾遺・中》）、〈商女娑彝〉、〈周作書彝〉、〈周居後彝〉、〈周安作公白辛彝〉（《古籀拾遺・下》）、〈瑧王彝〉、〈宗魯彝〉、〈乙亥彝〉（《古籀餘論・上》）、〈尢彝〉、〈陳侯彝〉、〈梋改彝〉（《古籀餘論・中》）

二十二、其他雜器 15

〈窖磬〉（《古籀拾遺・上》）、〈齊侯甗〉（《古籀拾遺・中》）、〈若母鐸〉、〈鐘鉤〉、〈白原□〉、〈丕隆槍〉、〈右軍戈〉、〈杞伯匜〉（《古籀餘論・上》）、〈晉邦盦〉（《古籀餘論・下》）、〈周大泉寶貨〉（《籀膏述林》卷七）、〈秦權〉、〈秦大騩權〉、〈新始建國銅鏡〉（《籀膏述林》卷八）、〈元管軍上百戶銅印〉、〈漢趙綕仔印〉（《籀膏述林》卷九）。

以上爲吉金彝器，至於石刻有〈魏鄴宮殘專〉、〈宋拓石鼓〉、〈漢石經殘字〉、〈秦碣石頌〉、〈聖母寺四面造像〉各一，〈漢司隸校尉楊淮表〉、〈晉太公呂望表〉二，〈唐揭先塋記〉一，〈漢仙人唐公房碑〉、〈漢衛尉卿衡方碑〉、〈漢三公山神碑〉、〈漢武班碑〉、〈漢郃陽令曹全碑〉、〈吳九眞太守谷朗碑〉、〈吳

禪國山碑〉、〈北齊西門豹祠堂碑〉、〈唐房玄齡碑〉、〈唐明徵君碑〉、〈宋刻曹娥碑〉等十一方。總計金石各類，金一百九十又七器，石十九方，共二百十六。究其器數雖不爲多，〔註33〕但皆器物之大者，況其考釋又殊精審，宜乎爲學界所推重也。

（三）孫氏治金石學之慣用語

仲容之治金石，其慣用語有說字形者，有說字音者，有說字義者。說字形者如「異文」、「別體」、「省變」、「古文」、「壞字」，說字音者如「同部」、「叚字」、「互通」、「聲類」，有說字義者如「通用」等，見于其著述中者不下數十百條，雖仲容未有「凡某某皆某某」凡例式之明文，然此實不啻如數學上之「定理」或「法則」，人而不明「定理」，殆難以講明數學，則此慣用語之於孫氏著述之爲用，亦猶是也。故吾人欲討古籀之眞象，並進而觀瀾索源，以推金石之大例，則上舉諸詞，實有一述之必要，茲畧爲徵引之：

> 𪒠即此𪒠字而形較備，其字徐氏同柏釋爲「𪘚」，云古文「𪘚」，從口糸，號省聲。劉氏喜海釋爲「繫」，陳氏介祺釋爲「訊」，竝不塙。諦審其形，實當爲「絢」之異文。（見《古籀拾遺・上・敔敦釋文》）

此所謂異文也。

> 𩲃，莊述祖釋爲「邾」，按其字形不若釋「黿」爲長。黿、邾聲類同，上從𪒠者即古文朱字，下從𩲃者即黿之象形，以字形攷之，其爲黿至塙（原注：吳《錄》〈邾大宰簠〉邾作𩲃，吳釋文云邾字爲科斗文摹之，其實乃鼈黿之形，此文一見于〈邾公華鐘〉，再見于〈伯愈父爲邾姬季媵𩲃〉，三見于〈娃豆〉，四見此器，可見邾之本字爲黿，猶漢世以朐忍名縣，以蜻蛉名縣，無足怪矣。案吳氏此論即本莊氏，實則此𩲃字所從之形，即《說文》黽字籀文𩲃之變，其形當以〈邾太宰簠〉作𩲃者爲正，此鐘作𩲃，下〈周公望鐘〉作𩲃，吳《錄》〈娃豆〉作𩲃，〈魯伯愈父𩲃〉作𩲃，皆微有省變，故程、阮諸家皆誤釋耳）。（見《古籀拾遺・上・周公華鐘釋文》）

此所謂省變也。但古文省變亦有多種，括而言之有變體，〔註34〕有繁縟，

〔註33〕較羅振玉《三代吉金文存》與王昶之《金石萃編》。

〔註34〕如《古籀餘論・中・𢓊仲簠釋文》云：「丁古文或作↑，說文戉部戌从丁聲，

〔註35〕有反文，〔註36〕有倒文，〔註37〕有合文，〔註38〕因有正體與變體之分，〔註39〕自當分別觀之。

〔圖〕，阮釋爲「愷」，孫氏《續古文苑》釋爲「敱」，以字形審之，孫釋爲允。此〔圖〕右不从攴，當即「豊」字也，豊从豆豐聲，此上作〔圖〕無〔圖〕者，歲久漫滅，下〔圖〕即豆字，上少一畫者。《說文》古文豆字作〔圖〕，上本無一也，〈宗周鐘〉敱字，《說文》、《玉篇》、《類篇》諸字書竝未收，當即「豊」之異文。此鐘用正字，〈宗周鐘〉用別體耳。（見《古籀拾遺・中・叔丁寶林鐘釋文》釋〔圖〕字條下）

此仲容所謂別體也。別體者別於正體而言，如今之俗字，正體與別體竝行，則正文詭更可知矣。

〔圖〕，程釋爲「畏」，云「畏壘，土石不平貌」，二字竝从田者，象凵形，今上作〔圖〕，與壘三田同義，且據文畏忌對言，《博古圖・周齊侯鐘》畏忌連言同，彼作〔圖〕，今作〔圖〕，以義以形求之竝是。阮釋亦从之。今案程說亦非也，〈齊侯鎛鐘〉之畏忌即此鐘之威忌，威、畏古字通，

亦或从仐作〔圖〕，仐即丁之變體。」

〔註35〕如《古籀餘論・上・叔角父敦蓋釋文》云：「〔圖〕字舊釋爲究服二字，此蓋究之別體，从宀从𡿨，又有從古者，故器文作〔圖〕，後〈師西敦〉究姬作〔圖〕，〈羴卣〉究白又作〔圖〕，皆从口可證，此文从𡿨，較許書古文尤完備，下又从舟者，緜綬文也。吳以又與舟別爲服字，殊誤。」

〔註36〕如《古籀餘論・上・孕林父敦釋文》云：「〔圖〕舊釋爲孕，吳榮光釋爲仔，又云或釋作保省，今諦審之，疑當爲卓字，〈石鼓文〉淖字偏旁從卓，與此相近，《說文・匕部》卓云：『早匕爲卓。』此上从〔圖〕，即匕之反文，下从早，即早之省也。」

〔註37〕如《古籀餘論・上・史燕簠釋文》云：「〔圖〕字舊釋爲燕，諦審篆文从麁从君，疑當爲麋之異文，《說文》：『麁，獸也。象形，頭與兔同，足與鹿同。』�即君之倒文，後〈追敦〉顝字作〔圖〕，〈史頌敦〉作〔圖〕，可證。」

〔註38〕如《古籀餘論・上・余爵壺釋文》云：「〔圖〕舊釋爲余爵，今審爵字作〔圖〕，殊不類，竊謂當爲黽之省，金文黿字從黽，並作〔圖〕，此省其上半，故作〔圖〕，後〈勦季方鼎〉，勦字作〔圖〕，萬形下半〔圖〕，正與此相似，勦以黽省，故亦變从〔圖〕，此當合爲黿字，《爾雅・釋蟲》作詹諸，《本草別錄》作蟾蜍，與黿黽同類，故古或从黽，與黽黿字同意。」

〔註39〕如《古籀餘論・上・叔帶鬲釋文》云：「〔圖〕舊釋爲燕，今審此字下从奴，燕字不當从此，竊疑當爲興之異文，中從〔圖〕即同，左右从北者，𦥑𠬞之變，後〈冑叔興父簠〉，興字作〔圖〕，乃其正體，此其變體也。」

此鐘下既云威忌，則上不宜復言畏糞，且畏小篆作𤰇，〈齊鐘〉作𤰇，垃與此異。莊氏《說文古籀疏證》，目有𤰇字，云「《說文》異部」，則又以此爲異字，在此鐘當讀爲「翼」，然〈窖磬〉「盅允異以」，異作𤰇，〈虢叔大林鐘〉「異在上」，異作𤰇，〈智鼎〉「井叔在異」，異作𤰇，〈石鼓〉第四鼓「□□允異」，異作𤰇，亦垃與此𤰇字不同，竊謂此當爲「畢」之古文。《說文・華部》：「畢，田罔也。从華。象畢形微也。」或曰由聲，華箕屬，所以推棄之器也，象形。又𢧵，棄除也，從収推華棄采也，𧯆，捐也，从収推華棄之，此上从田者，即所謂象畢形微也，中从𤰔者，即華字，下从艸者，則與𢧵𧯆同意，求之字形，最爲符合，其讀當爲「怭」。（見《古籀拾遺・中・周公華鐘釋文》，釋畢字條下）

此即所謂古文也，凡仲容謂「某字爲某字之古文」，皆以《說文》古文爲據，垃非泛指先秦古籀文字也。此細研《古籀拾遺》即知。

　　𢓓字，阮釋爲「乑」，以字形覈之，殊不類。疑當爲「付」之壞字。〈散氏盤〉「大俾義祖，翼旅誓曰，我犹付散氏田器有爽，實余有散氏心」，〈智鼎〉第二段「不造収智」，収作𢓓，亦是付字。（見《古籀拾遺・中・鬲攸从鼎釋文》，釋𢓓字條下）

此所謂壞字也。仲容所謂壞字，又有謁闕者，〔註40〕有闕蝕者，〔註41〕有闕挩者，〔註42〕宜分別諦審之。

　　𤑆字，即「喪」字，金文借爲昧爽字，爽、喪，古音同部，前〈允盂〉昧爽字亦作𤑆，即从日喪聲也。（見《古籀餘論・下・盂鼎第二器釋文》）

〔註40〕如《古籀餘論・上・大梁鼎釋文》：「𨥧字，左從金形，右作𠂤，當爲父，蓋即釜字也，釜即《周禮・臬氏》嘉量之鬴釜。上𨥧字疑是晉字之謁闕，梁爲晉之故國，作晉釜者，明用舊量，如齊釜，亦有新舊二量也。」

〔註41〕如《古籀餘論・上・仲叡父盤釋文》云：「𡥀字舊無釋，《筠清》釋爲端，實即婦字，前〈包君盂〉婦字作𡥀，正與此相似（原注：本卷〈包君鼎〉亦有此字，呂釋爲毀誤），此文微有闕蝕耳。」

〔註42〕如《古籀餘論・下・卯敦釋文》云：「𤎣字四見，舊釋爲艾，今攷當爲焣，《說文・焱部》『熒从焱冂』，〈木部〉『榮，从木，熒省聲』此𤎣即榮之省，前〈康鼎〉『𤎣白內右康』，艾白亦當爲榮伯，彼無四點者，范鑄闕挩。」

此所謂同部也，凡仲容所謂之同部，皆指段玉裁《六書音均表》二〈古十七部諧聲表〉而言，或雙聲或疊韵，自當分別觀之。

       【字】字，吳無釋，右从【字】，與後〈乙亥彝〉「畢公」畢字作【字】同，疑當為「畢」字。徙馬當為趣馬之叚字，〈效尊〉「夙夜奔走」，走作徙可證，又〈大鼎〉「王召走馬應」，亦以走馬為趣馬，是走、徙、趣三字竝通，故此又作徙馬矣。（見《古籀餘論·上·離鼎釋文》）

此所謂叚字也。又有所謂借字者，〔註43〕其義與叚字同，為方便言之，故異其說也。

       古音侃、衍、延三字同部互通，故《說文·爾部》【字】，或作【字】，此侃、衍相通之證，《周禮·大祝》「衍祭」，鄭注云：「衍字當為延，聲之誤也」，此衍、延相通之證。（見《古籀餘論·下·晉邦盦釋文》）

此即互通也，仲容之言「某字與某字互通」，必有聲音上之關係。

       【字】字，舊無釋，今審从言从袁，疑是「譞」之異文，《說文·言部》：「譞，慧也，从言，瞏聲。」此省四从袁，聲類亦同。前〈寰盤〉、〈師寰敦〉，寰竝省四从袁，是其證也。（見《古籀餘論·下·晉邦盦釋文》）

此所謂聲類也。

       【字】，《宣和圖》釋為「遷」，薛釋為「鑁」，以字形攷之，當為「遷」，疑即遷之異文。南淮人之名也，内伐即入伐，二字古通用。（見《古籀拾遺·上·敔敦釋文》）

       尹當為「君」之借字，《春秋》隱三年《左氏》經「君氏卒」，《公羊》、《穀梁》竝作尹，昭二十年《左傳》「棠君尚」，《釋文》「君本作尹」，是二字通用之證，〈宋右君田鼎〉君作【字】（原注：見〈薛款識〉），是金刻以尹為君之證。（見《古籀拾遺·上·寓彝釋文》）

此即所謂通用也。此外尚有「比例」、〔註44〕「字例」、〔註45〕「文例」、

〔註43〕如《古籀餘論·下·散氏盤釋文》云：「【字】當為【字】，後〈毛公鼎〉「【字】金」，【字】作【字】字，字與此正同，【字】當為成之借字。」
〔註44〕《古籀餘論·上·仲戲父盤釋文》云：「【字】字，《攗清》釋為餐，以字形審之，殊不類，攷此字左从【字】，當為缶。〈齊國差甔〉【字】字从【字】，又金文寶字所从缶形，亦多作【字】或作【字】，與此正相近。後〈邼中簋〉云『諸友具飽』，彼文作【字】，

〔註46〕又有「字例文例詭異」者，〔註47〕以上諸端，亦爲治古籀大篆之學者所當知也。

（四）孫氏治金石學之態度

仲容治金石學之態度，至爲嚴謹，此可畧舉其說以見梗概：

手拓目譣以求其眞：

> 余侍親江東時，海內方翹望中興，而東南通學，猶承乾嘉大師緒論，以稽古爲職志。余壯年氣盛，嘗乘扁舟溯江至京口，登金山，訪遂啓諆大鼎不得，乃至焦山海雲堂觀〈無㠱鼎〉，手拓數十紙以歸。（《古籀餘論·後敍》）

> 彎字難通，恐是惠字，《爾雅·釋詁》：「惠，順也。」左旁有糸者，或是沏痕，未見搨本，不敢定也。（《古籀餘論·中·召伯虎敦》第二器釋文）

> 詒讓昔事案撢，竊滋疑牾，廣求拓墨，適獲陪鉥，文識備完，元號明晢，用證諸器。（《宋政和禮器文字攷·前敍》）

〔註45〕右形闕蝕，似亦從缶也，又後〈大鼎〉『王召走馬雁，令取䚄鷗卅匹易大』，彼䚄作㻌，左從玉，與此亦相似。䚄即䭾之借字，《爾雅·釋畜》『驪白雜毛』，䭾，《詩·鄭風》『大叔于田作鴇』，彼鼎作㻌，右亦似從鳥形。《說文》無䭾字，〈鳥部〉鴇，重文䳈鴇或從包，䳈之爲䭾，猶此以鮠爲飽，足相比例也。」

〔註45〕《古籀餘論·中·豐姞敦釋文》云：「字舊無釋，今審篆文，從皀從月從旨，疑當爲猒之別體，《說文》甘部『猒，飽也，足也。從甘肰』（原注：後〈毛公鼎〉猒字作，與《說文》正同）。旨部，旨亦從甘聲，此從肰省犬，而益甘爲旨，于字例固無牾。」

〔註46〕《古籀餘論·上·西宮敦釋文》云：「字與後〈彔伯戎敦〉字正同，後吳釋爲戎，攷《說文·奴部》云：『戎，警也。從奴持戈，以戒不虞。』此從與奴不類，吳大澂引舊釋爲戎，近是，蓋當爲從戈聲，《說文·夊部》，，古文終字，後〈井人鐘〉、〈頌鼎〉、〈頌敦〉，終字竝作，疑即戎之異文。《說文》戎從中，此以聲類變從，於字例亦得通也。」又《古籀餘論·上·宗魯彝釋文》云：「字舊無釋，諦審此字，左爲弓甚明，右爲丅，不可識，竊疑丁當爲六之紀數，《左》襄三十年傳，史趙說亥有二首六身，爲二萬六千六百六十日，孔廣森本梅文鼎說，以亥下三上爲古籌算縱橫紀數之法，即宋元算艸六作丅之權輿（原注：《經學卮言》），其說甚塙。新莽中布六百亦作丅百，可以互證，此二丁者，即十有二，錫弓十二，與貝五朋，文例亦正相儷也。」

〔註47〕《古籀餘論·中·陳貽敦蓋釋文》云：「古金文于字無作於者，此云用追孝於叔皇，下又遷止，語氣未完，字例文例並爲詭異。」

光緒丙子，家大人以鄂藩入覲，詒讓侍行，得此於河南項城道次，因審定其文字之異者，以資攷覽。（《籀膏述林》卷七〈周要君盂考〉）

通校諸器以達其詁：

蓋古文奇詭，隨意增省，或展轉流變，與正字迥異，非通校諸器，不能得其達詁。（《古籀餘論・上・楚公鐘釋文》）

字最奇異難識……徐吳所釋殊不塙，吳大澂釋爲憲，則于形尤遠，其誤不必辯矣，今通校金文，參互推案，乃悟此字實當爲亩。（《古籀餘論・下・盂鼎釋文》）

「金文奇古，不能據孤文決定，必綜合諸器，參互斠覈，而後可議其是非。」又於同器釋字云：「薛書婁見，皆傳橅舛互，不可辨識。薛釋爲『繼』，尤不類。〈毛公鼎〉有此字，亦有缺畫，惟此鼎最爲完晳，以形聲求之，似當爲『姘』字。左从者，即古文『并』之變體。《說文》：『并，从从，开聲。一曰从持二爲并。』此變『从』爲『』者，从爲二人相聽，北爲二人相背，義相反而實相成。并、开二形，古文多互易，《說文》或說『从持二』，似亦當爲形，與此从井正相近。姘，《說文》訓『除』，爲其本義，金文蓋藉爲《爾雅・釋詁》『拼、抨，使也』之『拼』，亦即《書・洛誥》『伻來』之『伻』。此人姘，謂役使之人徒也。〈師㲃敦〉云：『姘嗣我西偏東偏』，言使治東西二偏也。〈微欒鼎〉云：『姘嗣九服』，言使治九服也。〈穆公鼎〉云：『姘命』，〈齊侯鎛鐘〉云：『姘命於外内之事』，姘命，猶言使令也。通斠諸器，可得其塙詁矣。」（《籀膏述林》卷七〈克鼎釋文〉）

說必有據以袪其妄：

鄙于艾伯之斷于惄衣，「斷」、「惄」二字，字書未見，恐有舛誤。（《古籀拾遺・上・敔敦釋文》）

靁，《說文》靁，籀文作，此省作，熊罕當周宣王時，故用籀文也，惟此無文義可推。《說文》又自有古文靁字，作，未敢肊定，姑从舊釋。（《古籀拾遺・中・楚公鐘釋文》）

字，阮釋爲「畫」，云畫刻也，謂刻銘也。今案用、畫二字金文未見，且上文云「萬年子孫永寶」，而繼之以用刻，于文義亦未協。（《古

籀拾遺・中・祖辛敦釋文》）

不知蓋闕以存其誠：

繼字諸釋竝同，孫云不搞，以字形審之，未能定其形聲，當闕疑。（《古
籀拾遺・上・齊侯鎛鐘釋文》）

𢆉當爲「戰」字，此从𢆉者，畢也。《說文》：「戰，从攴，畢聲。」
此右从攴形甚明皙，惟左不當从土，疑摹拓不審，文有譌羨也。戰
公依聲類讀之，似即畢公，然姬姓之畢，滅于春秋前，此戰公不知
何國君也。（《古籀拾遺・上・齊侯鎛鐘釋文》）

魯男當是國名，于古無可徵，而吾則疑其即《左傳》昭三年傳「讒
鼎」之「讒」也，《左傳・疏》引服虔注，一云讒地名，禹鑄九鼎於
甘讒之地，故曰〈讒鼎〉，服說禹鑄鼎甘讒，而不詳其地之所在，李
貽德《左傳賈服注輯述》，謂甘讒即甘扈，據《說文》扈字注，夏后
同姓所封，戰於甘者，有扈谷、甘亭。又鼎字注，昔禹收九牧之金，
鑄鼎荊山之下。《漢書・地理志》，荊山在左馮翊襄德，扈谷亭在右
扶風鄠，謂甘扈與荊山地相距甚近，其說似搞。然扈、讒古音殊遠，
李以《說文》古文扈作屵，从山弖，而弖讀若含，含、讒聲相近，
故叚爲讒，則甚迂曲。竊疑讒即魯之形誤，魯從吾聲，扈從戶聲，
古音本同部，相爲通藉，固其宜也，此肥說，別無左證，然𥔎之形
聲，皆頗相近，故坿著之，以質世之治古文大篆及商周輿地之學者。
（《古籀拾遺・中・遣小子敦釋文》）

補正前失以資砭策：

甄錄金文之書，自錢唐薛氏書外，近代唯儀徵阮氏、南海吳氏，最爲
精富，倉籀遺跡，粲然可尋，固懸諸日月而不刊者也。余前著《拾遺》，
於三家書畧有補正，近又得海豐吳子苾侍郎《攈古錄金文》九卷，搜
錄尤閎博，新出諸器，大半著錄，釋文亦殊精審，儀徵、南海，信堪
鼎足，攬涉之餘，間獲新義，又有足正余舊說之疏繆者，并錄爲二卷，
蓋非第偶存札樸，抑亦自資砭策矣。（《古籀餘論・後敍》）

彼〈陳逆簠〉余舊定爲商孫，據此銘及前〈陳逆敦〉，則从衣甚明，
余說失之。（《古籀餘論・中・陳貯敦蓋釋文》）

舊作釋文，錄附《古籀拾遺》冊末刊之，後得吳子苾侍郎式芬《攈

古錄金文》，所釋畧有異同，又載徐籀莊明經同柏釋文甚詳，有足補
正余釋之闕誤者。謹捃采其精塙者，更以金文字例博稽精校，重定
爲此篇。距前攷釋時已廿有七年矣。(《籀膏述林》卷七〈重定毛公
鼎釋文〉)

　　五則之外，又有所謂「自言識字之難者」、〔註48〕「治金石須深究文例者」、
〔註49〕「與同好周諮博洽者」、〔註50〕更有自道「校讀金石之樂者」，〔註51〕
其態度之謹嚴，治學之劬勞，品題之精審，均非今日執一偏之見遽輕誣前修、
或濫誹時人者所能比擬，亦非徒事徵引而自炫自媒者所可同日而語也。

二、孫氏在金石學上之成就

　　金石之學至滿清而大昌，滿清二百六十八載中，又以乾、嘉時代臻乎極
盛，至同、光之間，公私度藏者紛拓摹考釋，梓刻以行世，仲容適於此時出
而精孴斠詮，承先賢之餘緒，啓後學之津梁，可謂集其大成者矣。故劉恭冕
敘《古籀拾遺》曰：「君於學無所不窺，尤多識古文奇字，故其所著，能析其
形聲，明其通叚，近世鴻通之儒，爲此學者，自儀徵阮氏、武進莊氏外，未
有堪及君者，可不謂盛與。」故衰其金石學上之成就，爰得四點，即解字之
精審、匡舊釋之誤、證他家之說、補傳拓之闕，茲分述其詳。

(一) 解字之精審

　　劉恭冕〈古籀拾遺敘〉有云：「其釋〈叔殷父敦〉 🔣🔣 即朝夕，〈虖彝〉 🔣🔣
即甲胄，〈周宂敦〉 🔣🔣 即昧爽，〈周然睽敦〉吳師即虞師，〈周大鼎〉 🔣 馬即
歪馬，〈周韓矦伯晨鼎〉 🔣🔣🔣，箸三於弓矢之旁，即形弓形矢，以別於下旅弓

〔註48〕　如〈重定毛公鼎釋文〉云：「古文大篆之學，放失千餘年，藉金文畧存大較。
　　　　蒙治此學，自謂用心致悉。昔初見摹本，頗據以糾正薛阮吳諸家所釋金文之
　　　　誤，今重檢斠，則余舊釋蟉漏固甚眾，而徐明經吳侍郎所釋亦不能無誤，甚
　　　　矣！識字之難也。」
〔註49〕　如〈重定毛公鼎釋文〉云：「舊釋籵互間出，殆未深究其文例乎。」
〔註50〕　如《古籀餘論‧後敘》云：「時德清戴子高茂才，亦客秣陵，與余有同嗜，朝
　　　　夕過從，余輒出所得漢陽葉氏舊藏金文拓本二百種同讀之，君亦出舊藏〈季
　　　　娟鼎〉，相與摩挲椎拓，竟日不倦。」
〔註51〕　如〈秦權拓本跋〉云：「聞尚書（更生案：指端方，長白午橋尚書）所得秦權
　　　　甚夥，而此權制特大，手跋定爲五權之石權，精鑑至論，前無古人。至於觚
　　　　圓鈞石，燦然畢萃，尤爲集古勝緣，退睇海天，爲之神往。」

竝矢，又如〈商鐘〉之�'釋爲眿，與《一切經音義》所載古文賡字合，〈宗周鐘〉之👽、👽，竝釋爲子，與《說文》所載孳字籀文👽字合，〈遣小子敦〉之🐚釋爲韹，即《說文》魯字，皆至精塙。」惟《拾遺》之後，仲容復成《古籀餘論》，以及《籀廎述林》之金石跋尾，其所釋器物更數倍於前，而於金石文字之審釋，輒有發人猛省之筆，以下凡劉〈敘〉所述者畧而不載外，茲選其說解尤備者數十字，最錄於次，以見一斑。

> 👹　當爲「㠱」字，亦即熙之省，《金索》〈周徐王子㝬鐘〉「韹〃熙熙」，熙作👹，正與此同，㠱爲熙之聲母，故此匜及〈徐王子㝬鐘〉竝省熙爲㠱，《左》襄二十九年傳：「季札曰『廣哉熙熙乎』」，杜注：「熙熙，和樂聲」，此熙熙，言其德之美而盛也。（〈孟姜匜釋文〉）

> 👽　薛釋爲「繼」，本不塙，況此彝二字與薛書所釋繼字又不甚符合乎。竊以此二字所從偏旁析而斠之，而知其形當以作👽者爲正，其字即从青爭聲之靜也。何以言之，👽字上从生明甚，生下繫以井者，當爲井，中一‧缺耳，……右从👽者即爭字，……〈齊侯甗〉「卑旨卑瀞」，瀞字作👽，齊邦頁靜安窢，靜作👽，其以👽爲青，與此異，其以👽、👽爲爭，則此彝👽，即爭形之塙證也。（〈繼彝釋文〉）

> 👽　从大，从尒，絲省聲，塙是「奚」字，龔自珍釋爲「幼」，吳式芬釋爲「綏」，竝未允。（〈周父癸角釋文〉）

> 👽　吳釋爲「卿」，案此當爲🔲，《說文‧肉部》：「🔲，子孫相承續也。从肉从👽，象其長也，从幺，象重累也。此从👽从幺皆明甚，惟肉微有缺畫。（〈周敦釋文〉）

> 👽　吳釋爲「脤」，今審銘文作🔲，〈大鼎〉作👽，左竝从人，蓋「侲」字，非从肉也。（〈周然睽敦釋文〉）

> 👽　以字形審之，下半从言从商，當是「譎」之異文，譎从矞聲，矞从矛、商會意。此商上爲👽形者，疑古文變从矛爲从戛。《說文‧戈部》：「戛，戟也。」金文多借爲「戟」字，〈伯姬鼎〉「琱戟」，字作「👽」，〈宰辟父敦〉作「👽」，〈無專鼎〉作「👽」，

竝與此相近。(〈周師寰敦釋文〉)

[字]字銘兩見，以形攷之，當爲「害」字，吳釋爲「周」，誤也。(〈周麋生敦釋文〉)

[字]从又从耳，當爲「取」字，吳釋亦誤，薛書〈晉姜鼎〉「取乃吉金」，取作「[字]」(《嘯堂集古錄》作[字])，正與此相似。(〈周大鼎釋文〉)

[字]當即「剌」字，左與束帶「柬」字同，下畫微有缺蝕耳。〈周大鼎〉「用作躾剌考己」，〈白盂鼎〉剌作[字]，正與此同。彼左从[字]者，增益以就繁縟，非从束也。(〈周寶父鼎釋文〉)

[字]吳釋爲「霸」，金文霸字婁見，無作[字]者，此實即「蔑」字，上從首明甚，蔑下从戍，此作[字]者，微變其形也。(〈周作書彝釋文〉)

[字]吳釋爲「廖」，《說文・彡部》云：「廖从彡，翏省聲。」此殊不類，諦審其形，當即「克」字。〈穆公鼎〉克字作[字]，〈高克尊〉克字四見，竝作[字]，〈師[字]敦〉克字作[字]，竝與此相似。(〈周井人殘鐘釋文〉)

以上十一字皆見於《古籀拾遺》。

[字]舊釋爲「宦」，亦殊不類。疑當爲「室」字，後〈卯敦〉「家室」，字作[字]，與此相類，可以互證。(〈父丁鼎釋文〉)

[字]字从虎从[字]，攷後〈司土敦〉云：「□司土[字]作寶障敦」，[字]字亦同，舊竝闕釋。今攷[字]疑當爲爪之省，後〈盂鼎〉畏字作[字]，〈毛公鼎〉畏作[字]，此从[字]，與彼畏字偏旁同。《說文・甶部》：「畏，从甶，虎省，鬼頭而虎爪，可畏也。」又〈虍部〉：「虣，殘也，从虎爪人，虎足反爪人也。」是虣畏竝从虎爪，此[字]當即「虣」字，虣義雖不善，古人不嫌，故以爲名。(〈紀侯鐘釋文〉)

[字]舊釋爲「若」，以篆形校之，殊不類。竊疑當爲「叚」之反文，後〈曾伯霥簠〉「叚不黃耇」，叚作[字]，〈師寰敦〉「今余弗叚組」，叚作[字]，文皆與此相近。(〈叔若敦釋文〉)

舊釋爲「西」，依篆文當爲鹵字，後〈周娟匜〉鹵皇父，鹵字作，又〈周娟敦〉作，竝與此同，舊釋匜作鹵，不誤，惟此作西，當據彼訂正。（〈西弗生甗釋文〉）

舊釋爲「獲」，依篆文當作矍，後〈智鼎〉小子矍，矍字作，亦人名，與此正同。攷《説文・隹部》：「雚，繳雚也。从隹。椒聲，一曰飛椒也。」矍疑即雚之異文。（〈師獲鐘釋文〉）

舊釋爲「遵」，《説文》無此字，攷後〈盂鼎〉遹字作，此文與彼畧同，但增貝形，疑亦遹之異文。（〈田強敦釋文〉）

舊無釋，今審此字，从从火，當即媵字，後〈陳子匜〉云，陳子作奔，孟嬀教女媵鎝，後〈叔娟匜〉亦云，奠大内史，叔舟作叔娟朕盐，文例正同，媵匜猶他器云媵敦媵彝矣。（〈姫單匜釋文〉）

舊釋爲猒，今攷當爲兄字，作者繁縟文也，後〈史棄彝〉，貺字作，右从兄，亦正如此字，實非猒字也。（〈父舟斝釋文〉）

从人从及，當是伋字，後〈伯庶父敦〉，伯庶父作旅敦，及姑氏永寶用，及作，〈毛公鼎〉及兹卿事寮，及作，此正从彼爲聲，〈伯庶父敦〉、〈毛公鼎〉及當爲汲，段借爲及字，舊釋爲級，未晰。此从人从汲，即伋之緐縟文也。（〈父丁卣釋文〉）

舊無釋，疑當爲貧字，後〈叔彝〉□趩叔曰君舍余三鐯，騷貧余一斧，才錫貧余一斧，寏貧余一斧，赶舍余一斧，此云余子之貧金，文義畧同也。（〈盃隆槍釋文〉）

舊釋爲胥，以篆文審之，殊不類，攷此字作，似龍字之省，前〈龍伯戟〉「龍白」作奔戟，龍字與此正相似，可據以訂正。（〈胥侯鼎釋文〉）

吳釋爲朕，今攷媵字，《説文》从芣，然金文芣字作，芣字上皆从十从，無从火者，唯後〈媵侯簠蓋〉，兩媵字竝作，从朕从火，蓋媵之異文，此媵字下亦从火，與彼正同，媵與周同姓國，故其女曰媵姫。（〈邾伯御戎鼎釋文〉）

吳未釋，以字形攷之，从𦥑从首从禾，《說文》所無，金文多段釁爲眉字，其形或作，或省作，此从首者，當即之變體，《說文·頁部》：「頁，頭也。从頁从儿。」古文𩠐首字如此，是頁、首同字。从首即从頁也，从禾者，疑之異文。（〈曾諸鼎釋文〉）

此當爲鼎，象形字，上象兩耳，下象三足形，後〈孚林父敦〉末有鼎字，亦作，與此字形文例竝同，是其塙證。（〈改簋蓋釋文〉）

舊釋爲薦，以篆文審之，當爲敃，後〈毛公鼎〉敃天疾畏，敃作，與此正同，可證。（〈鄧公子敦釋文〉）

舊無釋，今攷从乍从攴，當即作之異文，薛《款識·齊侯鎛鐘》女台戒戎，作字亦从攴，與此同。又从者，緐縟文也，後〈晉邦盦〉有字，與此字形相似，疑皆一字。（〈虢文公鼎釋文〉）

舊釋爲朋，攷金文錫貝幾朋文常見，朋字皆不如此作，此云才，當爲地名，竊疑當爲升之反文，《說文·斗部》：「，十合也，从斗象形。」此形與彼正同。（〈小子射鼎釋文〉）

舊釋爲羌，今審疑當爲芍，即敬之省，後〈大保敦〉有字，亦即苟也。（〈羌鼎釋文〉）

舊釋爲序，今攷前〈揚長鼎〉，揚作，後〈格仲尊〉，揚字作，與此正同，則亦揚字也。（同前）

舊無釋，吳引徐同柏說釋爲賴，竊謂此字从𠂤从人从貝，古字未見，以形義求之，疑當爲从歸省，後〈不嬰敦〉余來歸，歸作，从𠂤，〈陳貺敦〉用追享，追作，當爲遺之異文，皆其比例。（〈趞鼎釋文〉）

舊釋爲所之，所之義難通，諦審當爲匹，後〈大鼎〉匹作，〈彔白戒敦〉作，與此形相近，所字則前〈丕湯戈〉作，石鼓作，竝與此不同，知其非也。疑先壞字，先从儿、

之，此挩其下半耳。(〈單伯鐘釋文〉)

 舊無釋，今攷此字从㫃从毛，當即旄字。(〈師遽敦釋文〉)

 字三見，舊竝無釋，吳大澂疑古肸字，與羊舌肸字叔向名字相應，而文究不類，以字形審之，實當爲禹字。(〈叔向敦釋文〉)

 舊釋爲偶，以字形審之，似當爲遼，攷〈魯原鐘〉、〈魯遼作龢鐘〉，遼作，此作，即彼文之省，第五器作，形尤近也。(〈格伯敦釋文〉)

 舊釋爲左，諦審似是从人从壬（原注：金文壬字皆作，范鑄微缺即作工形，它器往往如是），即任字也，任與男聲近字通。(〈楕攺彝釋文〉)

 舊無釋，兩篆形雖小異，似皆當爲敢字，《說文・受部》：「㪏，从受。古聲。籀文作，古文作。」此皆其變體，似从甘从夊，後〈盂鼎〉敢字作，與此相似，其變从甘，亦畧同也，前〈虘彝〉云，虘弗敢望公伯休，文例與此同。(同前)

 阮《款識》釋爲秮門二字，今以篆勢審之，當爲一字，但不能塙定爲何字，竊疑此字上从禾从爿反文，下从門，當爲牆之異文。(〈師酉敦釋文〉)

 舊竝釋爲員，古無此字，案當爲貫之異文，貫古文或从兩貝，前〈南宮鼎〉作是也。此文从，乃貝之省，貫晦即畎畮，毋俗又作串。(〈兮田盤釋文〉)

 舊釋爲孚，依字當爲取，言取我家室用器也。(〈卯敦釋文〉)

 舊釋爲尊，殊不類，審此字下从亯，上从否，疑䍂之異文，《說文・缶部》：「䍂，小缶也。」蓋錫卯以此器。(同前)

駿 馭之異文，《說文・彳部》：「御，使馬也，古文作馭。从又馬。」此从馬夋，《說文・革部》：「鞭，驅也。古文作夋。」段玉裁謂从夋，近是，後〈盂鼎〉从夋，〈諆田鼎〉从，又〈大鼎〉作騣，則竝从鞭省，字例亦同。(〈不嬰敦蓋釋文〉)

舊釋爲以，今案當爲師，後〈盂鼎〉喪師字正作　，可證。(〈晉邦盦釋文〉)

舊釋爲即，今審當爲御之壞字。(〈盂鼎釋文〉)

舊釋爲諫，攷此字从言从束，明是諫字，《說文・言部》：「諫，餔旋促也。」又〈辵部〉：「速，古文作　。从敕从言。」此言敏諫，似當爲　之省叚字。(同前)

舊釋爲竟，于形殊不類，竊謂當爲眉字，《說文・眉部》：「从目，象眉之形，上象額理也。」此上从　，即眉之形，〈戎都鼎〉用妥眉彔字作　从　，與此上暑同，下作　形者，从頁之異文。(〈散氏盤釋文〉)

舊釋爲義，諦審篆文，實从羊从魚，前〈畢鮮敦〉　字正與此正同，實非義字也。(同前)

字从犬从白，當是猈字，筆畫微有泐闕。(〈盂鼎第二器釋文〉)

字舊無釋，細審之，其字从或爪，當即馘之古文。(同前)

舊釋爲詞，今審當爲馆，　即於形，前〈季念鼎〉旅作　，與此偏旁相似，从言者，即謦之省，前〈大師虘豆〉，用旂多福，旂作　同。(〈智鼎釋文〉)

以上三十八字皆見於《古籀餘論》。

竊謂當是擾之異文，右形从夒省，左从卤者，卤、擾古音同部也。(〈克鼎釋文〉)

字鼎亦兩見，李釋「　」爲「申」，不足憑。攷此字亦見〈陳侯因資敦〉，其字作　，則直是「緟」字。金文从重从童字，或變爲東，若後文「鍾」字亦从東是也。變糸爲「裔」，又增「田」者，皆絲繂文。(同前)

疑爲呂侯國本字，經典作呂，用藉字也。(〈邵鐘拓本跋〉)

爲尤，〈辛子彝〉云：「辛子絜守官才在小圊王　商賞絜貝用乍父乙彝。」彼　，徐籀莊釋爲「尤」，此文與彼同，唯反正小

異，其讀當爲「宥」。(〈乙亥方鼎拓本跋〉)

享 疑古文「就」之省，《説文・京部》：「就，高也。」籀文作「𩰪」，
此似從京、從言省，與彼署同。(〈周師穌父敦拓本跋〉)

森化 咸謂即寶貨。今攷以化爲貨，聲類可通，而以森爲寶，則
無形聲可説，且金文寶字恒見，絕無作此形者。諦審其文，實
當爲「嗌」字，《説文・口部》：「嗌，咽也，籀文作𦒍。上象
口，下象頸脈理是也。」經典或叚爲「益」字，故二字當爲「益
化」。(〈周大泉寶貨攷〉)

夯 字從大、從玉，疑即「璨」之省，亦「璘」字也。《説文・玉
部》：「璘，三采玉也。從玉，無聲。」〈林部〉：「㸈，豐也。
從林㚏。㚏，或説規模字。從大冊，數之積也。林者，木之多
也。」〈曶鼎〉璘作「璨」者，省冊而從大、從林，此作「夯」
者，又省㮚而唯從大，展轉省減，幾不辨其聲母。猶〈多父盤〉
以攴爲般，〈盂鼎〉以芍爲敬也。(〈師夯父鼎拓本跋〉)

以上八字見《籀廎述林》卷七、卷八、卷九之金石跋尾。

(二) 匡舊釋之誤

舊釋之多誤，仲容於《古籀拾遺》中屢言之。彼所以致誤者，或以資料
孔缺，無由對勘，或以拓墨漫漶，辨繹綦難，或以未能目譣器物，滋臆逞説，
或以通假不明，遽下斷語，致不能深究文例，溝通篆籀，而有千慮一失之弊，
茲就《拾遺》中以錄其尤者，庸見一斑。

Ψ 字此鼎兩見，亦見〈毛公鼎〉，其文曰「赤市Ψ黃」，舊釋爲蔥
之象形字，以其與《玉藻》「三命赤韍蔥衡」文巧合也。又見
〈宗周鐘〉，其文曰「倉〃Ψ〃」，費峻吉士釋爲「蔥」而讀爲
「鏓」，以其與《説文》鏓字説解「鎗鏓」文亦巧合也。然金
文奇古，不能據孤文決定，必綜合諸器，參互斠覈，而後可議
其是非。〈周鐘〉「倉Ψ〃」，薛《款識》〈窖磬〉作「鎗〃鏓
〃」，其字從金，它聲，字畫明晳。又〈鼄公匜〉云「它〃
巸〃」，〈齊姜匜〉云「沱〃巸〃」(原注：馮氏《金索》〈徐王子
鐘〉亦有「韹〃巸〃」之文，知匜銘「它〃沱〃」即鐘銘之「它

「鉈」」也），其字作🐚作🐚，亦墒是它沱字，彼此互證，阮
釋周鐘爲它，不可易也（薛釋〈窖罄〉爲鉈，不誤，而釋兩匜
爲越，則繆）。（《籀膏述林》卷七〈克鼎釋文〉）

案：仲容所謂〈毛公鼎〉「赤市🐚黃」舊釋，舊釋者，係指徐同柏
《從古堂款識學》、吳式芬《攈古錄金文》。

🐚　字最奇異難識，舊釋爲黽，引徐同柏云「勉字作🐚，古文黽。
黽、僶，勔、勉，一聲之轉。」今攷金文黽字雖未見，而黿鼀
諸文从黽者，皆象形，不作🐚，徐、吳所釋殊不墒，吳大澂釋
爲憲，則于形尤遠，其誤不必辯矣。今通校金文，參互推案，
乃悟此字實當爲向，《說文·向部》云：「向，穀所振入也。宗
廟粢盛，倉皇向而取之，故謂之向。从入、从回。象屋形有戶
牖。」此上从🐚，即《說文》所謂从入。金文入門合文多如此
作。但此穹然下覆，即所謂象屋形者，當與宀同意，實非入字，
中从🐚則正象戶牖形，此西周文字，乃眞古文正體，小篆變🐚
爲回，乃與本形殊不相似矣（原注：凡象形字，分之多不能獨
成一字，《說文》注中入回二字，乃借以比況，非正从此二字
也），其見於金文者，惟〈召伯虎敦〉，向字作🐚（原注：《說
文》向部，畠古文作🐚，下半亦從午作井形，足證古文不从回
也），其文微有省變，它如諸偏旁從向之字，則〈散氏盤〉圖
字作🐚，〈楚公鐘〉𧊒字作🐚作🐚，〈兮仲鐘〉鏞字作🐚、🐚，
又薔作🐚，〈尤簋〉歔字作🐚，〈尤敦〉歔字作🐚，竝與此形合，
此外如〈兮仲鐘〉醓字作🐚，〈兮田盤〉圖字作🐚，〈虢叔鐘〉
薔字作🐚作🐚，〈子廟卣〉圖字作🐚，雖篆畫各有變易，而於
戶牖形，咸不相近，竝與此可互證。向者受也，亦作稟，《方
言》：「稟，敬也。」亦作懍，《廣雅·釋詁》：「懍，敬也。」
皆稟受引申之義。（《古籀餘論·下·盂鼎釋文》）

以上爲仲容自言治金石須綜合諸器，參互推勘，而後可議其是非，如據孤文
單詞決定，極易致誤之例。

　🐚籙作旅𥂖　案🐚，舊釋爲項，諦審此字，从玉从頁，下尚有🐚形，
　　則非項字明矣。竊謂此當爲瓔字，《說文·玉部》云：「瓔，玉

也。从玉，夒聲，讀若柔。」此即从夒聲，下形，即从夂也。
薛《款識‧盠和鐘》有夒字，〈晉姜鼎〉有夒字，薛皆釋爲西
夏合文，實當爲擾之異文，从卤从夒省也。此右形與彼顱字偏
旁正同（原注：詳〈克鼎釋文〉），而〈晉姜鼎〉與此尤脗合。
彼下作屮，即屮形，薛書傳摹失眞耳。（《古籀餘論‧上‧
項絭簋釋文》）

〈夒尞簋〉（摹自《三代吉金文存》）

即縣字，阮《款識》有〈縣伯彝〉（原注：縣，舊釋梋誤），縣
字作縣，與此正同，唯左右形互易耳。左蓋从幺从縣，即《說
文》縣字，說解所謂从系持梟者，从木者，與梟同，意古梟梟
字通，梟爲到首，〈縣伯彝〉作梟甚明（原注：舊誤刓到首爲
橫目，故阮遂釋爲梋。古無此字，不足據也），此鐘梟形有刓
闕，其一畧明晳者，又爲後人誤剔，失其本形。王廉生祭酒遂
誤刓爲穌字矣。（《籀膏述林》卷七〈邵鐘拓本跋〉）
案：羅振玉《貞松堂集古遺文》卷一〈邵鐘釋文〉，亦云「大鐘既
穌」，釋縣爲穌。

王□尣[圖] 案此彝文多譌闕，蓋所據拓本不精，傳橅失其眞也。今
　　見陽湖費編修念慈所得〈尣卣〉，器蓋文竝完好，以校此文，
　　正同，「王□尣昔」作「王蔑尣曆」，此蔑字摩滅，曆字僅存其
　　半，吳遂誤以爲昔字。(《古籀餘論・中・尣卣釋文》)

　　案：仲容釋文中所謂「吳氏」指吳式芬侍郎，吳著《攈古錄金文》，
　　仲容以其搜羅閎博，即據以攷定，著《古籀餘論》上中下三篇。

以上爲拓本不精，傳橅失眞，或文本刓闕，復經拙工誤剔，如據此斠釋，極
易致誤；仲容乃蒐討善本，合校眾器，以匡舊釋之例。

魏鄴宮殘專　右興和斷專，同邑薛茂才遇辰所藏，以拓本詒予。專
　　之面已琢爲研，其背與側皆有文，側爲隸書五，曰「大魏興和
　　二」(原注：以下專斷，「二」字似「元」字上半)，背爲篆文
　　三行，凡十二字，與王氏《金石萃編》、馮氏《金索》所摹〈秦
　　十二字瓦〉曰：「維天降靈，延元萬年，天下康寧」者正同。〈十
　　二字瓦〉，申氏《涵眞閣秦漢瓦當圖說》云：「土人得之阿房宮
　　故基。」故程氏敦(原注：《秦漢瓦當文字》)、王蘭泉(原注：
　　《金石萃編》)、孫淵如(原注：《寰宇訪碑記》)、陳仲魚(原
　　注：《綴文》)皆定爲秦瓦，然皆以意度之，無焯然徵證。實則
　　此瓦文如靈中从四，寧內箸齒，並奇詭不合六書，與泰山、嶧
　　山、琅邪臺刻石，及權量銘殊不類，必非秦物。盧紹弓(原注：
　　《抱經堂文集》)定爲漢物，或近之耳。(《籀膏述林》卷八〈魏
　　鄴宮殘專拓本跋〉)

秦權　度、量、權三者，爲世程品，其用至重，而古今流變乖異亦
　　特甚。余曩據《漢志》劉歆銅斛，以證嘉量；據漢長安慮俿銅
　　尺，以校周尺。雖數度小差，而形法大致相近。惟權則《周經》、
　　《漢志》，文制不同，莫能稽覈也。《考工記・玉人》云：「駔
　　琮五寸，宗后以爲權。駔琮七寸，鼻寸有半寸，天子以爲權。」
　　鄭君云：「駔，讀爲『組』，以組繫之，因名焉。」此周權以玉
　　爲琮，爲后王之專制，蓋不通於臣民，公私恒用，當以銅爲之。
　　要其爲琮形，必斠若畫一爾。《漢・律志》說五權則云：「圜而
　　環之，令之肉倍好者，周旋無端，終而復始，無窮巳也。」孟

康云：「謂爲錘之形如環也。」漢權以銅爲環，與周琮異制，然《爾雅》云：「肉倍好謂之璧，肉好若一謂之環。」班云：「圜而環之」，則肉好宜若一。又云：「肉倍好」，則是璧非環。兩文復自相牾，豈以環璧皆圜，而有好與周旋無端之義，咸得相傅，偶未別白歟？至今權皆有鈕以縣，〈玉人〉王琮有鼻，后琮當亦然。《說文》鈕，訓印鼻，是鼻即鈕也。而《漢志》五權不云有鼻，亦無以定之。蓋周漢權制，舛牾難合，非見古權，固無由校證理董之矣。辛丑臘月，長白午橋尚書以所藏秦權精拓，手跋其後，介黃君仲弢寄貽，尋校累日，則積疑爲之渙然。……往者讀史，妄意環權或即以好代鈕，亦自可縣，今見此拓，迺知肊揣必不如目驗也。(《籀膏述林》卷八〈秦權拓本跋〉)

以上爲仲容以實際考古之經驗，證諸往者說字讀史，無焯然徵諟，皆滋臆逞說，致穿鑿附會之例。

　　　戴　　金文婁見，如〈冘彝〉、〈冘卣〉、〈趩尊〉、〈趞曹鼎〉皆有戴市之文。阮文達云：「戴即韋之繁文。」許印林則謂當是「韎」字，其說皆不搞。依字，從韋，弋聲，以聲類推之，當與「纔」相近。《說文·系部》：「纔，帛雀頭色。從系，毚聲。」戴、纔聲義畧同，猶經典通以纔爲才也(原注：弋從才聲)。纔，《禮經》作爵，〈士冠禮〉「玄端爵韠」，注云：「士皆爵韋爲韠。」引《玉藻》曰：「韠，君朱，大夫素，士爵韋。」此云戴市，即禮經之爵韠也。《詩·周頌·絲衣》「載弁俅俅」，汪容甫謂載弁即爵弁，說亦可與此互證。蓋帛織絲爲之。其字宜從系，故爵色帛謂之纔，市制韋爲之，其字宜從韋，故爵色韋謂之戴。二義古各有正字，分別較然，漢以後纔、戴咸廢不用，字書遂不見戴字，經典率用爵爲帛韋之通名，而正字遂爲借字所奪。金文雖多奇詭，若以形聲字例，悉心推校，尚可得其梗概，大抵如是矣。(《籀膏述林》卷七〈師奎父鼎拓本跋〉)

　　　案：仲容此說，又見於《古籀餘論·中·冘彝釋文》，文義大致相同。茲摹〈師奎父鼎〉全文如下，以見「戴」字之本形，及其在上下文中之地位，知先生說字不鑿空附會也。

〈師奎父鼎〉（摹《三代吉金文存》）

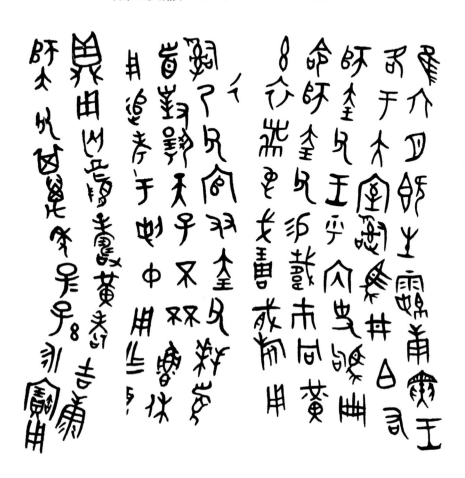

　　以上爲仲容自言考釋金石，必先明文字通叚之理，金文固多奇詭，若以形聲字例，悉心推校，終可得其梗概，足徵舊釋因通叚不明，遽下斷語，致失古文之本形本義也。況古文之書寫增省不定，而舊釋更舛互間出，今研古之士，若未深究金石文例，實不啻車無軌軏，其何以行之哉！

（三）證他家成說

　　舊釋之誤，仲容匡斥之，而他家成說之可取者，仲容輒疏證之，其所以如此者，或因其有釋無說，或因說欠精審，或其詮釋堛鑿，別增左證，要皆裨補闕漏，有所廣益，務期於說字釋義，均了無遺憾也。

　　里盎　吳從龔釋爲里巒，云義未聞，又引吳式芬云：里，盎之省文。

案吳說是也。《說文・燹部》云：「燹，火所熏之色也。從炎。」
上出囪，古窗字。齊節墨刀，墨字作墨（原注：見《古泉匯》），
秦權黔首，黔字作黔（原注：見薛《款識》），秦斤又作黔（原
注：見阮《款識》），其偏旁燹字竝不作燹，與《說文》不同，
疑古文小篆之異也（原注：秦文間存古籀遺意，故或與《說
文》不同）。幽亦即幽字，燹幽者，戜衣也（原注：《文選・
閒居賦》注引《左傳》：「袀服振振」，服虔注云，袀服燹衣也。
《戰國策・趙策》，左師觸讋見趙太后曰：「賤息舒祺，願令
得補燹衣之數，以衛王宮。」燹幽疑宿衛之戜服矣）。（《古籀
拾遺・下・周韓侯白晨鼎釋文》）

案：仲容所謂「吳從龔釋」，吳指吳榮光，著《筠清館金文》，
仲容取以著《古籀拾遺》下篇，龔即龔自珍，〈古籀拾遺敍〉所
謂「吳書釋文，蓋龔禮部自珍所纂定，自負其學，爲算合倉籀
之恉，而鑿空貤繆，幾乎陽承慶李陽冰之說。」至其所謂「秦
文間存古籀遺意，或與《說文》不同」之說，後王國維《觀堂
集林》第一冊卷七〈戰國時秦用籀文六國用古文說〉，〈說文今
敍篆文合以古籀〉兩文中，於此尙別創新解，可備參。

　　舊釋爲既生霸，於義不誤，然生字作屮，則與他器絕異，
吳亦不著其說。攷此字金文常見，宋以來攷釋家並定爲相字，
然相與生，聲義竝遠，此叚彼爲生，於六書之義難通。竊謂
此非相字，乃眚字也。《說文・目部》：「眚，從目，生聲。」
是眚本從生得聲，故得相通借，此下從橫目形，上從屮者，即
生之省，猶靜從青聲，金文或作靜（原注：〈毛公鼎〉），或作靜
（原注：〈齊國差甔〉），竝從生省一畫也（原注：《說文》青
古文作青，亦從生省），金文更有作屮者，又省屮爲屮，蓋亦
一字。又古字眚與省通，凡金文云眚者，義多爲省之叚借。
竊疑其作省者，或即省之異文，二字聲義本相近，固可互通
也。今畧就此錄攷之，如〈南宮鼎〉王令中先省南或，謂先省
視南國也。〈宗周鐘〉王肇遹省，文武堇疆土，謂王巡省文武
之疆土也。以上二文，與《易・復・象辭》「后不省方」，及
《詩・大雅・常武》「省此徐土」義竝合，此竝巡行省視之義。

〈鬲攸從鼎〉「王令省」，謂王令省察其事也，惟〈相作父丁
𣪘〉之「省」，〈散氏盤〉之「右省」，〈智鼎〉之「曰省」，皆
似爲人名，則無義可說，然其爲眚字，則固炳然無疑也。其
作省者，如〈卿鼎〉「公違省自東」，謂省視東土也。〈餘彝〉
「王省夔京」，謂王巡省夔地也。與〈南宮鼎〉「眚南或」，〈卿
鼎〉「省東」同。〈憲鼎〉「憲肇從遣征，攻單（戰）無商（敵），
省玗乃身」，謂有功而善於其身也。此與《禮記》〈大傳〉「大
夫士有大事，省於其君」，《大戴禮記‧朝事篇》「凡諸侯之適
子省于天子」義並同。〈季娟鼎〉「令小臣夌先省楚居」，謂省
視楚居也，義亦與〈南宮鼎〉同。〈大豐敦〉「王作省不豢」，
此似亦訓爲善，作省猶言作德也。〈盂鼎〉「我其遹省先王受
民受疆土」，此亦謂王巡省文武之人民疆土也，與〈宗周鐘〉
文義並同。凡此諸文，釋爲眚，或爲省，則義咸符協，若如
舊釋爲相，則於〈宗周鐘〉、〈憲鼎〉、〈盂鼎〉諸器文義並齟
齬不合，而於此銘之「既相霸」，則尤不可通，足證其非矣。
此字自來傳譌已久，治金石古文者皆習焉不察，今故條舉而
諟正之，其見於薛、阮兩《款識》者，亦皆誤釋，不悉論也
（《古籀餘論‧中‧揚敦釋文》）。

案：仲容釋眚，通觀金文，合校眾器、條分縷析，詞達而義暢，
足證舊釋，並補葺其闕佚也。

此所謂有釋無說，或說而不備者，仲容通校眾器，予以彌縫補闕以成完璧之
例也。

　舍　吳釋爲舍，云即施舍之義，攷《說文》余從舍省聲，此舍字
從余。吳謂即施舍之舍，是矣，然尚未盡究其義也。王引之
《經義述聞》云：「古人言施舍者有二義：一爲免繇役，《周
禮‧地官‧小司徒》：『凡征役之施舍』，鄭注曰：『施讀爲弛』。
〈鄉師〉辨其可任者，與其施舍者，注曰『施舍謂應復免不
給繇役』，是也。一爲布德惠，蓋古聲舍、予相近，施舍之言
賜予也。宣十二年《左傳》『旅有施舍』，謂有所賜予，使不
乏困也。成十八年《傳》『施舍已責』，襄九年《傳》『魏絳請

施舍輸積聚以貸』，三十一年《傳》『施舍可愛』，昭十三年《傳》
『施舍寬民』，又『施舍不倦』，二十五年《傳》『喜有施舍』。
《周語》『縣無施舍』，又『聖人之施舍也議之』，又『布憲施
舍於百姓』，《晉語》『施舍分寡』，《楚語》『明施舍以道之忠』，
皆謂賜予之也。」案，王說辨別施舍之義甚析，實則凡施舍
之訓賜予者，舍即予之借字，《隸續》載《魏三體石經》〈大
誥〉「予惟小子」，予字古文作 🔶 （原注：汗簡，口部引同，
又入部引裴光遠〈集綴〉，余字古文作 🔶 。案：古余、予字亦
通），與此彝 🔶 字正同，是舍即予借字之塙證（原注：《三體
石經》古文間用借字，如以高爲歷，以狟爲桓之類是也），而
近代臧琳、孫星衍、馮登府攷釋《石經》，竝不知舍即舍之異
文（原注：《墨子・耕柱篇》云：「見人之作餅，則還然竊之，
曰：舍余食。」舍亦與予同，「舍余食」猶言「與余食」也。
畢沅注以舍爲捨，失之），亦其疏也。此居後蓋集眾金器以鑄
彝，故銘中言舍者二，言貢者三（原注：《說文・貝部》：「貢，
从人求物也。」、「貸，施也。」二字聲義畧同，經典通用貸
字），貢者从人叚借，舍者人所賜予，故竝紀之也。（《古籀拾
遺・下・周居後彝釋文》）

許瀚釋爲婚，云古婚字，《說文》作 𡥉 ，云籀文。〈車部〉 𨏎
云：「𡥉 ，古𨏎字。」薛書婚屢見，皆摹失眞，即《說文》所
載，亦難免傳寫之誤，其所云籀文、古文，下體作 𡥉 ，與 靈
下體同，殊無理解。案許說近之，而未盡也。金文婚字屢見，
形聲雖不能詳說，大較从女、从古文 靁省，《說文・㔾部》云：
「靁，禮器也，象靁之形。中有㔾酒，又持之也。」所以飲
酒象雀者，取其鳴節節足足也，古文作 🔶 ，象形。疑古文婚
字，當取昏禮合巹之義，故从靁省，此从 肖 者，似即从 靁 ，
爲 靁 之上半形，从 卅 者，蓋與高同，金文高字多作 🔶 作 🔶
（原注：竝詳〈魚父丁觶〉），靁盛酒器，故從高省，毛公鼎
作 🔶 者，又似从豆省，豆、高皆器，意亦畧同，《說文》靁形
無義例可說，竊疑實當作 靁 ，上象雀形，下从豆省，傳寫譌
變耳。但此从 靁省，實从婚省，因古文婚字从 肖 从耳从女，

此省女耳，而从 者，収與手義同，金文多互用，明當爲播

之異文，實非婚字也。(《古籀餘論・中・㐱伯戒敦蓋釋文》)

此所謂說解欠精，尚未盡究其義，仲容乃引經就篆，析其形聲，明其通叚，

以定古文本形本義之例也。

此當爲師之省，師从𠂤聲，故可省爲𠂤也。阮元《山左金石

志》，載〈史師鼎〉師作 ，釋文云，〈鐘鼎款識〉釋 字多作

目，按《說文》𠂤正作 ，官字从之，注云，吏事君者也，从

宀从𠂤，𠂤猶眾也，此與師同義，又云：師，二千五百人爲

師，从帀从𠂤，𠂤四帀，眾意也，銘作𠂤者，師之省文爾。《款

識》載〈穆公鼎〉銘曰：「南域東域，至于歷寒，王命鹵六 。」

彼𠂤字正是師字，校此爲尤顯。案：阮說甚精，可與此互證。

(〈古籀拾遺・晉姜鼎釋文〉)

諦審之，實萺字也，《說文・苟部》：「𦬶，自急敕也。从羊省，

从勹口。勹口猶慎言也。」从芋與義萅芺同意。𦬶，古文不

省，此 字下 形甚明，上作 者，即从芋不省，惟筆畫微有

刓缺耳。《儀禮・燕禮》記賓爲苟敬，鄭注：「苟，且也，假

也。」(原注：此以苟字釋之)；凌廷堪《禮經釋例》，引戴震

讀苟爲𦬶，以《說文》「自急敕」之訓詁之(原注：陳壽祺《左

海經辨》，桂馥《說文義證》，及洪氏〈讀書叢錄〉說並同)，

其說迂塙，而段玉裁《說文注》、王引之《經義述聞》、胡培

翬《儀禮正義》，皆不以爲然，此鐘以萺敬連文，可以證明戴

說，信所謂一字千金矣。(《古籀拾遺・中・楚良臣余義鐘釋

文》)

馗 又有王鍾馗，馗即馗之變體，亭林《日知錄》舉《北史》喬

鍾馗、宮鍾馗，證古人以鍾馗命名，取終葵之義。此則碑版

文字，尤明焯可依據，足爲亭林增一證矣。(《籀膏述林》卷

八〈周保定四年聖母寺四面造像跋〉)

此所謂雖詮釋壌鑿，而舊聞新說，迭有發現，故援而引之，作前釋之佐證，

備來者之參攷，此亦仲容研古之重要成就也。

（四）補傳拓之闕

　　夫金石之用，自上古以訖現代，無時或間，故其用特著，其壽最永，其為學者所留意者亦特早，而遺存於今日之器物為獨多也。然秦、漢以前，金多而石少，秦、漢以後，金少而石多，金遭數厄，〔註 52〕石亦多劫，〔註 53〕

〔註 52〕古銅器厄有二大端，一為毀壞，一為偽造，而偽造雖亂真，考古者猶得鑑別之，其厄尚小，惟一經熔燬，則萬劫不復，觀宋代著錄之器，今存者百不一二，可推知也。按銅器之毀壞，在春秋時已然。《左傳》襄公十二年：「季武子……入鄆，取其鐘以為公盤。」又襄公十九年：「季武子以所得於齊之兵作林鐘，而銘魯功焉。」此即毀壞之作俑也。秦、漢以後，乃有大量銷毀之舉，其劫難之重，不僅如所謂焚琴煮鶴而已。清潘祖蔭《攀古樓彝器款識・自序》謂銅器自周、秦至今，曾經六厄，而隨時沈霾盜鑄毀棄改為者尚不與焉。晚近交通大開，國內雖有專院收藏，而歐、美之士巧取豪奪，大力負之以走，凡百古物，皆次第大去其國，昔之豐富者，今轉涸竭。潘氏之言曰：古器自周秦至今，凡有六厄。《史記》曰：「始皇鑄天下兵器為金人。」兵者戈戟之屬，器者鼎彝之屬，秦政意在盡天下之銅，必盡括諸器可知，此一厄也。《後漢書》：「董卓更鑄小錢，悉取洛陽及長安鐘簴飛廉銅馬之屬鑄焉。此二厄也。《隋書》：「開皇九年四月，毀平陳所得秦漢三大鐘，越三大鼓，十一年正月，以平陳所得古物多為禍變，悉令燬之。」此三厄也。《五代會要》：「周顯德二年九月，勅兩京諸道州府銅象器物諸色，限十五日內並須毀廢送官。」此四厄也。《大金國志》：「海陵正隆三年，詔毀遼宋所得古器。」此五厄也。《宋史》：「紹興六年，斂民間銅器，二十八年，出御府銅器千五百事付泉司。」此六厄也。其後明思宗時，亦嘗毀歷朝銅器鑄錢，《烈皇小識》：「上又將內庫歷朝諸銅器盡發寶源局鑄錢，內有三代及宣德年間物，製造精巧絕倫，商人不忍舊器毀棄，每稱千斤，願納銅二千斤，監督主事某不可，謂古器雖毀棄可惜，我何敢私為輕重，商人謂宣銅下鑪尚存其質，三代間物，則質清輕之極，下鑪後惟有青煙一縷耳，此則誰認其咎？監督謂上猜疑甚重，若如公言，必增聖疑，如三代物不便下鑪，則有監督內官公同驗視，罪不在我。」此亦銅器之一厄也。（參看高師仲華《中國文獻學金石學講稿》，及朱劍心《金石學》第二編〈說金〉）

〔註 53〕歷代石刻之富，著錄之多，過於吉金，而豐碑大碣、摩厓千尺，其製亦鉅於鼎彝。龔定盦曰：「石在天地之間，壽非金匹也，其材巨形豐，其徙也難，則壽侔於金者有之。」然古器之厄，石亦有之：且以「材巨形豐，其徙也難」，寶藏之艱，視古器為尤甚。孫覺之墨妙亭（更生案：宋孫覺守湖州，建墨妙亭以藏古刻）、趙抃之藏春軒（更生案：關中有宋趙抃〈重置鐃益寺石刻記文〉云，自唐宋以來，名臣賢士，往還稅駕，或題名於壁，或留詩於碑，寺遭兵火，焚毀殆盡，暇日命僮僕搜抉於荊榛瓦礫之間，皆斷折訛缺，讀之令人悲惋，即其稍完者，萃而置於藏春軒壁），蜀綿州之集古堂（更生案：蜀綿州有宋淳熙十二年〈集古堂記文〉云：舉近郊石刻，列植秦、漢、隋、唐其碑凡十，然其所謂蔣公琰者，及孫德碣，已淪於灌莽矣），洛陽之存古閣，西安之碑林，除碑林曾經畢沅之修繕，今尚完好外，其餘所藏，尚有幾何！蓋國人素乏惜珍古物之觀念，有之，則惟據為己有，而以為奇貨可居，從不公開，

故仲容補傳拓之闕，爲其治金石之偉大成就也。綜其所補，有補其闕文者，補其闕字者，補其重文者，亦有補其整句，正其銘文行次者，茲例證如下：

> 釐字銘文作〔图〕，細審之，當爲釐邑二字之合文，諸家皆漏釋，當補入。後〈齊侯鐘〉乃無此字。（《古籀拾遺・上・齊侯鎛鐘釋文》）

> 〈綰綽眉壽敦〉與《宣和圖》及薛《款識》、王《集古錄》，所載〈周孟姜敦〉同，王楚等所釋叔下止一孫字，諦審之，孫上尚有一字，不可識，此叔下缺二字是也，孟下則彼敦姜字甚明，此偶缺耳。（《古籀拾遺・中・綰綽眉壽敦釋文》）

> 案薛《款識》〈周孟姜敦〉叔字下作〔图〕，顯係兩字合文，故仲容說孫上尚有一字也。據王國維《國朝金文著錄表》之考訂，此器僞製，不足據。

辛之亦歸於烏有而後已！觀夫自北宋以來諸家著錄之石刻，時有銷亡，可勝慨哉！茲就葉昌熾《語石》所言，則石刻之厄有七而兵燹不與焉，其文曰：「韓退之詩云，雨淋日炙野火燎，又云，牧童敲火牛礪角，亦不與焉。高岸爲谷，深谷爲陵，地震崩摧，河流漂溺，祇園片石，誤椎化度之碑，砥柱洪濤，久沒純陁之碣，此一厄也。匠石磨礱，耕犂發掘，或斷爲柱礎，或支作竈陘，或爲耕陽之碌碡，或爲廢寺之甌甄，通衢如砥，塡江左之貞珉，架水爲梁，支漢經之殘字，荒墳蔓草，徧臥蟠螭，廢壘長楊，聊資列雉，此二厄也。唐宋題名，摩厓漫刻，後來居上，有如積薪，唐賢名迹，宋人從而磨刻之，宋賢名迹，明人迺更加甚焉，賀方面之題字，惆悵武邱，史延福之刻經，模餬伊闕，邠原攬古，空譚大佛因緣，岱頂勒崇，莫問從臣姓氏，莫屋中架屋，牀上安牀，此三厄也。武人俗吏，目不識丁，勾工選材，艱於伐石，或去前賢之姓字，而改竄己名，或磨背面之文章，而更刊他作，甚或盡鑱舊文，別鐫新製，改爲改作，漸滅無遺，此四厄也。裴李爭功，熙豐鈎黨，李義山云：長繩百尺拽碑倒，麤沙大石相磨治。蘇子由云：北客若來休問訊，西湖雖好莫題詩。韓蘇之文，毀於謠諑，又若閏朝僭號，諱於納土之餘，叛鎮紀年，削自收京以後，或碎裂全文，或削除違字，後賢攷訂，聚訟轉滋，此五厄也。津要訪求，友朋持贈，軺車往返，以代苞苴，官符視若催科，匠役疲於奔命，一紙之費，可以傾家，千里之遙，不殊轉餉，里有名迹重爲閭閻之累，拔本塞原，除之務盡，今昭陵諸碑，無一瓦全，關隴鞏洛之交，往往談虎色變，此六厄也。夫石刻者，所以留一方之掌故，非鎭庫之奇珍，海內藏家，散帙自享，宦遊所至，不容兼全，或裝廉吏之舟，亦入估人之橐，奪人所好，遷地弗良，轉展貿遷，必至失所，此關中毛茂才所以有勿襲石刻之記，而言者諄諄，聽者充耳，化度寺碑，宋范氏書樓本，已先作俑，畢秋颿中丞，自關中携四唐石歸，置之靈巖山館，庚申之劫，與平泉花石，同付劫灰，此七厄也。」

〈毛公鼎〉「亦唯先正□」，正下一字下半泐，上半似器字，阮《款識》〈陳逆簠〉以作乃元配李姜之祥器，器字作𠼝。「薛乃辥□」辥下一字，銘文作𫮃，从収从慶省聲，《說文》所無，慶古文婚字，此當即揗之異文，《說文・手部》：「揗，撫也。一曰摹也。」《廣雅・釋詁》：「揗，順也。」薛《款識》〈師嫠敦〉「乃祖考有婚于我家」，婚作𫮃，當即此字，傳摹失眞耳。（〈毛公鼎釋文〉）

〈師艅敦蓋〉，此敦前四行與後〈師晨鼎〉並同，蓋同日冊命者，宮上一字漫闕，彼鼎作彔，篆文作𣲒，此僅存𠕃形，亦當是彔字，殘闕，撫拓又失其眞。（《古籀餘論・中・師艅敦蓋釋文》）

𠂤此器文甚奇古，惜漫闕過半，文義斷續不備，宅京下𠂤字舊釋爲㠯，今案當爲師。（《古籀餘論・下・晉邦盦釋文》）

此所謂補其闕文也。因器有殘蝕，橅本爛缺，就其文例，對勘他銘，以補叢殘而完足文義也。

秉德下二字微泐，吳闕釋，今玫當是共屯二字，雖漫漶，筆畫尚約畧可辨，後〈善鼎〉亦有秉德共屯之語，可據以補此釋之闕。（《古籀餘論・上・西宮敦釋文》）

〈唐房玄齡碑〉　此碑在趙德甫時，已云磨滅斷續不可考，今所存字益漫漶，予得舊拓本，較爲清晰，偶以王氏《萃編》所收本校讀，補正逾百字，可寶也。（《籀膏述林》卷八〈唐房玄齡碑跋〉）
案：碑連額高一丈二尺九寸，廣五尺，三十六行，中段磨泐，每行約八十一字，王氏《萃編》云：「碑文磨滅斷續，不可考究，惟其名字僅存，其後題修國史河南公而名姓殘闕者褚遂良也。」仲容說補正逾百字，跋後不具。

〈北齊西門豹祠堂碑〉，此碑金石家皆以其殘闕，不甚留意審校。今爲玫補四十餘字，其綜涉淹洽，已斐然可見，惜不能得其全文也。茲附補正碑文（校王氏《萃編》本。凡王本譌缺者，以方匡識之）：

□虞傳夏　好古之業　轀亡而警吏馬班既別　　侵土南□佩韋臨事
　民吏不敢而欺□巫老沈姦於波浪　灾沴之禱仍纏　翦兇族於黎

正□□長於華□　一開□社再祠絕廟　萬方□□　椒□如□　天
□□龍□淵　納元黎於□□　神居獨遶　灰爐樂反　鱗甲五照
莫秀而　司州□宗師　入當樞　□□□俗政□勉農　忻殫鼓舞
□徒私禮　翼世謀居　容象□肅　河浮圖籍　咸秩報功　連率
依風毛畢均美衛□兼雄謂神

碑陰補字尤多，今不備錄。（《籀膏述林》卷八〈北齊西門豹祠堂
碑跋〉）

此所謂補其闕字者也，仲容補闕凡金文皆合校眾器，參斠文例，碑刻皆據史
傳以及名臣奏疏、歷代會要，故所補皆能極原文之骨髓，非以意為之也。

穆字本作𥞫（原注：此據余所藏精搨本，阮摹禾下短畫不明晢），
程瑤田《通藝錄》載司馬氏藏器，及吳《錄》〈虢叔編鐘〉，穆竝
有重文，蔣光煦《東湖叢記》，引翁樹培云，〈遲父鐘〉曰：「穆〃
不顯龍光」，〈盠和鐘〉曰：「穆〃帥秉明德」，可證也。案翁說是
也，〈井人殘鐘〉「女不叚弗帥用文祖皇考，穆〃秉德」，文例亦同，
阮釋及孫《苑》所錄穆下竝無重文。（《古籀拾遺・中・虢叔大林
鐘釋文》）

命字下有兩重文者，上重文當為卩字，下重文為命字，卩與即通，
言即命女（汝）也。（〈毛公鼎釋文〉）

𩰈舊釋為器，今審當為靐字，下尚有重文，蓋讀憲聖靐靐句，靐
靐猶鄂鄂也。（《古籀餘論・中・邾人殘鐘釋文》）

此所謂補其重文也。

𤇾，阮釋為寅，今案當為廣，說詳後〈叔丁寶林鐘〉，廣啓下尚有
缺文，以〈叔丁鐘〉證之，疑亦當為廣啓土矣。（《古籀拾遺・中・
祿康鐘釋文》）

案：〈祿康鐘〉與〈叔丁寶林鐘〉原鐘手摹如下，並附仲容釋文，以
資對勘。如：

〈祿康鐘〉

作者依據《三代吉金文存》卷一手摹

（金文圖）

受令余通彔康
虔屯純右廣啟
銘在鉦間

脎身龢
于永命
用寓光
我家受

〈叔丁寶林鐘〉

作者依據《三代吉金文存》卷一手摹，
羅氏原收二器，茲摹其一，足徵仲容考釋之精

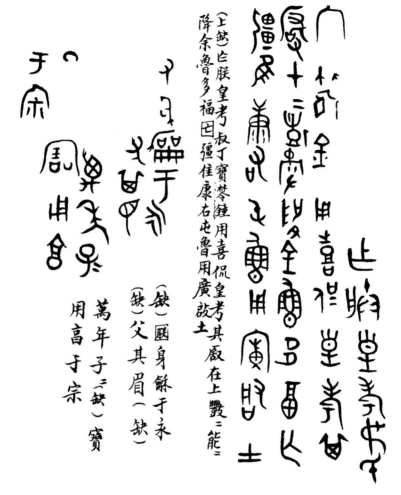

此所謂補其整句也。

　　〈盂爵〉：此銘凡四行，其三行末有彝字，以文例推之，此字當著四
行末尊字下，賓當屬貝爲文，謂白儐盂以貝也，因末行字多，不能
容彝字，乃移著於前一行賓字下，前〈矢伯隻卣〉器文，矢伯隻作
父癸彝，彝字移著隻字下，後〈格伯敦〉第二器末冊字，亦因字迫
笮，著前行之末，與此正同。（《古籀餘論・上・盂爵釋文》）

〈盂爵〉

依《三代吉金文存》卷十六手摹，
彝字因器狹移著三行之末，仲容勘校甚精

此所謂正其銘文行次者也。

三、孫氏校釋金石之步驟

　　仲容固無自明校釋金石之步驟，然觀其述作，其校釋之次第如影隨形，皎然可得也。夫銘以紀功，〔註54〕碑者以石代金，義同銘識，〔註55〕是皆清風峻

〔註54〕《文心雕龍‧銘箴篇》云：「銘者，名也。觀器必也正名，審用貴乎盛德，蓋臧武仲之論銘也，曰：天子令德，諸侯計功，大夫稱伐。夏鑄九牧之金鼎，周勒肅慎之楛矢，令德之事也；呂望銘功於昆吾，仲山鏤績於庸器，計功之義也；魏顆紀勳於〈景鐘〉，孔悝表勤於〈衛鼎〉，稱伐之類也。」

〔註55〕《文心雕龍‧誄碑》云：「碑者，埤也，上古帝皇，紀號封禪，樹石埤岳，故曰碑也。周穆紀跡于弇山之石，亦古碑之意也。又宗廟有碑，樹之兩楹，事止麗牲，未勒勳績，而庸器漸缺，故後代用碑，以石代金，同乎不朽。」

偉，昭紀鴻懿，標心萬古之上，送懷千載之下，故考校金石，必循製器之成例，以逆勒銘之始恉，綜孫氏所著，其於校釋金石之步驟，值得今人借鑑者至多，特分列於下，以發其凡。

（一）對勘拓本首定器物

鑄范金文，例有定則，釋者若拘守一器，而昧於與眾器之合校，不啻坐井觀天，見小而知細矣。故仲容討古，以對勘拓本爲急務，以定鑄器之時代，考器物之眞僞，別器物之種屬，有者或考鑄器之人，或述銘識之要義，或析銘文之分段者，皆辭約而旨豐，事近而喻遠，茲徵引之。

（1）考鑄器之時代

〈齊侯鎛鐘〉內「嗣辝㲄妣」四字皆籀文，亦宣王以後器之證。（《古籀拾遺・上・齊侯鎛鐘釋文》）。

案：鐘銘作「　　　　」。　，薛讀嗣爲司，《說文》「嗣」爲辝之籀文，金刻多以爲司字。　，《說文・辛部》籀文「辤」，此當爲辝之借字。又「　　　　」，　，《說文・堇部》籀文「艱」。「　　　　　　　　　　」，　，《說文・女部》「妣」即姒之籀文。〈說文敘〉曰：「及宣王大史籀著大篆十五篇，與古文或異。」段注：「大篆與倉頡古文或異，見於許書十四篇中者備矣，凡云籀文作某者是也。」自本器款識用籀文，則墽信其爲宣王以後器。

此據銘文字體考定鑄器時代之例。

此銘所述命辭及爵邑，竝即靈公所錫。銘首曰：「五月戊寅」，疑即靈公二十八年之五月望日（原注：齊靈公二十八年當春秋魯襄公十九年，杜預《長曆》是年五月甲子朔，則望日正值戊寅）。是月壬辰晦，靈公卒（原注：此據《左傳》，《春秋》經書「七月辛卯」，據赴告之日也），蓋叔及甫受命而公即卒，此鐘作于公初卒未作謚時，故但曰公所，彼鐘作于已作謚後，故變其文曰桓武靈公之所，雖復疑事毋質，要其輄迹之參差，可推校而得也。（《古籀拾遺・上・齊侯鎛鐘釋文》）

此據銘文中謚法之有無，與杜預《長曆》合校，以定鑄器時代之例。

〈陳逆簠〉：爲陳逆所作，　孫阮釋爲裔孫，《左》昭二十九年傳杜注，

玄 孫之後為裔，陳逆見哀十一年傳，杜注以為陳氏之族，其于桓子世系無可攷，然逆與陳恒同時，《史記·齊世家·索隱》引《世本》，桓子無宇生武子開及僖子乞，乞產成子常（原注：即陳恆，漢人避諱改），恆為桓子之孫，逆與同時，即非桓子諸孫行，亦必其曾孫行，斟其時代，不得為裔孫。（《古籀拾遺·中·陳逆簠釋文》）

㠱：疑𦅫為齊侯女名，蓋為陳桓子妻，即後文之孟姜也。此器為孟姜喪終時所作，對君言之，故不諱其名也。（《古籀餘論·下·齊侯壺釋文》）

此據銘中稱謂推定鑄器時代之例。

〈魏鄴宮殘專〉：為東魏興和間所造，文亦與秦瓦同者，當由搏埴工匠，依放舊制為之，否則拓跋自永熙西鶩，東朝版宇，不及關中，倘彼瓦與此專同出一時，安得於阿房故基出土邪？《魏書·孝靜帝紀》云「興和元年冬十一月癸亥，以新宮成，大赦天下，改元，二年春正月丁丑，徙御新宮。」興和紀元，雖在新宮已成之後，然宮披閎崇，或徙御之後，未息將作。專文語涉頌禱，非臣民之家所宜有，薛君云：〔註56〕「此專為燕人某所詒，其為新宮殘甓，殆無疑也。」（《籀膏述林》卷八〈魏鄴宮殘專拓本跋〉）

案：該專背側有文，側為隸書五曰「大魏興和二」，背為篆書三行，凡十二字，與王氏《萃編》、馮氏《金石索》〈秦十二字瓦〉曰：「維天降靈延元萬季天下康寧」者正同，魏專原拓未見，茲依馮氏《石索》〔註57〕所拓秦瓦摹之如次，以資借鑑焉。

正面圖

背面圖

〔註56〕薛君指與仲容同邑之薛遇辰，因此專為薛氏收藏。
〔註57〕影遼古齋藏本。

此由器物所鑄年代竝出土地點，以考鑄造時代之例。

〈梁鼎〉：案此篆筆細勁，蓋七國時器。(《古籀餘論・上・梁鼎釋文》)。

此由銘刻篆勢以定鑄器時代之例。

〈大豐敦〉：文字古樸，義難通曉，審繹辭意，似是周武王殷祀祖考時助祭臣工所作。(《古籀餘論・中・大豐敦釋文》)

案：銘文古樸，茲據《三代吉金文存》手摹如下，以資參攷。

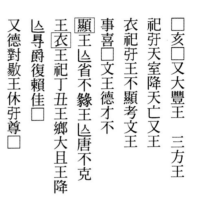

又德對敭王休玗尊□
凵辱爵復賴佳□
王衣王祀丁丑王鄉大且王降
顯王凵省不彔王凵唐不克
事喜□文王德才不
衣祀玗王不顯考文王
祀玗天室降天亡又王
□亥□又大豐王　三方王

此由銘文辭意，考鑄器時代之例。

字从犬从甶，當是猦字，筆畫微有泐闕，猦方即《易》高宗伐鬼方，《集解》引干寶云：「鬼方，北方國也。」《詩・大雅・蕩》：「覃及鬼方」，《史記・五帝本紀・索隱》云：「匈奴；商曰鬼方，周曰獯狁。」若然，鬼方即獯狁，此周初器，故尚稱鬼方與。(《古籀餘論・下・盂鼎釋文》)

此由銘文中方國之名，以推定鑄器時代之例。

〈牛鼎〉：甲午爲政和四年，以姚舜輔《紀元術》推之，是年八月癸卯朔，丙寅爲二十四日，此鼎汪韓門攷定爲徽宗祀明堂器郅壎，據《宋史・禮志》，宋制大饗明堂在九月，宋初未建明堂，皇祐以後，皆在大慶殿，政和初始建明堂，而成於作鼎後三年，然則四年八月，乃紀作器之月日，非於是日祀明堂，程易疇〔註58〕博徵經典及金文，證太室爲廟室，以駁汪攷，蓋以不誤爲誤，傎矣。(《宋政和禮器文字攷・牛鼎》)

〔註58〕指程瑤田，程著《通藝錄》，仲容攷釋金石，迭經徵引。

〈甲午簠〉與〈豐潤牛鼎〉同時所作，故銘首年月日竝同。又案，以甲子紀年始見於東漢石刻，阮〔註59〕肊定此簠爲秦器，遂謂秦時已有此紀年簡易之法，其說尤繆。今攷秦金石刻之傳於後世者，若〈詛楚文〉（原注：〈絳帖〉〈古文苑〉），〈金人銘〉（原注：《水經·河水注》），泰山、琅邪臺刻石（原注：竝拓本），嶧山、會稽、碣石刻石（原注：竝重摹本），平陽斤、秦權、秦量（原注：薛阮《款識》及吳《錄》）諸文，或紀年，或不紀年，皆不著甲子，又呂不韋以始皇八年作《呂氏春秋》，其〈序意篇〉云：「維秦八年，歲在涒灘，秋甲子朔」（原注：錢塘以超辰法推是年實直辛酉，謂失數超辰之歲，故以庚申紀年。其說是也）。此文尤詳備，而亦以古歲名爲紀，則秦時未有甲子紀年之法，蓋無疑矣。（〈宋政和禮器文字攷·甲午簠〉）

〈鋪鼎〉：銘廿有四字，詒讓舊藏拓本，器未詳所在，丙申爲政和六年，以紀元術推之，是年五月甲午朔，辛酉爲廿八日。攷《文獻通攷》及《宋史·禮志》，宋制以季秋大饗，帝於明堂，即放周宗祀之禮（此依鄭君《禮記·孝經注》義），此銘在五月，蓋紀作器之時日，非於中夏舉宗祀之典也。又《宋史》〈徽宗紀〉，政和五年七月丁丑，詔建明堂於寢殿之南，八月己酉，以祕書省地爲明堂，《禮志》亦載政和五年命建明堂，詔依《攷工》五室之制。七年四月明堂成，此鼎作於六年五月，是時明堂建而未成，當尚假大慶殿爲饗帝之所，則本無五室之制，蓋豫作銘識，非其事實也。（〈宋政和禮器文字攷·鋪鼎〉）

案：宋政和禮器，其文字書法顯與三代不同，茲重摹〈鋪鼎〉拓本，以饗覽者。

隹政龢（和）
丙申五月
辛酉帝宗祀
于五室凵鋪
鼎永龏寶
命佳休

此由原器物銘所最錄之年月，與史傳對校，證以曆數，而定鑄器時代之例。

（2）定器物之真偽

〈晉姜鼎〉：阮《款識》有〈乙亥鼎〉，文與此鼎全同，蓋即仿此僞造，而冶鑄不精，遂不可辨，阮以爲草篆，非也。（《古籀拾遺・上・晉姜鼎釋文》）

案：阮識〈乙亥鼎〉，殘闕不辨，惟薛識清晳可考，茲重拓原本，以備品鑑也。

隹王九月乙亥晉姜曰余
隹司朕先姑君晉邦余不
叚妄窓巠雕明德宣邲我
獸用招所辞辟妥揚乃光
剌虔不豕譖覃京自贄我
萬民嘉遺我錫鹵貫千兩
勿法文侯顮令俾畢通弘
征綏湯原取乃嚻用ㄥ
寶彝鼎用康餿妥襄遠廷
君子晉姜用爾辥繙嚳壽
厶惠為亞萬年無彊用宮
用德昣保其孫子三壽是利

此由器物冶鑄之精粗，以定真偽之例。

〈楚公鐘〉：薛《款識》亦有此鐘，傳摹譌缺，釋文尤疏畧。（《古籀拾遺・中・楚公鐘釋文》）

〈張仲簠〉：薛《款識》亦有此簠，傳摹譌舛，不可辨識。（《古籀拾遺・中・張仲簠釋文》）

〈尤彝〉：文多譌闕，蓋所據拓本不精，傳橅失其眞也。今見陽湖費
編修念慈所得〈尤卣〉，器蓋文竝完好。（《古籀餘論·中·尤彝釋文》）
此器物爲眞，而所據拓本不精，致重摹多譌誤難辨之例。

〈乙亥彝〉：筠清館亦有此器，文小異，然通校兩器，篆體散漫，文
義疏舛，疑是僞作。（《古籀餘論·上·乙亥彝釋文》）
案：此彝王國維《國朝金文著錄表》不僞，羅振玉《三代吉金》名〈史
臤彝〉，與《筠清》、《攟古》不同，且影印模糊難辨，茲摹之如下：

乙亥王□畢公
迺易史臤貝十朋
臤召拐彝其
拐之朝夕監

此以銘刻篆勢散漫，文義疏舛，定器物眞僞之例。

〈秦碣石頌〉：攷始皇巡行天下，刻石者凡六，今惟琅邪臺原石尚存，
泰山殘石，乾隆間爲火所焚，今所存者止十字。之罘石刻，宋時
歐陽永叔、趙德甫、王象之、陳思諸人皆見之，今則莫知其存否。
嶧山、會稽兩石久佚，然世間尚有重摹本。蓋以上五石，雖存佚
顯晦不同，而後人皆嘗得其搨本。至碣石則不然，〈禹貢〉舊蹟，
自六朝時已不可攷，故酈道元《水經·河水注》，謂「漢司空王橫
言，往者天嘗連雨，東北風，海水溢，西南出，侵數百里。」張
折云「碣石在海中，蓋淪於海水也。昔燕齊遼曠，分置營州，今
城居海濱，海水北浸，城垂淪者半。王橫之言，信而有徵，碣石
入海，非無證矣。」據此，是納河故壤，早淪東勃，而嬴氏遺刻，
乃巍然獨在人世，趙宋時猶得傳其搨本，此事之所必無者。況此

本載鼎臣自跋，稱「端拱元年奉敕臨」，則此書在宋時，當藏御府，而《宣和書譜》載鼎臣篆書七種，亦無是頌，然則王、楊諸家，紛紛傳刻，其果可信耶。（《籀膏述林》卷八〈書徐鼎臣臨秦碣石頌後〉）

此以前代久證其佚，而今世突有，徵器物眞僞之例。

（3）別器物之種屬

凡傳世古禮器之名，皆宋人所定也，曰鐘、曰鼎、曰鬲、曰甗、曰敦、曰簠、曰簋、曰豆、曰尊、曰壺、曰盉、曰匜、曰盤、曰盂、曰盦，皆古器自載其名，而宋人因以名之也。曰爵、曰觚、曰觶、曰角、曰斝、曰卣、曰罍，於古器銘辭中，均無明文，宋人但以其大小之差定之，然至今日仍無以易其說。曰鈃、曰盨、曰甌，則清阮元所定，而其器亦自載其名者也。曰觥與盉，斝與散，其辨甚微，區異實難，尊彝爲共名，自宋以來，咸未措意，至王靜安先生始著〈古禮器畧說〉以考定之。仲容治金石文字，間亦言及器物之種屬，雖鱗甲無多，但片言足寶，特徵引如次，以見判別古物之法焉。

〈梁鼎〉：此鼎銘云參分，與彼（大梁鼎）云四分，文亦一律，可以互證，二鼎蓋皆量器，故特紀其分數也。（《古籀餘論・上・梁鼎釋文》）

案：〈梁鼎〉銘文爲：「□□□釿[字]分」（器文），「梁上官[字][字]分（蓋文）。〈大梁鼎〉銘文爲：「[字]廿又五年大[字]司寇□厶[字][字]爲量□四分。」[字]爲參之省文，故參分四分，文皆一律也。

此由器物之爲用，考定其種屬之例。

〈乙亥方鼎〉：井讀爲型，鬲作[字]，見〈鬲彝〉、〈鬲爵〉、〈鬲甗〉及〈父辛鬲〉、〈魚父丁觶〉；方鬲即方鼎，《說文・鬲部》以鬲爲鼎屬，象腹交文三足。《爾雅・釋器》云：「鼎款足者謂之鬲」，是鬲、鼎古通稱不別。故此方鼎四足，亦得稱鬲，井方鬲，蓋謂以型范鑄此方鼎也。（《籀膏述林》卷七〈乙亥方鼎拓本跋〉）

案：鬲雖鼎屬，而鼎、鬲微異，仲容之論，尤未盡其致也，茲據王國維〈古禮器畧說〉及馬无咎《中國金石學概要・上編・歷代銅器》，兩則折衷言之：

鼎本象形字，商器有作父己寶鼎，其字作[字]，象三足兩耳碩腹之形，殷虛書契有[字]字，猶不失其形，其後漸趨整齊作[字]（〈鼒鼎〉）、作[字]（〈師

全父鼎〉)、作（〈毛公鼎〉），最後乃成小篆之，許氏引《易》以解字形，謂「象析木以炊」，求之六書，轉不可通。古人制器，本以應用，故鼎之大小雖無定，而形制則皆有足有耳。足者虛其下以待爨也，圓者三足，方者四足，三足為鼎之常制，故古人多以「鼎足」表三之數。耳者所以貫鉉而舉之也，故多在脣上，其在脣外者，則謂之附耳，鼎有附耳，為其可以容蓋也，故附耳之鼎莫不有蓋。

鬲亦鼎屬，《爾雅》：「鼎款足者謂之鬲」，郭注云：「鼎曲腳也。」《史記‧蔡澤列傳‧索隱》云：「款者空也，言其足中空也。」今驗之於器，足皆中空，始信司馬貞之說，較郭璞為有據。所以必空其足者，取其近火而易熟也。其制三足，詈與鼎同，腹碩而口較斂，不皆有耳，此其異耳。其字亦象形作（〈單伯鬲〉）、作（〈召仲鬲〉。

以下拓摹《宣和博古圖》〈周象簠鼎〉、〈周蟠虺鼎〉、〈周素鬲〉，覽者可藉以知方鼎與圓鼎之異，以及鼎、鬲之別，明仲容說之不誤也。

〈周象簠鼎〉

《博古圖》曰：右高六寸四分、耳高一寸八分、闊一寸四分、深四寸、口徑長七寸六分、闊六寸八分、腹徑長七寸七分、闊六寸九分、容七升、重八斤四兩、四足無銘、按三代之間方鼎多矣、惟此器自方如簠、深意周人改象於茲、若乃足作獸蹏、與諸方鼎殊不類、蓋未可考。

〈周蟠虺鼎〉

《博古圖》曰：右高六寸五分、耳高一寸五分、闊一寸八分、深三寸二分、口徑八寸一分、腹徑八寸二分、容四升七合、重七斤有半、三足無銘、形制簡古、耳足純素、周腹作蟠虺狀、以虺為飾、蓋取其備物者鼎所以為象也、此虺之紋有自作焉。

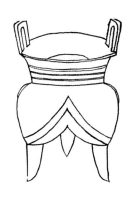

〈周素鬲〉

《博古圖》曰：右高六寸九分、深四寸
六分、口徑六寸、容三升八合、重三斤
一十兩、兩耳三足無銘。夫鬲之為用，
熟物器也，中雖有隔，而上下與氣為流
通。是器耳足純素無紋，雖曰周器，而
尚有商之遺法。

此由范型之不同，考定鼎、鬲制異而用同之例。

〈周要君盂〉：凡文廿有五，又重文二。韓非書〈外儲說〉，孔子曰：
「為人君者猶盂也，民猶水也。盂方水方，盂圓水圓。」則古盂有
方圓二形。此盂與《博古圖》〈季姜盂〉形制畧同，皆圓盂也。盂兩
耳有珥，徧體為蟠夔雷回文，糾互逕遒，文間又綴小乳，以千百計，
與《博古圖》所載〈七星洗〉相類，文飾工縟，足徵冶鑄之妙矣。(《籀
膏述林》卷七〈周要君盂考〉)

案：盂，《說文》：「飯器也。」然亦有以為飲器者，如《史記·滑稽列
傳》：「酒一盂。」又《墨子》曰：「琢之盤盂。」《玉篇》曰：「盤也。」
則又當與盤、匜同列。按《博古圖》有〈周伯索盂〉，其銘曰「伯索史
作季姜寶盂。」與盤、盂之有為婦人而作者，似同為媵器，則《玉篇》
之說是也。惟其形制，與盤、洗皆不類，與盦相近，但盦有座，盂無，
於古代或為雜用之器與！〈周要君盂〉原拓未見，茲從《博古圖》重
摹〈周伯索史盂〉，以見其制之大畧焉。

〈周伯索史盂〉

《博古圖》曰：右高六寸二分、深
六寸、口徑一尺一寸九分、兩耳各
長二寸二分、各闊二寸、容一斗五
升、重九斤十有二兩、銘十有七
字、曰伯索史作季姜寶盂其萬年子
〃孫〃永用。是器圓而銳其底，非
執不能定也，宜古人於此寓意焉。

此引孔子教諭，以定盂有方、圓二形之例。

〈漢衛鼎〉：同治甲子秋得於淮瀕，以建初慮俿銅尺度之，器高五寸

八分，口徑七寸二分，兩耳高二寸五分，三足高三寸六分，惟蓋已失去，度不可考。腹有棱，純素無文，器鑿篆書大字十三，曰「⿰⿱⿰……鼎容一⿱……⿱……十⿱……」，大字旁又鑿小字三，曰「⿰……百介」。

（《籀膏述林》卷七〈漢衛鼎考〉）

此目謚實物，詳考其形制銘文之例。

（4）考鑄器之人

〈齊侯鎛鐘〉：當為齊臣曰叔及者所作，故云公曰女及者一，云公曰及者二，云是生叔及者一，足證及為作器者之名（原注：馮氏《金索》亦云，此齊臣名及者作，其說是也）。（《古籀拾遺・上・齊侯鎛鐘・釋文》）

案：仲容云及，及實為夷之誤。因金文及作⿰（〈許子鐘〉）、作⿰（〈盅和鐘〉）、作⿰（〈敔敦〉）、作⿰（沇兒鐘〉）。〈齊侯鎛鐘〉作⿰、作⿰，首字與他器合，次一字為及字省文。夷字作⿰（〈師寰敦〉）、作⿰（〈兮田盤〉）、作⿰（〈曾伯簠〉）、作⿰⿰（〈無叀敦〉），〈齊侯鎛鐘〉「公曰女夷」夷作⿰，與〈兮田盤〉、〈師寰敦〉形並近，故近人郭沫若《兩周金文辭大系考釋》釋此為夷，是也。

〈陳逆簠〉：此簠為陳逆所作（《古籀拾遺・中・陳逆簠釋文》）。

案：此簠有銘曰：「隹王正月初吉丁亥少子陳逆曰」，故仲容判定為陳逆作。

〈周大蒐鼎〉：此鼎⿰字三見，吳竝釋為眾，攷《說文・目部》：「眔，目相及。從目隸省聲。」此正是眔字，與眾下從三人者不同，眔蓋小臣之名，此鼎即眔所作也。（《古籀拾遺・下・周大蒐鼎釋文》）

〈周作書彝〉：⿰實即蔑字，上從首明甚，蔑下從戍，此作⿰者，微變其形也。民當為作器者之名。（《古籀拾遺・下・周作書彝釋文》）

案：此彝首句銘文作「□生⿰民曆」，故仲容據以攷定。

〈周麥鼎〉：右方鼎，銘文廿又八，又重文一。鼎為井侯臣麥所作。（《籀膏述林》卷七〈周麥鼎攷〉）

案：銘首云「隹十又一月井侯延嘏于麥二易灸金用作鼎」，故仲容據以攷定。

〈周要君盂〉，此器爲要君所作。(《籀膏述林》卷七〈周要君盂攷〉)

案：盂銘曰：「隹正月初吉要君白□自作饙盂」，要作嬰，即要（小篆作🔣）之異文，故仲容據以攷定作者。

此因銘文所錄姓氏，據以攷定鑄器之人之例。

〈宰辟父敦〉：敦銘云：「宰辟父右周立王冊命周。」又曰：「周𩠐首，對𢾅王休」，則周爲作器者之名，舊題〈宰辟父敦〉誤也。(《古籀拾遺·上·宰辟父敦釋文》)

〈周豐姬敦〉：案此🔣爲慧字，吳釋豐非也，此當題爲〈慧姬敦〉。(《古籀拾遺·下·周豐姬敦釋文》)

案：銘首有「🔣姬作父辛尊敦」，故仲容據此以證。

此由銘文字辭之攷定，證舊題失誤之例。

〈尢簋〉：本書別有〈尢彝〉，與此簋字形相近，當是一人所作。又有〈尢敦〉，與此尢亦是一人，彼銘云，令女疋图師嗣🔣，與此簋🔣字同。(《古籀拾遺·中·尢簋釋文》)

案：〈尢簋〉、〈尢敦〉、〈尢彝〉三器銘文篆勢相近，顯係一人之作，惟《三代吉金》以尢爲免，有〈免彝〉、〈免敦〉，無〈免簋〉，茲姑將此二器銘文重摹於下，以備觀覽，并知仲容合校眾器之審也。

〈尢敦〉（更生案：因作篆勢比較，恕不節錄釋文）

此由銘文篆勢之相近，以推定鑄器者爲一人之例。

〈周然睽敦〉：「**↑**擧首諂首，對敡天子不顯休，用作朕皇考剌白尊敦」者，**↑**即大之壞字，吳釋**↑**爲市，誤。〈大鼎〉亦言「大擧諂首對敡王天子不顯休」，與此正同。此敦即大所作，銘詞詳明，賓主艷然，當題爲「大敦」，吳未細審其文，乃以此敦爲然睽所作，後〈大鼎釋文〉遂謂然睽與大同考己白，當是同父兄弟，抑又誤之甚者也。（《古籀拾遺‧下‧周然睽敦釋文》）

〈周大鼎〉：此與前〈大敦〉爲一人所作，吳誤以〈大敦〉爲然睽作，遂謂大與然睽是同父兄弟。（《古籀拾遺‧下‧周大鼎釋文》）

案：兩器銘文及篆勢，不僅因有「大擧首」而證明爲一人所鑄，即以其篆勢而言，亦有鑄范相近處，茲將兩銘重摹於下，以資比較。

〈大鼎〉

釋文：佳十又五年三月既霸丁亥王才（在）雁侲宮大以乃叐守王享䣄王乎蕭大（夫）駋召大以乃叐入牧王召歪馬庭令（命）取䲼䲼丗匹易（錫）大火擧諂首對敡天子不（丕）顯休用凵（作）朕剌考己白盂鼎大其子〃孫〃萬年永寶用。

〈大敦〉（吳榮光《筠清館金石錄》曰〈周然睽敦〉，仲容據

前〈大鼎〉與此合校，以爲同爲大鑄，故改〈大敦〉）

釋文：隹十又三年三月既生霸丁亥王才（在）鬱侲宮王乎吳

　　　師召大易（錫）嗾睽里王令龏夫敏曰余既易（錫）大

　　　乃里睽賓敏龍帛束睽令敏曰天子余弗敢萏敏以睽道

　　　大易（錫）里大賓敏訊龍馬兩賓睽訊龍帛束大撵韶首

　　　敢對歔天子不顯休用凵（作）朕皇考剌白（伯）隬敔

　　　（敦）其子〃孫〃永寶用。

此由兩器合校，文例相同，知同爲一人所鑄之例。

　　〈大豐敦〉：此敦文字古樸，義難通曉，審繹辭意，似是周武王殷祀

祖考時，助祭臣工所作。（《古籀餘論・中・大豐敦釋文》）

　　案：〈大豐敦〉銘文：「□亥□又大豐王凡三方王祀珎**大**室降**大**凵又（宥）

王亥祀珎王不顯考文王事喜□文王德才（在）上不顯王凵**出**不**段**王凵**丯**

不克三衣祀丁丑王鄉（饗）大**盦**王降凵尋爵復賴佳□又（有）德**丯**歔

王休珎尊□」。審繹「又（王）衣祀珎王不顯考文王」句，則仲容推爲

武王殷祀祖考時，助祭臣工所作，當爲有據。

此由銘文辭意，判定器物作者之例。

　　〈漢衛鼎〉：攷《漢書・恩澤侯表》，周子南君，元鼎四年十一月封；

初元五年五月，更封爲周承休侯；綏和元年進爵爲公；元始四年爲鄭公；王莽簒位，爲章牟公；建武二年五月，更爲周承休侯；五年，侯武嗣；十三年，更爲衛公。《後漢書·世祖紀》建武十三年二月（原注：袁宏《後漢記》二月作五月）庚午，以周承休公姬常（原注：惠棟《補注》云：「當作姬武」）爲衛公。《續漢書·百官志》衛公，建武二年，封周後姬常爲周承休公，十四（原注：當作十三）年改常（原注：此字亦誤）爲衛公，以爲漢賓，在三公上。《郡國志》「兗州東郡衛公國本觀光武更名。」此鼎蓋建武初衛國始建時所鑄。（《籀廎述林》卷七〈漢衛鼎攷〉）

此由史傳與銘辭相印證，以定器物之作者，及所鑄之時間之例。

（5）述銘識之要義

仲容考訂金石，多有就銘識所載，先綜述其要義，然後再分釋生難字詞者，如：

〈聘鐘〉：公令宰僕錫聘鐘十又二者，令與命通，聘蓋受錫者之名，言公命宰僕錫聘以鐘十又二也。（《古籀拾遺·上·聘鐘釋文》）

〈齊侯鎛鐘〉：此鐘銘凡四百九十二字，文辭雅馴可誦，薛所釋疏舛殊甚，孫星衍《續古文苑》所錄，頗多刊正，然終未盡究其義恉，且句讀亦多繆誤，今詳爲攷釋，以詒好古者。（《古籀拾遺·上·齊侯鎛鐘釋文》）

〈寅簋〉：此簋蓋非一器，前文別刻，器佚無可攷，此其後半殘文也。文既不完，義亦未能盡通，以意求之，蓋王命寅爲刑官，故戒以慎卹獄辟之事也。（《古籀拾遺·上·寅簋釋文》）

〈鬲攸从鼎〉：蓋鬲从以攸衛牧，取其田，故告王欲使還田，而攸衛牧不之聽也。（《古籀拾遺·中·鬲攸从鼎釋文》）

〈兮田盤〉：此盤前紀从伐玁狁，有功受錫，後記王命治積四方；至于南淮夷事。（《古籀餘論·中·兮田盤釋文》）

（6）析銘文之分段

金石刻辭，短者三數字，長者數百字，字少者一覽無遺，多者閱讀甚難，且古代銘識，類多通叚，敘事淳樸，如強作解釋，必齟齬而不通，故仲容考

訂金石，必綜攬全文，首析段落也，茲舉例以實之：

〈齊侯鎛鐘〉：銘文前後當分四段，自「惟王五月」至「酓中乃罰」為第一段。自「公曰及」，至「弗叞不對敡朕辟皇君之易休命」為第二段。自「公曰及」至「余弗叞濫乃命」為第三段。自「及典其先舊」至末，為第四段。前三段皆紀齊侯之命，末段則叔及自紀其世系及作器之事也。（《古籀拾遺‧上‧齊侯鎛鐘釋文》）

〈毛公鼎〉：銘文前後當分四段讀之，前三段皆述王錫毛伯之命，末一段則紀所賜車馬及毛公作鼎以答王休之事也。右濰縣陳氏所藏周〈毛公鼎〉銘卅二行，四百九十七字，吉金款識，自〈齊侯鎛鐘〉外，如近人所得〈智鼎〉、〈散氏盤〉，其文之緐，未有及此者。（《籀膏述林》卷七〈重定毛公鼎釋文〉）

其他別有所謂考器物之庋藏者，[註60] 考鑄器之因由者，[註61]，記器物出土情形者，[註62] 皆仲容校釋金石之重要步驟也。

（二）次援他說再附案語

孫氏考訂金石，繼對勘拓本之後，說字解義，多引他人之說，再附案語，以申述個人之意見，惟其《古籀拾遺》係取資於薛尚功《鐘鼎款識考釋》、阮元《積古齋鐘鼎款識考釋》，以及吳榮光《筠清館金石錄》，《古籀餘論》取材

[註60] 如〈毛公鼎釋文〉云：「鼎藏濰縣陳氏，阮吳竝未著錄，其文字可證薛阮書之誤。」又〈重定毛公鼎釋文〉云：「右濰縣陳氏所藏周〈毛公鼎〉銘卅二行，四百九十七字，吉金款識，自〈齊侯鎛鐘〉外，如近人所得〈智鼎〉、〈散氏盤〉，其文之緐，未有及此者。德清戴君子高，偶得桐城吳氏摹本，使余讀之，因勾集《說文》古籀及薛阮吳諸家所錄金文，攷定其文字，而闕其不可知者。」又〈周虢季子白盤拓本跋〉：「此盤舊藏郿陵徐氏，兵後為達官某所得，今在廬州合肥。此紙儀徵劉副貢壽曾所詒，猶初出土時拓本也。」又〈漢三公山神碑跋〉云：「元氏三公山有漢碑三，惟此碑見於《隸釋》，然元明以來，久無著錄，至道光丁酉，沈兵備濤始訪得之，載所著《常山貞石志》，碑久湮而復顯，椎拓者少，故不甚刓剝。以洪文惠所錄校之，十尚存八九，可寶也。」

[註61] 如《古籀餘論‧趞鼎釋文》：「謂濂公以物遺趞，因以作鼎也。」又《古籀餘論‧中‧匡簠釋文》：「蓋匡為工師，為王作槃，王休嘉之，因作簠以紀其事也。」又《古籀餘論‧中‧楷改彝釋文》：「審繹前後文義，蓋櫨國之臣，因櫨伯與櫨改締昏而作器。」

[註62] 如〈邾鐘拓本跋〉：「此鐘近時出土，潘文勤得其七，此二器為趙齋編修所得，形制特小。」又〈周麥鼎攷〉：「光緒丙申三月，尋此鼎於永嘉。」

於吳式芬《攈古錄金文》，所以其援薛、阮、吳三家之說者亦居多，至於孫星衍《續古文苑》、馮雲鵬《金石索》、王昶《金石萃編》、龔自珍《筠清館金石錄釋文》等時見於字裏行間，綜其為用，有援其說以明古文之形聲者，有援其說以明器物之為用者，有援其說以明鑄器之形制者，茲舉例以證之。

　　祀上▲字，薛釋為主，王錄釋為一，主祀義不可解，王釋為一，似矣。然金刻一字甚多，無作此形者，且一歲十二月，金刻有書十四月、十六月、十九月者，並由時君未改元，自即位之月通數之，儻▲祀是一祀，則是君已改元，不宜復有十九月之偁矣，此▲字實當為十字，金刻凡十字多作▮，中从畫稍短，即成▲形，〈卯敦〉錫女馬十匹牛十牛，下十字亦作▲，與此正同，又後〈兄癸卣〉十九月，隹王九祀彡曰，文例亦與此同。彼十九月在九祀，此十九月在十祀，亦足相證明矣。（《古籀拾遺·上·己酉戌命彝釋文》）

　　◆　王厚之釋為永，阮从之。攷金刻永字或从止，如〈羌鼎〉作◆，〈憲鼎〉作◆是也，然無作◆形者，此當為延字。（《古籀拾遺·中·庠父鼎釋文》）

　　◆　吳从許瀚釋為婚，攷古文婚字，本从鹵省娶省，又有聟字，〈單伯鐘〉作◆，〈毛公鼎〉作◆，亦从鹵省、从奴，此下無奴，則當即鹵之省文。（《古籀餘論·上·魯侯角釋文》）

此援他說，以明古文之形體者。

　　〈周睘卣〉：吳釋文引龔自珍云，此成王祭文王廟器也，睘安，史氏名，从，或釋作人重文，今案从人从二，二人為从，定為从字，睘安从者，从王姜在廟也。皕或釋作伯重文，今案从百从二，二百為皕，定為皕字，即奭之省文。皕賓者，時召公助祭，王以賓禮禮之。睘貝布叞王姜休者，睘受王命，以貝布叞王姜休也。詒讓案：龔說非也（《古籀拾遺·下·周睘卣釋文》）。

　　〈散氏盤〉：吳大澂亦云，此因矢人戡伐散邑，迺就散邑正其畺界也，其說甚塙。（《古籀餘論·下·散氏盤釋文》）

此援他說，以明器物之為用者。

　　〈周師穌父敦〉：右敦器文百卅八，又重文三，蓋文百廿一，又重文

三。惟器文首行多「師龢父改槃叔」云云十一字，餘大致畧同。審校文義，實師槃因受王冊命，而作祭器以紀之。（《籀膏述林》卷七〈周師龢父敦拓本跋〉）

案：羅振玉《三代吉金文存》卷九，稱此爲〈師槃敦〉，因出土時近，少見於他書著錄，故仲容有「惜不得拓本一校其同異」之嘆。

如器物新近出土，前人未釋，則仲容即據拓本，究文析義，以自明其用，如〈周師龢父敦・拓本跋〉，即係其中之顯例。

〈周要君盂〉：《韓非・外儲說》，孔子曰：「爲人君者猶盂也，民猶水也。盂方水方，盂圓水圓。」則古盂有方圓二形。此盂與《博古圖》〈季姜盂〉形制畧同，皆圓盂也。盂兩耳有珥，徧體爲蟠夔雷回文，糾互迻逪。文間又綴小乳，以千百計，與《博古圖》所載〈七星洗〉相類，文飾工縟，足徵冶鑄之妙矣。（《籀膏述林》卷七〈周要君盂攷〉）

〈鉶鼎〉：攷《禮經》鉶與鼎本非一器，凡鉶以盛羹，鼎則有正有陪，正鼎以盛三牲，陪鼎以盛膷臐膮，其用迥殊。《説文・金部》云：「鉶，器也。」鄭《儀禮》「公食大夫禮」注云：「鉶，菜和羹之器。」《周禮・掌客》注云：「鉶，羹器。」許、鄭說鉶皆不云鼎，又〈掌客〉云：「上公殺五牢，鉶四十有二，鼎簋十有二。」注云：「鼎十有二者，正鼎九，陪鼎三。」則鉶與正陪鼎別。〈掌客〉又云：「五積皆眡牲牽。」注云：「積皆視牲牢，謂所共如殺，而牽牲以往，不殺也。」不殺則無鉶鼎。此謂致殺牢，殺則有鉶有鼎以盛之。致積牲牽而不殺，則不段器以盛，故無鉶無鼎也，是亦不以鉶鼎爲一。而賈公彥〈疏〉，誤會鄭意，乃云：「不殺則無鉶鼎者，鉶鼎即陪鼎是也。」又疏〈食大夫禮〉云：「鼎羹在鉶，謂之鉶羹，據器言之，謂之鉶鼎，正鼎之後設之，謂之陪鼎。」自賈氏妄爲牽合以後，禮家說遂重儱眡繆，莫能理董。聶宗義《三禮圖》，引舊圖亦以陪鼎爲鉶鼎。此器形制未見，以意推之，當即陪鼎。謂之鉶鼎者，亦承用賈聶之誼，而不知其大繆也。（〈宋政和禮器文字攷〉）

〈新始建國銅鏡拓本〉：右新莽宜子孫竟，祥符周季況太守貽得於閩中，太守歸老吳門，以付其外孫如皋冒鶴亭孝廉廣生。余前廿年，

於亡友戴君子高許,嘗見拓本,獨山莫先生子偲爲跋尾,所著《金石經眼錄》亦載之。子高物故,拓本不審歸何人。今鶴亭以手拓本寄贈,恍如見故人矣。余舊藏漢竟拓本近百種,皆無紀元,此竟獨年號明晳,文既古雅,篆勢尤奇崛,信可愛玩。莫先生所釋頗疏,鶴亭既諟正之,余復爲補釋數字,畧可誦說。(《籀廎述林》卷八〈新始建國銅鏡拓本跋〉)

案:羅振玉〈古鏡圖錄〉卷上七葉載有〈新莽始建國二年鏡〉,附小注雙行,一曰祥符周氏藏,一曰今歸如皋冒氏。正是仲容手跋之舊物。觀其影印圖片,鏡作圓形,有四重圖案,鈕間有「宜子孫」三字,字形極模糊,中二層刻有兩種不同之圖案,雕工極細緻,緣邊一層爲文字圍繞,字體介乎篆隸之間,或因勢書寫,甚難整齊之故。文曰:「唯始建國二年新家尊詔書□下大多恩賈人事市不財嗇田更作辟廱治校官五穀成孰天下安有知之士得蒙恩宜官秩葆子孫」。

此援他說,以明器物之形制者。

(三)徵引許書考校文字

仲容考校金石文字,總以許慎《說文解字》所錄古籀爲攸歸,而《說解》成於甄豐校文之後,山川鼎銘出土之時,故能今敘篆文,合以古籀,博采通人,至於小大,信而有徵,以達理群類、解謬誤、曉學者之惛,是以綜理仲容之述作,凡所考釋,莫不引許書以證金文,其引許書者,或說形,或說音,或說義,當分別觀之也。

金　案即霸之或體,《說文・月部》,霸古文或作[字],即其字也。(《古籀拾遺・上・齊侯鎛鐘釋文》)

[字]　案楊南仲釋爲叟,謂即骰字,孫《苑》從之,呂《圖》釋爲辱,《宣和圖》及薛釋同。古金文骰字常見,無作此形者,辱字于形稍近,而于義無取,此實當爲叚字。《說文・又部》叚重文[字],譚長說叚如此。此[字]字即[字]之變。(《古籀拾遺・上・晉姜鼎釋文》)

[字]　呂《圖》釋爲豊,薛及王俅竝從之,攷豊字從豆豐聲。此[字]字上從[字],不從豐,塙非豊字,此當爲壴字,實即喜之省。《說文・

喜部》：「喜，樂也。从口从壴。」〈壴部〉：「壴，敶樂立而上見
也。从屮从豆。」此形與彼合。（《古籀拾遺・上・單癸卣釋文》）

此引許書以證金文字形者。

　　戲　「戲敢圭鬲幣貝五十朋，錫田于敆五十田，于早五十田」者，
戲，王楚釋為釐，今案當為賚。《說文・貝部》：「賚，錫也。」
《詩・江漢》：「釐爾圭瓚，秬鬯一卣，告于文人，錫山土田。」
鄭箋：「釐，賜也。」蓋藉釐為賚，此敦實用正字也。圭貝言賚，
田言錫，與《詩》圭瓚言釐，土田言錫，文例亦正同。（《古籀
拾遺・上・敆敦釋文》）

　　　　阮釋為虖，《說文》：「虖，從虍乎聲。」此形殊不類，諦審之，
實苟字也。《說文・苟部》：「苟，自急敕也。从芊省，从勹口。
勹口猶慎言也。」从芊與義譱羛同意，苟，古文不省，此苟字
下向形甚明，上从羊者，即从芊不省，惟筆畫微有刓缺耳。《儀
禮・燕禮記》：「賓為苟敬。」鄭注：「苟，且也，假也。」凌廷
堪《禮經釋例》引戴震讀苟為笱，以《說文》「自急敕」之訓詁
之，其說至塙，信所謂一字千金矣。（《古籀拾遺・中・楚良臣
余義鐘釋文》）

　　　　舊無釋，下文亦有人䟗入門，其字與此同，而筆畫較完，細審之，
其字从或爪，當即聝之古文。《說文・耳部》：「聝，軍職斷耳也。」
引《春秋傳》曰：「以為俘聝，或从首作馘。」此文从爪者，孚
之省，猶前䁗戈，〈虢季子白盤〉俘字作找作戊也，此與孚字
連文，其為聝字無疑。（《古籀餘論・下・盂鼎第二器釋文》）

此引許書以證金文字義者。

　　　　舊無釋，今審篆文，以皀从月从旨，疑當為猒之別體。《說文・
甘部》：「猒，飽也，足也。从甘狀。」（原注：後〈毛公鼎〉猒
字作狀，與《說文》正同），〈旨部〉旨，亦从甘聲，此从狀省
犬，而益甘為旨，于字例固無牾。又《說文・皀部》云：「皀，
穀之馨香也。又讀若香。」猒皀或為猒飫，馨香之意，義亦得
通也。（《古籀餘論・中・豐姞敦釋文》）

🔲 舊釋爲階，然此字从虍甚明，必非階字。攷後〈師湯父鼎〉「王
在周新宮在射🔲」，射下一字，从广从虍，明是盧字，此文與彼
正同，但省广爲盧耳。《説文・皿部》：「盧，从皿虍聲。」；〈𠙴
部〉𠙴作🔲，云東楚名缶曰由，象形也，古文作🔲，〈師湯
父鼎〉从🔲者，蓋當作🔲，微有刓闕，前〈鄘侯敦〉，鄘作🔲，
又〈弘尊〉，膚字作🔲，又〈𠬝盧子商盤〉，盧作🔲，此白作🔲者，
🔲之省，猶卤字作🔲，亦作🔲也，此作丹，似橅拓有譌闕，然
大致相近。又此下不从皿而从口者（原注：〈師湯父鼎〉盧字
同），《説文・𠙴部》，虙，籀文作鱸，此疑从缶省。金文缶字
多變爲🔲（原注：寶字从缶多如此作），此即鱸之省也。（《古
籀餘論・中・匡簠釋文》）

🔲 字二見，以文義推之，竝當爲殷之叚字。《説文》：「殷，从𠬝
从殳。」𠬝與衣音近，故此叚衣爲殷。《禮記・中庸》「壹戎衣」，
即《書・康誥》「殪戎殷」（原注：鄭注衣殷同聲），是其證也。
（《古籀餘論・中・大豐敦釋文》）

🔲 舊無釋，今審从言从袁，疑是譞之異文。《説文・言部》：「譞，
慧也。从言睘聲。」此省四从袁，聲類亦同。前〈寰盤〉、〈師寰
敦〉，寰竝省四从袁，是其證也。（《古籀餘論・下・晉邦盦釋文》）
此引許書以證金文字音者。其證字音多由《説文》形聲字之聲母，推其與金
文合者，反復考校，直至無聲字而後已。仲容於此，運用最成功，所獲效益
亦最豐碩也。要以仲容崇尚實學，不發驚駭之論，但凡其所論，無不廣徵博
引，窮搜冥索，覺其搞乎的當不易者，然後出之，故能總樸學之菁華，而成
當代學界之宗師也。

（四）綜理前釋申明文義

仲容於考校文字既竟，輒綜理所釋，以申明文義，其間有申明一句之義
者，抑有申明全器之義者，此於金石古文之通讀，更闢一新方向。

〈商鐘〉：此云「鼓之殹暮不🔲」者，[註63] 謂鼓之殹暮弗差也。（《古
籀拾遺・上・商鐘釋文》）

〔註63〕🔲，仲容釋貣。

又：「用之[圖]」（原注：末二字，仲容釋爲永保）者，猶它器言永寶用之耳。

〈聘鐘〉：「[圖]令宰僕易（錫）聘鐘十又二」者，令與命通，[註64] 聘蓋受錫者之名，言公命宰僕錫聘以鐘十又二也。（《古籀拾遺·上·聘鐘釋文》）

〈敔敦〉：此云「榜戲眚百，執[圖]」者，[註65] 敔自述其俘獲之功。下云「告禽馘百，[圖]」者，敔以俘獲告於王也。「雜俘人三百」，乃邊民爲南淮人所俘者，故不與馘約同告于王，且下云「歸復付乃君」，即以此三百人付其君也。（《古籀拾遺·上·敔敦釋文》）

案：〈重定毛公鼎釋文〉：四百九十七字，字皆有釋，句皆釋義，仲容自云「曩余作《古籀拾遺》，于薛書頗有辨正，而于此二字，[註66] 則目眩思窮，莫能通其讀。今見此鼎，乃怳然得其致誤之由，其愉快爲何如也。」足徵其用力之勤，文多不備引。

此爲綜理前釋，申明一句或數句之文義者。

〈召伯虎敦〉第二器：案此敦兩器文異，前敦云六年，此在彼前一年，兩器所紀情事似相牽連，但文字竝奇古，未能盡通，今以兩文互相參證，畧可推尋。……此與前敦皆爲土田獄訟之事，《周禮·司約》所謂大約劑書於宗彝者。而兩器又皆召伯虎命琱生作之，故銘末皆繫以琱生矣，大意如是，惜不能盡詳其情事也。（《古籀餘論·中·召伯虎敦第二器釋文》）

案：〈召伯虎敦〉共二器，銘文各異，仲容分釋於《古籀拾遺·中》及《古籀餘論·中》，茲將兩銘釋文錄之於下，以資互校。

〈召伯虎敦〉第一器釋文：

佳六年三月甲子王才（在）旁召白（伯）虎告曰，今（余）告慶曰公乃圖（鄙）贖用獄辭爲伯父庸父成亦我考幽白幽姜令余告慶余呂邑□有嗣余典勿敢對今余既□有嗣曰彘令彐余既一名典獻白氏鼒（則）報璧商主對敡朕宗君其休用作朕剌且（祖）[圖]公[圖]敦其萬年

[註64] [圖]，仲容釋爲公字之緐文。

[註65] [圖][圖]二字，仲容釋作「約冊」。

[註66] 指轡、慶二字。

子孫寶用亯于宗。

〈召伯虎敦〉第二器釋文：

佳五年正月己丑琱生又（有）事■（召）來合事余獻寏（婦）氏吕壺
告曰吕君氏令曰余考止公僕庸土田多諫弋白（伯）氏從訕公宕其參女
則宕其貳公宕其貳女則宕其一余彎于君氏大章報寏氏帛束璜■召伯
虎曰余既呀㦷我考我母令余弗敢辭余或至我考我母命琱生則荃土。

〈格伯敦〉　案……格白治田而還，故下云毆妊及似乃從格伯安，
毆妊蓋女字，似疑地名，安，宴之叚字，言至似從格白宴會也。及
旬殷亦似地名，以下皆似述定田界之事，……此文自屬谷至東門，
似皆地名，乃書者書其界域於版圖也。……言每鄉各鑄一敦，而箸
其約劑也。（《古籀餘論·中·格伯敦釋文》）

案：此敦共有五器，蓋器七十七字，第二器六十六字，第三器七十九
字，第四器字數與第三器同，第五器字數最多，爲八十二字。五器之
中，以第四器文較明確，但亦有影像模糊者，茲特重摹如下，並附仲
容之釋文，用資辨解。

釋文：佳正月初吉癸子王才（在）成周格白（伯）受韋馬桀
　　　于朋生乃實卅田則析格伯還毆妊彶似乃从格白安彶
　　　旬殷谷杜木邊谷游茉涉東門乃書史戠武立彎成墨鑄
　　　保敦用典格伯田其邁年子〃孫〃永保用享。

此乃綜理前釋，申明全器之義者。

　　觀仲容校釋金石，雖無明申可行之步驟，而默識冥索，會其行文拸管，
又似有墻乎其不可易之條理在也，至於本節所擬對勘拓本，首定器物；次援
他說，再附案語；徵引許書，考校文字；以及綜理前釋，申明文義等四大步

驟，由一器之形制，至款識之精義，因內而符外，由表以及裏，可謂全體大用，精粗具備，後之討古之士，若欲溯流窮源，而於仲容校釋金石之程式，不能不特加之意也。

四、孫氏考校金石之方法

仲容考校金石之方法，其類絲賾，析而論之，可得以下十五目，各目之間，或獨用，或互用，固無定則，存乎一心而已。茲分別列舉之：

（一）考之以偏旁：案以古篆文字之偏旁，相互對勘，以尋其省叚之原，乃仲容考校金石之重要發明，其由此而考校所獲亦最豐。非前人無以偏旁之法行之者，特仲容更擴大運用，凌越前修而已。

（二）審之以字形：案字無偏旁可校者，或爲原始象形之文，故繼以審其形，度其勢，亦仲容考校之一法。

（三）求之以聲類：案古代字少，而文多通叚，故凡聲近之字其義亦必近，仲容以段金壇《六書音均表》爲準，發明同部、諧聲之例，以推古篆之或雙聲，或叠韵，因聲求義，每多創解。

（四）定之以私臆：案人事日絲，文字有時或窮，故有不能叚文字以討器物之眞象者，仲容復每藉一己之私臆以定是非，所謂「人同此心，心同此理」，推一己之心，上逆古人之意，則以意逆志，是謂得之矣。

（五）校之以文義：案單字片辭，輒增疑竇，仲容考校金石文字，每留意於此單字片辭於全銘中之位置，然後通讀上下句，以確定此一字辭眞正意義，此亦爲仲容校定金石之另一成就。

（六）讀之以文例：案金石文字往往出史家手筆，史家者必有史法，文有史法，始可傳誦千古，流風百代，故銘文大多條理謹嚴，渾然一體，學者如不究其文例，而妄期一得，其如東向而望，不見西牆也必矣。故仲容勉學者治金石必先析文例，析文例而後方能乘風破浪，直達彼岸矣。

（七）求之以比例：案比例者比而例之以類其餘也，仲容每於不得一字之解時，輒以比例之法求之，觀其運用有比其形者，有比其義者，有因比形兼及於其義者，此法雖不盡善，要在不得已時行之，亦可濟其窮也。

（八）按之以字例：案字例者文字移易增損之例也。古文義同者，輒有互易之情，若昧於此，即無以考索銘文之義，是以仲容有「欲以今識古，良

多困難」之嘆。

（九）以篆文審之：案此例與前審之以形之例，用法近似而微異，此例是積若干相似篆文，互相審繹，以求彼此之同異，而歸納其本形本義之謂也。

（十）合眾器斠之：案吉金石刻之文，經久漫漶，椎拓多誤，合眾器斠之，以比較各器同形之文，而補傳拓闕佚之憾。不過爲此法者，必須手拓目諭，多識古器之銘，然後始能收舉一而萬畢之效。

（十一）以他銘證之：案以他銘證本銘，有證字形者，有證文義者，有證文例者，亦有證彼此器物之作者者，皆當分別觀之。仲容於此運用至夥，警示亦最切，誠以此法用之失當，每有張冠李戴之弊，故貽害亦最大。

（十二）以隸古寫之：案古文瑑畫難識，以隸定古之法寫之，每有意外之得。惟此法仲容不經用，要以隸古，強求形合，如不經意，或致神離，有失銘文之恉趣，今人常有用之者，不能不加之意也。

（十三）以六書之義求之：案六書之義者，即文字造字之例也。仲容嘗用之，但不經見。因此法運用失宜，極宜滋穿鑿之弊也。

（十四）引甲骨文證之：案仲容嘗以甲骨文證金石文字，會最比附，以尋其大原，惟其所識甲文不多，又半皆誤釋，然而以（1）金文對勘，以索古文演變之迹，至是正途，爲仲容重大發現之一。

（十五）孫氏有未定釋之字必自注明：案此條雖非考校金石之例，然爲治金石文字者之重要道德，誠以我人之去古甚遠，不知古人即所以不識其字，如強不知以爲知，不僅輕蔑古人，亦貽患後來也。故仲容考校金石，盡袪其意必之論，反覆探究，歸於至當而後出之，否則必自注明，或闕形或闕音或闕義，以昭來者，而示小大之異焉。

於此十五目中，如抽繹之，凡考校金石文字之可行法則，或由形，或由音，或由義，或證以篆勢，或合他器互斠，或援甲骨說明，皆詳贍精密，有條不紊，惜仲容未爲吾儕發其凡也，今徵引其說以明之：

（一）考之以偏旁

食羞　呂圖釋爲饌，薛从之，《宣和圖》及王《錄》竝釋爲養。案養从食羊聲，饌从食巽聲，此銘饈字爲食旁，羨與羊巽皆不類。以古文偏旁攷之，當爲饈字。其字从食算聲，即饌字也（原注：《說文》：饌爲籑之或體），《說文‧竹部》算長六寸，計曆數者，

从竹从弄，言常弄乃不誤也。算，數也，从竹从𦥑，讀若筭，
經典二字多通用（原注：《禮記》投壺算長尺二寸，以算爲筭），
故簨从食算聲，亦可从筭作𥳏，筭上从竹，而此銘从 ⺕ 者，古
文之省，凡从竹之字，古籀皆省爲 ⺍，復省爲 ⺕，《説文》箕
古文亦作 𠷎，金刻或爲 𠔼，或爲 𠔑，皆省爲 ⺕，是其例也。（《古
籀拾遺・上・宰辟父敦釋文》）

阮釋爲象。《説文・象部》：「𧰼象耳牙四足之形。」無重文，
惟載𧰼古文作 𧱧，以偏旁推之，古文「象」蓋當作 𧰼。此 𧰼 字
上从爪，其非象字審矣。此當即「爲」字，〈晉姜鼎〉「𠤎惠
爲亙」，爲作「𧰼」（原注：《宣和圖》及薛《款識》所載字形
小異。此據王氏《嘯堂集古錄》本），〈智鼎〉爲作「𧰼」，〈召
伯虎敦〉「爲伯父庸父」，爲作「𧰼」，〈立簋〉「立爲旅簋」，爲
作「𧰼」，竝與此合。〈晉鼎〉、〈召敦〉筆畫最備，此觶與〈智
鼎〉竝省 ⺍，〈立簋〉又省 𠂉，合而勘之，則固較然一字也。（《古
籀拾遺・中・象觶釋文》）

二字阮竝釋爲「繼」，云見薛氏《款識・齊侯鐘》及〈微欒
鼎〉。作器者名也。攷此字阮書凡三見，一見于〈小臣繼彝〉，
其字作「𤫦」，再見于此彝，三見于〈尤彝〉，其字作「𤫦」，
阮並釋爲「繼」字，形義絕無可説。其所據者，〈齊侯鐘〉、〈微
欒鼎〉而已。然攷之薛書，鐘作 𤫦，鼎作 𤫦，其字別見〈龍
敦〉、〈邿敦〉、〈師𣪠敦〉，竝傳摹譌互，不能辨其形聲所從。
薛釋爲繼，本不搞，況此彝二字，與薛書所釋繼字又不甚符
合乎。竊以此二字所從偏旁析而斠之，而知其形當以作「𤫦」
者爲正，其字即从青、爭聲之「靜」也。何以言之，𤫦字上
从生，明甚，生下繫以井者，當爲井，中一 ・ 缺耳。青从生、
月，《説文》月之古文作「彤」，此从井，即從古文月省也。
右从 𠂺 者，即「爭」字。《説文》爭从爪、厂，爪从爪从又，
此作 𠂺 者，爪也；丿者，丿也；刀者，又之到也。〈齊侯匜〉「卑
旨卑瀞」，瀞字作「𤫦」，〈齊邦貢〉「靜安盦」，靜作「𤫦」，
其以 𡳾 爲青，與此異，其以 𠂺、𠂺 爲爭，則此彝 𠂺，即爭形之

搞證也。(《古籀拾遺‧中‧繼彝釋文》)

舊釋爲「邁相」，今審 與邁形殊不類，舊釋因 字宋以來皆誤釋爲相，而《書‧立政》有「勘相國家」之文，故附會爲讀，實非也。此字實當爲遹之省，與前〈宗周鐘〉「王肈遹省文武堇彊土」，遹作「」正同。此从，即喬之省，《說文‧辵部》:「遹，回辟也。从辵喬聲。」〈冏部〉:「喬，从矛冏。」此下作，从内，即冏之省，上从者，矛之壞字，矛爲直兵有刺，而小篆作，象形殊不類，古文蓋作，上象刺，中象英飾，下象柲，於形較切。前〈郜公敦〉「郜公秋人」，秋作「」，〈王宜人甒〉「無秋」，秋作「」，後〈毛公鼎〉「無秋鰥寡」秋作「」，偏旁竝與此相近。〈宗周鐘〉作「」者，之變，此作者，省矛爲，即上端刺兵之形。要兩器皆以遹省連文，足相推定也。(《古籀餘論‧下‧盂鼎釋文》)

上四字皆从古文偏旁考之，或析而斠之，或由相近推之，要皆引《說文》古文以爲佐證，而知由古文偏旁之考校金石文字，必深憭《說文》古籀始可。

（二）審之以字形

薛釋爲「辟」，翟从呂釋爲「邦」，以字形覈之，並以翟爲長。(《古籀拾遺‧上‧盨穌鐘釋文》)

楊南仲釋爲「婭」，云疑即母字。呂大臨釋爲「委」，王楚及薛竝从之。王俅釋爲「威」，孫星衍釋爲「妥」，以字形攷之，孫釋是也。(《古籀拾遺‧上‧晉姜鼎釋文》)

阮釋爲「服之」二字。「」字，阮釋爲「甬弘」二字，以字形審之，竝非也。當爲「通」字，通从辵甬聲，此銘辵形甚明。甬作者，字適在鉦間，迫于篆帶，冶鑄不能精致，故缺其半也。當爲「虔」字，〈虢姜敦〉、〈頌鼎〉、〈頌壺〉、〈頌敦〉，竝云「蘄匃康虔屯右通彔永令」，其虔字作「」(〈虢姜敦〉)、(〈頌鼎〉)、(〈頌壺〉)、(〈頌敦〉)諸形，與此鐘正相似。(《古籀拾遺‧中‧祿康鐘釋文》)

阮釋爲「計」，審其字形，右搞从午，當爲「許」字。《說文》:

「許，聽也」。（《古籀拾遺・中・鬲攸从鼎釋文》）

医鞋　此医、鞋字兩見，歐《錄》釋上爲「鎛」，下無釋。呂《圖》、王《款識》釋爲「鐪」。《東觀餘論》釋爲「鑪」。薛《款識》釋上爲「鈇」，下爲「欽」，《籀史》二字竝釋爲「鈇」，阮从之。《續古文苑》釋　　　　　爲鎛銒鐪鐪，讀鎛上屬，而讀銒鐪鐪爲呂奉虡三字句，陳慶鏞〈齊侯罍諂通釋〉，又釋爲鼒陘鐏鑪，云鼒爲鼎屬，陘爲俎屬，鐏爲尊，鑪爲匜，竝饗禮所用之器。諸釋紛如聚訟，實則皆非也。孫釋最鑿，不必辯，鎛、鐪、鑪、鈇、欽諸形皆不類，陳釋傅合饗禮，似矣。然金文凡云「擇金某某」者，竝是金名，非器名，且此銘医，又何爲徧舉各器乎。以字形細審之，　　、　　兩形相同，自是一字，其字當爲鏷，左从　　即業也，業从丵从収，此下从　者，即収之省。〈齊侯鎛鐘〉「鰲僕二百又五十家」，僕字作　，與此正同。鏷字不見於《説文》、《玉篇》，而《文選》張協〈七命〉，有「鏷越鍛成」之語，則古固有此字，其字古書多藉木　之樸爲之。《説文・金部》：「鋌，銅鐵樸也。」〈石部〉：「礦，銅鐵樸石也。」《文選》王褒〈四子講德論〉云：「精鍊藏於鑛樸」，此鏷即鑛樸也。《戰國策》鄭人謂玉未理者璞，玉之未理者謂之璞，金之未鑄成器者謂之鏷，字例亦正同。銑、鑪皆金名。（《古籀拾遺・中・張仲簠釋文》）

　　　　吳釋爲都晉，義既不可通，且以字形論之，上　字墒是从未从日，下　字與晉亦不類，竊謂第一字是昧字，特迻左形右聲爲上聲下形耳。第二字下半从日明甚，上半與〈穆公鼎〉之　字，〈寅簠〉之　字，〈卯敦〉之　字竝相似，三字薛阮皆釋爲喪，此上从之，當爲从日从喪省聲，蓋即爽之異文，爽喪音近，古多通用，《周語》晉侯爽二，韋注當爲喪，《墨子・非命上》，龔喪厥師，僞古文〈仲虺之誥〉用其文，喪作爽，是其證也。昧爽，記時也。（《古籀拾遺・下・周㤀敦釋文》）

仲容審視金文之法，有以字形覈之者，有以字形考之者，有以字形審之者，或曰審其字形，或以字形細審，或以字形論之，要皆審形之別名，其運用亦

至廣也。

（三）求之以聲類

成唐　以聲類求之，成唐當即成湯（唐从庚聲，湯从易聲，古音同部，故藉唐爲湯，《說文・口部》：「唐，古文作啺，从口易」，是其證也）。（《古籀拾遺・上・齊侯鎛鐘釋文》）

肙　吳釋爲卿，案此當爲肙，《說文・肉部》，肙，子孫相承續也，从肉从八，象其長也，从幺，象重累也，此从八从幺皆明甚，惟肉微有缺畫，〈盙咊鐘〉云，咸畜百辟肙士，是其證也。肙士之義，薛尚功諸人皆未釋，以聲音攷之，當讀爲尹士（《儀禮・士虞禮》酳酒酳尸，注，古文酳作酌。錢大昕《經史答問》及段玉裁《說文注》、桂馥《說文義證》，竝謂酌即《說文・酉部》酳字之誤，《玉篇》謂酌、酳同字，其搞證也。以形聲言之，酳从肙省聲，酌从勻聲，古尹聲勻聲字多相通，《禮記・聘義》孚尹旁達，注：讀如竹箭之筠，肙之讀爲尹，與尹之讀爲筠，其例正同）。《廣雅・釋詁》，尹，官也，尹士猶言官士矣。（《古籀拾遺・下・周敦釋文》）

戠　吳依阮《款識》釋爲韋，阮云：即韋之緐文，韋，市也，攷後〈趠尊〉、〈師奎父鼎〉，竝有戠市同黃之文，〈趠尊〉字作韍，下從壽者，从巿从韋省，與衛字同意，前〈衛子簠〉，衛字作韋，中亦从木可證，吳引許瀚說，疑戠中从木，定非韋字，又謂當是韍字。今攷此彜，戠亦从木，即是巿字，亦與衛字从韋同意，許說未審，依字戠从韋从弋，以聲類推之，當與纔相近。《說文・糸部》：「纔，帛雀頭色。从糸毚聲。」以戠爲纔，猶經典以纔爲才也（弋从才聲）。纔，《禮經》作爵，〈士冠禮〉「玄端爵韠」，注云：「士皆爵韋爲韠」，引《玉藻》曰：「韠，君朱，大夫素，士爵韋。」此器及〈趠尊〉、〈師奎父鼎〉之「戠市」，即《禮經》之「爵韠」也。蓋帛織絲爲之，爵色帛則謂之纔，市制韋爲之，爵色韋則謂之戠，二義古各有正字，分別甚明。漢以後經典字書皆不見戠字，率用爵爲帛韋之通名，而正字遂爲借字所奪矣。

（《古籀餘論·中·宄彝釋文》）

𤼈　舊亦無釋，今審从言从袁，疑是譞之異文，《說文·言部》：「譞，
　　慧也。從言睘聲。」此省四从袁，聲類亦同，前〈睘盤〉、〈睘
　　敦〉，睘竝省四从袁，是其證也。（《古籀餘論·下·晉邦盦釋文》）

此以聲類之法，求字之本形本義，仲容於此旁徵經史，以溯其通叚之原，近
師他器銘文，以暢其運用之道，皆能持之有故，言之成理，確乎一字千金矣。
所謂以聲類求之，以聲音攷之，以聲類推之，聲類相同者，統在發明叚借之
理，而方便言之也。

（四）定之以私臆

𤳉　右實從疊，古字書所無。《說文》唯有疊字，隸〈晶部〉，引「楊
　　雄說，以爲古理官決罪，三日，得其宜乃行之。从晶，宜。亡
　　新以从三日大盛，改爲『三田』」。楊說甚迂曲，幾乎廷尉說律，
　　以字斷法矣。今審校此偏旁疊字，乃不从「宜」而从「且」，與
　　許說宜从宀之下一之上多省聲者不合，則从宜，疑秦漢人所改
　　易。楊說與古文絕不相應。晶作品者，與《說文》疊，古文作
　　「𣊫」，曑或作「曑」，同意。許說「星」字，引「一曰象形，
　　从○，古○復注中，故與日同」。是三○本象星，後乃加注成日。
　　是品象實較晶爲古，其與決罪三日之義，尤不相謀矣。至俗書
　　之以三日爲「三田」，乃因漢隸从晶之字，多誤爲厽，如「曑」
　　之作「參」是也。而厽與晶，又復相掍，如絫、纍之互譌是也。
　　疊之从「三田」，蓋亦蒙彼而變，未必果亡新甄邯等所爲爾。抑
　　不佞更有鑿空皮傅之說，攷《大戴禮記·帝繫》說黃帝娶于西
　　陵氏之子，謂之嫘祖氏，產青陽及昌意。嫘，《史記·五帝本紀》
　　說同，《國語·晉語》韋昭注引《帝繫》作「纍」，《漢書·古今
　　人表》作「絫」，司馬貞《史記索隱》引《帝王世紀》作「累」
　　（原注：即「絫」之俗），張守節《史記正義》又作「儽」，《山
　　海經·海內經》又作「雷」。嫘字亦《說文》所無，竊意黃帝妃
　　名或本作女𤳉，後人不識此字，誤分爲二，以三日爲纍、絫，
　　以且爲祖，展轉譌變，遂至忘其本始。此雖馮肊推測，荒遠無
　　徵，然古書類是者甚多，固未敢決其必無。要古文自有从晶从

且之字，其與小篆疊字，形義必不能強合。(《籀廎述林》卷十
〈與友人論金文書‧嬗妊壺釋文〉)

滷　疑即「鹽」字，但鹽字作「滷」，古字書未見，《說文》鹽从
　　鹵，監聲。此篆从鹵，當即鹵字，然增水形而省監聲之卧，
　　於字例究難通，豈因海鹽、鹽鹽皆煮水所成，故从水，而鹵
　　下當爲皿，或即監之省邪？竊見濰縣陳氏〈毛公鼎〉，簞、第
　　字作𥰡、𦰩。簞从竹从鹵，與此戈「滷」字偏旁正相類，其
　　以鹵爲「鹵」亦同。依《說文》：「鹽，長味也。从𣐈，鹹省
　　聲。」而依鼎文「簞」字，古文鹽字，或从鹵从皿，則固不
　　从𣐈矣。以此證之，疑戈文「滷」即「潭」之古文。檢段氏
　　《六書音均表》，鹽在七部，鹽在八部，音本相近，古韻二部
　　多相出入，以潭爲鹽，於段借之例，亦自得通。因思《說文》
　　「鹽」下，有古文作「𪉒」，下从旦，不能成字。竊疑或即皿
　　之誤。此戈滷下从𬌗，其左右旁出之筆，微刓缺，便成𬌗形，
　　與旦極相似，或許君見其時郡國所出鐘鼎，从覃之字，有如
　　是作者，而傳寫誤以皿爲旦，遂無義可說。以〈毛鼎〉及此
　　戈證之，似亦尚可推測，非鄉壁虛造比也。(《籀廎述林》卷
　　十〈與友人論金文書‧無滷戈釋文〉)

案：此二器，仲容原書未錄篆文，茲就《三代吉金文存》原影印本重
摹，壺爲五字「嬗妊乍安壺」，戈作三字「亡滷戈」。

〈嬗妊壺〉　　　　　　　　　　〈亡滷戈〉

〈寅簋〉：此簋蓋非一器，前文別刻，器佚無可攷，此其後半殘文也。
文既不完，義亦未能盡通，以意求之，蓋王命寅爲刑官，故戒以慎
卹獄辟之事也。(《古籀拾遺‧上‧寅簋釋文》)

古文之不可攷者，仲容每以私臆定之，然後推其與經史合者，從而得其眞詮，事雖荒遠無稽，但古書類是者甚多，絕非鄉壁虛造、苟求牽合者可比也。

（五）校之以文義

戮　王俅釋爲戮，薛从王楚釋爲穆，孫釋爲戮，而讀爲穆。案釋爲戮是也，然尋文究義，疑當爲勠之異文。《說文》：「勠，并力也。」與穌義相近，故此以「戮穌」連文矣（《古籀拾遺・上・齊侯鎛鐘釋文》）。

字楊南仲釋叟，謂即段字，此實當爲段字。《說文・又部》段重文叚，譚長說段如此，此字即段之變，〈寰盤〉叚對揚天子不顯叚休命，段作，〈周師寰敦〉，叚反乃工事，段作，正與此同。又〈曾伯霥簠〉，曾伯霥段緐黃耇，阮釋以爲叚樂，其字作，與此字，亦正相似，此段字以文義校之，當爲叚之省。（《古籀拾遺・上・晉姜鼎釋文》）

君師非正命　及二字，呂大臨竝釋爲故，薛从之，然上文自有故字，不作此形，以文義審之，實皆乃字也。（《古籀拾遺・上・寅簠釋文》）

字阮釋爲月，孫釋爲曰，案作月義不可通，且金文月曰二字竝無如此作者，以文義攷之，當爲今之變體。（《古籀拾遺・中・召伯虎敦釋文》）

吳釋爲駛字，案銘作，與上駛字作不同，其字當闕疑，以文義推之，當是施命之意。（《古籀拾遺・下・周大蒐鼎釋文》）

舊釋爲衮，攷《說文》：「衮，从衣公聲。」不當从亠，此似从土省，以文義求之，疑當爲裏之省。（《古籀餘論・中・敔敦釋文》）

舊釋爲尋爵復賴，審校文義均難通。與爵形不類，疑當爲薦字，尋薦當爲登薦，尋登一聲之轉。（《古籀餘論・中・大豐敦釋文》）

校之以文義者，即尋文究義，或審文校義之謂也。夫人之立言，因字而生句，積句而成章，積章而成篇，故字爲文章之基本單位，欲曉一字之確解，則尋

文究義，殆爲研究金石文字不可或缺之方法，仲容於此每有獨擅之妙，而開難釋之困。

（六）讀之以文例

即都字，都本从邑者聲，此變邑爲戈，王楚王俅所釋並有重文（原注：〈齊侯鐘〉此字，《宣和圖》摹作，王《錄》摹作，並塙有重文）。以文例讀之，有重文是也，薛《釋》及孫《苑》並無，失之。（《古籀拾遺·上·齊侯鎛鐘釋文》）

即冊字，〈曶鼎〉「東宮盧曰，賞曶禾十秭，遺十秭爲廿秭，□來歲勿賞，則□卌秭」。廿作，卌作，此敦即冊字，傳摹失其眞耳。「執約卌」，文例與〈虢盤〉「執約五十」正同。（《古籀拾遺·上·敔敦釋文》）

〈楚公鐘〉：此楚公逆即熊咢也，咢、逆一聲孳生之字，古多通用，故《史記》以逆爲咢，熊咢在熊渠去王號之後，熊通再僭稱王之前，此銘稱楚公，亦正符合，以字形及文例覈之，此鐘爲熊咢所作，殆無疑義。（《古籀拾遺·中·楚公鐘釋文》）

〈克鼎〉：此銘「錫散市參同幕它」，皆紀衣服之賜，「易田于埶」以下，皆紀土田之賜，「易史小臣」以下，皆紀臣徒之賜，條理秩然不相輥，舊釋舛互間出，殆未深究其文例乎。（《籀膏述林》卷七〈克鼎釋文〉）

金石之行文，必有一定之例，如「記時」之例，「稱謂」之例，「錫與」之例，「記數」之例，「書名」之例，以及「禱祝頌讚」之例，錘鍊精審，例有定則，仲容於金文字例、文例之研繹，每逾前修，故其考校文字，亦輒能言人之所不能言也。

（七）求之以比例

〈楚公鐘〉：䊪字在鐘文則當讀爲牆，牆即宮縣、軒縣之通稱，《周禮·小胥》：「王宮縣，諸侯軒縣」，注，鄭司農云：四面，象宮室四面有牆，故謂之宮縣。若然，軒縣雖不四合，而三面環列，亦得取牆形，《周書·大匡篇》云，樂不牆合，即文王在程時，侯國制也。

特鐘編鐘同縣於虡，故竝謂之牆，猶鐘磬編縣之二八十六枚，而在一虡，謂之堵（原注：亦詳〈小胥〉鄭注），分之曰堵，合之曰牆，大小異而取義畧同。因鐘爲金樂，故或省林而从金，後〈邾公牼鐘〉云，鑄辝龢鐘二鍺，堵字亦變从金，足相比例也。（《古籀餘論・上・楚公鐘釋文》）

字《筠清》爲餐，以字形審之，殊不類，攷此字左从 {缶}，當爲缶，〈齊國差甗〉饘字作 {缶}，又金文寶字所從缶形，亦多作 {缶}，或作 {缶}，與此正相近，蓋此當爲饙之異文。《呂氏春秋・辨士篇》「爲其唯厚而及饙者」，亦即此字，蓋周時固有此異文，故呂不韋用之矣。後〈虘中簠〉云「諸友殽飤具飽」，彼文作 {字}，右形闕蝕，似亦从缶也。又後〈大鼎〉「王召歪馬䲩，令取䲩䲩卅匹易大」，彼䲩作 {字}，左从 {缶}，與此亦相似，䲩即䲩之借字，《爾雅・釋畜》：「驪白雜毛」，鴇《詩・鄭風・大叔于田》作鴇，彼鼎作 {字}，右亦从鳥形，《說文》無䲩字，〈鳥部〉鴇，重文鴠，鴇或从包，鴠之爲䲩，猶此以饙爲飽，足相比例也。（《古籀餘論・上・仲瘋父盤釋文》）

此字从皀从人从貝，古字書未見，以形義求之，疑當爲从歸省，後〈不嬰敦〉「余來歸」，歸作 {字}，从皀，〈陳眆敦〉「用追孝」，追作 {字}，當爲遺之異文，皆其比例。（《古籀餘論・上・趞鼎釋文》）

所謂比例者，以彼字之例比此字之例也，或形、或音、或義。惟此條識字之法，以二形竝比者居多，音義者不經見，至於由文字運用之同異，比勘而歸屬其相近或近似者，亦得謂其爲比例也。

（八）按之以字例

舊釋爲戣，《積古齋款識》釋爲炅古文，竝不塙，今審篆文，左从金省从火，右形奇詭，類鳥字，攷後〈雙爵〉、〈父癸爵〉、爵作 {字}（原注：《說文》有雔字，疑即此，未必雙爵形也），〈雙爵〉、〈毋戊彝〉作 {字}，竝與此形畧同，蓋皆象小鳥形也。以字例求之，當爲鐎之變體，〈虘仲簠〉「糕粱」，糕字作 {字}，右从焦，與此鐎字右形亦相似。鐎是器名，《說文・金部》：「鐎，鐎

斗也。」鐎斗即《史記·李廣傳》之「刁斗」，周時或別有鐎器，此彝即是器也。（《古籀餘論·上·瑴王彝釋文》）

吳从許瀚釋爲卣，謂子卣即大保之名，以篆文審之，殊不類，攷前〈天子觚〉「天子[字]作父丁彝」，[字]與此[字]字頗相近，疑一人所作器。[字]，陳介祺釋爲班，楊沂孫釋爲启，竝不類。諦審兩文，似皆从耳从口从十，《說文·口部》：「聑，轟語也。从口从耳。」又〈十部〉：「計，詞之集也。从十聑聲。」此即計字也。又前〈亞丙彝〉丙字作[字]（原注：楊案，[字]，吳大澂釋爲聽，以爲从耳从十，猶相字之从十目也，竊謂相字金文與小篆皆不从十，吳說未塙），〈父癸宗彝〉，[字]作父癸宗尊彝，[字]，吳亦釋爲丙，疑皆聑、計兩字之變體。又疑此字與〈天子觚〉兩文，或當爲聖之省。《說文·耳部》：「聖，从耳呈聲。」此从耳从呈省，於字例亦得通。（《古籀餘論·上·大保敦釋文》）

舊竝釋爲勳，讀爲纁，然以形聲求之，殊不類，竊謂當爲窺字，《說文·穴部》：「窺，正視也。从穴中正。正亦聲。」此篆从宀與从穴畧同，下从頁者，古文頁、見多互通。如〈追敦〉、〈史頌敦〉、〈虢季子白盤〉，顖字竝作[字]，是其例也。右从[字]者，乃丁形，窺，正字作經，《說文·赤部》：「經，赤色也。从赤巠聲。《詩》曰：魴魚經尾。重文赬。或从丁。」此段窺爲經，《左》哀十七年傳云「如魚窺尾」，即《詩·召南·汝·墳》「魴魚赬尾」之赬（原注：《說文》經或亦作赬）字同，變从正爲从丁者，猶經之或从丁也。丁，古文或作[字]，《說文·戊部》：「成，从丁聲。」亦或从[字]作戌，[字]即丁之變體，與午字絕異，此字例與彼可互證。窺爲赤色，與纁畧同，故此與玄黃竝舉，即謂赤金也。（《古籀餘論·中·䢈仲簠釋文》）

仲容以字例求金石古文之眞詮，約而言之，亦偏旁歸類之別稱也。其所以背偏旁而取字例者，以偏旁純言字形，而字例或以形或以聲或以義，隨心所欲，肆應無窮也。惟用而欠當，往往失之牽合，有郢書燕說，穿鑿附會之弊。

（九）以篆文審之

舊釋爲孟，吳大澂釋爲鼎，以篆形審之，殊不類，孜後〈母辛鬲〉，舼鼓入⿱〒女子，字與此畧同，彼舊分爲二字而闕釋，今以兩器合校，竊謂此从米，與彼从★同，疑當爲束，此从⿰同，當爲弜，下火惟彼鬲較此增米形爲異，疑並爲⿰之異文。（《古籀餘論・上・木鼎釋文》）

爲器名，舊無釋，吳云，未詳何器，⿱疑⿱省，今以篆文審之，吳說殊不塙，孜此字與後〈師寰敦〉⿰字相似，彼吳釋爲兆，此疑亦當爲兆，乃銚之省文。（《古籀餘論・上・白原□釋文》）

舊釋爲骨，後〈叔妊盤〉，侯作叔妊□朕般，字吳亦釋爲骨，以篆文審之，殊不類，孜此字作⿰，似龍字之省，前〈龍伯戟〉白作奔戟，龍字正與此正相似，可據以訂正。（《古籀餘論・上・骨侯鼎釋文》）

舊釋爲燕，諦審篆文，从⿰从君，疑當爲麇之異文，《說文》：「⿰，獸也。象形。頭與兔同，足與鹿同。」⿰即君之到文，〈追敦〉頵字作⿰，〈史頌敦〉作⿰，可證。（《古籀餘論・中・史燕簋釋文》）

審金文篆勢，以討其本形本義，其首要條件在多識金石款識，然後使兩器或多器互校，則篆勢之同異即經由對勘而皎然在目矣；否者，單詞孤字，馮虛肊說，其不矛盾自陷而貽大方之笑者幾希矣。

（十）合衆器斠之

阮釋爲「愷」，孫釋爲「雖」，程釋爲「鑪」，吳釋爲「艷」，實即〈宗周鐘〉「戲〃能〃」之「戲」也。左作⿰，上與〈叔丁鐘〉字同，有缺畫。下从⿰，與《說文》豆字古文⿰字同。右从⿰，微有漫缺。下作二者：重文也。吳錄張氏藏器，此字正作⿰，其爲戲字無疑。蓋古金文字茫昧，非合衆器互校之不能尋也（原注：吳氏釋⿰爲艷，殊誤，艷从豐與豊別，張器此字从⿰，上有三沘畫，〈宗周鐘〉从⿰尤明晳，張器文與阮同，吳所釋與阮異者八字，無不謬者，蓋好異之故也）。（《古籀拾遺・上・虢叔大林鐘釋文》）

阮釋爲袞，攷《說文・衣部》：「袞，从衣公聲。」〈吳彝〉「玄袞衣」，袞作（字形）。〈龍敦〉「錫女玄袞衣」，袞作（字形）。〈韓侯白晨鼎〉「玄袞衣」，袞作（字形）。是金文亦並从公聲，與小篆同。此彝（字形）字既與諸器袞字不同，且中从丁，不从公，若以爲袞，則失其聲矣。竊謂此即甲之變體。《說文》（字形）象木載孚（字形）之象，古文作（字形），此作（字形）者，从衣从甲省，甲爲日名，藉爲戰衣之名，因沾衣而省（字形），此形聲孳乳之例也。（《古籀拾遺・中・虡彝釋文》）

字於此鼎兩見，亦見〈毛公鼎〉，其文曰：「赤市（字形）黃」，舊釋爲蔥之象形字，以其與《玉藻》「三命赤韍蔥衡」文巧合也。又見〈宗周鐘〉，其文曰：「倉〃（字形）〃」，費峻襄吉士釋爲蔥，而讀爲鎗，以其與《說文》鎗字說解「鎗鎗」文亦巧合也。然金文奇古，不能據孤文決定，必綜合諸器，參互斠覈而後可議其是非。〈周鐘〉「倉〃（字形）〃」，薛《款識・窖磬》作「鎗〃（字形）〃」，其字从金它聲，字畫明晳，又〈曩公匜〉云「它〃（字形）」，〈齊姜匜〉云「它〃（字形）」（原注：馮氏《金索・徐王子鐘》亦有「鎕〃（字形）〃」之文，知匜銘「它〃沱」即鐘銘之「它〃鉈」），其字作（字形）作（字形），亦塙是它、沱字，彼此互證，阮釋爲它，不可易也。（《籀膏述林》卷七〈克鼎釋文〉）

薛書婁見，皆傳橅舛互不可辨識。薛釋爲繼，尤不類。〈毛公鼎〉有此字，亦有缺畫，惟此鼎最爲完晳，以形聲求之，似當爲姘字。左从（字形）者，即古文并之變體，《說文》「并从从幵聲，一曰从持二爲并。」此變从爲（字形）者，从爲二人相聽，北爲二人相背，義相反而實相成。井、幵二形，古文多互易，《說文》或說「从持二」，似亦當爲（字形）形，與此从井正相近。姘《說文》訓除，爲其本義，金文蓋藉爲《爾雅・釋詁》「拼、抨，使也」之拼，亦即《書・洛誥》「伻來」之伻，此人姘，謂役使之人徒也，〈師毀敦〉云「姘嗣我西偏東偏」，言使治東西二徧也。〈微樂鼎〉云「姘嗣九服」，言使治九服也。〈穆公鼎〉云「姘命」，〈齊侯鐘〉云「姘命於外內之事」，姘命，猶言使令也。通斠諸器可得其塙詁矣。（《籀膏述林》卷七〈克鼎釋文〉）

考校金石，最忌標新立異，而欲袪此弊，惟合眾器共斠之，然後可補傳橅舛

互，不可辨識之憾；兼由文例、字例之同異，以審繹其真詮，故仲容於此輒戒人「金文奇古，不能據孤文決定，必綜合諸器，參互斠覈，而後可議其是非。」其用心亦深遠矣。

（十一）以他銘證之

薛釋為匡，呂大臨釋為宴，《說文・匚部》：「匡，宗廟盛主器也。《周禮》曰：祭祀共匡主，从匚單聲。」用匡以喜，義不可通，且銘文此字第一器作 ▨，第二器作 ▨，皆不从單。呂釋為宴，於義雖通，而形亦不合。今以二器合校之，蓋即匡字。匡、宴同聲孳生之字，古可通用，故此藉匡為宴。《詩・六月》「吉甫燕喜」，《漢書・陳湯傳》引作「吉甫宴喜」，此匡喜即《詩》之燕喜也。吳《錄・周鐘》銘云「羣孫□子璋，罨其吉金，自作龢鐘，用匡以喜，用樂□□」，其匡字作 ▨，與此正同。（《古籀拾遺・上・鄦子鐘釋文》）

阮訓為禩，云命奠定縣之禩政。吳《錄・宄敦》云「令女正圖師嗣 ▨」，與此簠 ▨ 字同，而與〈楸季敦〉 ▨ 字，〈散氏盤〉 ▨ 字垃異，其形从 ▨，蓋即从啚省，〈敔敦〉啚字作 ▨，可證也。（《古籀拾遺・中・宄簠釋文》）

休 ▨ 成事，▨ 當為 ▨ 之壞字，其讀當為有，前〈史頌敦〉「帥覿盭于成周，休有成事」，有作 ▨，正與此同，此銘作 ▨，小有剝蝕耳，吳釋為乃，殊誤。休有成事，與《詩・周頌・載見》云：「休有烈光」同，《爾雅・釋詁》：「休，美也」，「休有烈光」言美有盛光也，「休有成事」言美有成功也。又〈師寰敦〉云「休既又功」，與此云「休有成事」，詞意亦相近，皆可互證。（《古籀拾遺・下・周麋生敦釋文》）

此法與前條大同，惟彼係合斠眾器，此乃二銘互證，而復均以文例為印證之鎡基，故以此法校釋金石，常是精心偉構，百世以俟而不惑之定論，仲容用之若素，創解獨多也。

（十二）以隸古寫之

大下一字，此鐘作 ▨，第二鐘作 ▨，《積古齋款識》亦載此鐘，左

無🔲形，蓋拓本未精。阮釋爲鎛，亦非，以隸古寫之，从𧫢从般（原注：《說文》般，古文作𦨗，从攴），其字當爲𤉡，字書所無，其音義未詳，吳亦無釋，攷此字鐘文婁見，而形各不同，如後〈釐伯鐘〉云「作朕文考釐伯龢𤉡鐘」，作𤉡。〈分仲鐘〉五器，第一器「分仲作大𤉡鐘」，作𤉡，第三器作𤉡，第四器作𤉡。〈吳生鐘〉云「用作□公大□鐘」，作𤉡。〈虢叔鐘〉云「用作朕皇考惠叔大𤉡龢鐘」，〈叔氏寶林鐘〉云「朕皇考叔氏寶𤉡鐘」，則亦作𤉡，與〈釐白鐘〉同。凡此𤉡、𤉡、𤉡、𤉡四形，字書咸未見，舊釋於〈釐伯鐘〉、〈叔氏鐘〉竝釋爲林，於〈吳生鐘〉釋爲鎛，於此及〈分仲鐘〉竝無釋，吳氏〈分仲鐘跋〉云：「𤉡或釋鎛，或釋龢」（原注：《筠清館》釋如此，攷釐伯及虢敦鐘竝云，「龢𤉡鐘」，則非龢字明矣），於〈虢叔鐘〉則以爲古林字，〈跋〉云：「合觀〈分仲〉、〈大夾鐘〉、〈楚公太簇鐘〉，知𠕋象屋廡形，此爲从林从無，即緐無之義。」若然，又有釋爲夾簇二字者。諸說不同，無可質正，自鐘文外，它器又罕見此諸字，唯後〈大敦〉亦有𤉡字，與鐘文正同。審校文義，乃因天子命然睽以里與大，然睽對使之辭云：「天子余弗敢𤉡」，舊釋爲吝嗇之嗇（原注：《家語·冠頌篇》，王肅注云：「嗇，愛也」），甚墥，然於鐘文則義又無取。金文復有从𤉡爲形者，如〈宂𥂴〉云「司奠還𤉡，眾吳虞眾牧」，〈尤彝〉云「令女正周師𤉡𤉡」，𤉡字亦《說文》所無，舊竝釋爲散，亦未墥，其字从𤉡从攴，與𤉡或是一字，然其音義究未能定也，通校此諸字，或从般，或从金，或从林形，雖牉異而皆同从𧫢。《說文·𧫢部》：「𧫢，或作廩，从稟。」而稟亦从𧫢爲聲母，其非从無，蹤蹟較然，唯𧫢、稟諸文，與鐘銘義咸不相屬，無可推傳。若如𤉡字，舊釋爲林，〈大林鐘〉雖見《國語·周語》，而金文或从𧫢或从稟，既不皆从林，又云，龢𤉡鐘、寶𤉡鐘，亦不皆云大林，則與彼未必盡合，且大林自是極大特縣之鐘，今〈虢叔編鐘〉亦有大𤉡之語，則義尤不相應，況嗇字本从來，𧫢，金文从林者，即牆字之偏旁，而牆字籀文本从二來，又从二禾，是由一來增爲二來，又變爲二禾，三變而後爲林，而金文牆字所从𤉡形，亦不皆从林，如〈師𡥀敦〉作𤉡，正从二禾，〈史西敦〉

作䅘，則省从一禾，唯〈大敦〉嗇字迺直作𣞤，變二禾爲二木，以此推之，則知鐘文𣞤字从林，自亦秝之變體，非正从林木之林，尤不得讀爲林矣。若然，𣞤字依〈大敦〉可決定其爲嗇字，以此根據，參互推繹，竊疑𢿱亦嗇之異文，而鐘文中𣞤、𨦮、𩎓、𣪠諸文，則咸當爲牆之省變，其聲義不必與㐭稟相比傅也。𢿱字从嗇从攴者，疑取力田之義，〈冘簋〉云：「司奠還𣞤」，還讀爲縣，謂司奠安縣内之嗇事。〈宂敦〉，「𤔲𢿱」亦同。猶〈師寰敦〉云「卹乃穡事」，故簋文以𢿱與虞、牧並舉，似即《周禮・九職》之農圃山澤藪牧，敦文𤔲𢿱又與〈郊特牲〉司嗇事異而義同。至𣞤字在鐘文則當讀爲牆，牆即宮縣軒縣之通稱，《周禮・小胥》「王宮縣，諸侯軒縣」注，鄭司農云「四面，象宮室，四面有牆，故謂之宮縣」，若然，軒縣雖不四合而三面環列，亦得取牆形。《周書・大匡篇》云「樂不牆合」，即文王在程時侯國制也。特鐘編鐘同縣於虡，故竝謂之牆，猶鐘磬編縣之，二八十六枚而在一虡，謂之堵，分之曰堵，合之曰牆，大小異而取義畧同。因鐘爲金樂，故或省林而从金，後〈邾公牼鐘〉云「鑄辝龢鐘二鍺」，堵字亦變从金，足相比例也。若然，諸文从㐭从稟者，皆嗇之省，从林者，秝之變體，从舟殳者，攴之緐縟文，抑或取般還之義，與宮牆四面回環意畧同。（《古籀餘論・上・楚公鐘釋文》）

案：〈楚公鐘〉共有四器，三器均有此字，篆勢各有不同，銘文字數增減亦不一致，且書法奇詭，與他銘迥別，故手摹《三代吉金》影寫鐘銘，按序錄之如次，以備品鑑焉。

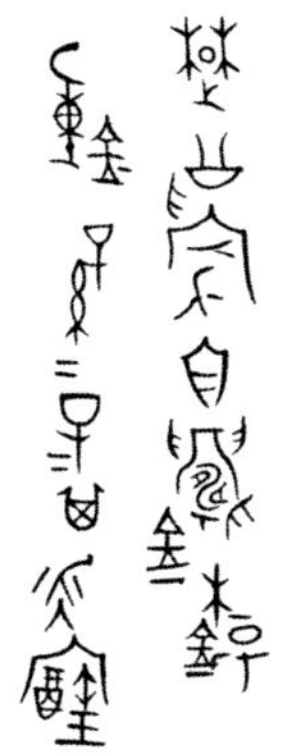

〈楚公鐘〉第一器十四字

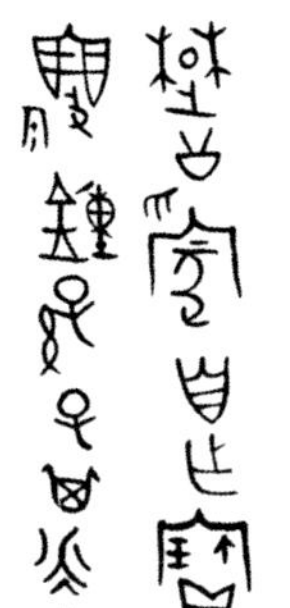

〈楚公鐘〉第二器十四字

〈楚公鐘〉第三器十六字

〈楚公鐘〉第四器十六字

　　古金文偏旁之增易變化無方，若以隸體之相似者，并例古文，甚易滋誤，〔註67〕今人每喜以隸古寫之，〔註68〕不能不於此三致意也。

（十三）以六書之義求之

　旃　孫氏《續古文苑》釋爲諸，阮釋爲旃，云蓋古斿字，通帛爲旃，故从扒从帛省也。今案孫釋于形義竝疏，固未可信。阮釋爲旃是也，然以爲即古斿字，則非，此旃字，當即所謂大白之旗也。《周官・巾車》：「建大白以即戎。」注：「大白，殷之旗，猶周大炎。」（原注：金榜《禮箋》，謂大白即〈司常〉九旗之熊虎爲旗，其說甚塙，與通帛之旛異），《周書・克殷篇》：「武王乃手大白，以麾諸侯。」孔晁注：「大白，旗名。旗色白，故字爲旃。」以六書之義求之，當爲从扒白，白亦聲，不必讀爲斿而後可通也。（《古籀拾遺・中・吳彝釋文》）

　　案：〈吳彝〉乃西周時器，篆勢渾樸，文情古質，茲重摹銘文於此後，藉知「旃」字之地位，益覺仲容所說之不謬也。

〔註67〕《古籀拾遺・下・周太師虘豆》仲容釋▨字云：「鐘鼎古文，凡从Ↄ者，於小篆爲扒，於隸爲扒（金刻中斿、旅諸字，偏旁竝如此作），訪者从言方聲，方、扒二字隸體相似，古文則兩文迴別，此旃从扒从言，吳釋爲訪，是以隸體之相似者并例古文，其誤實甚。」
〔註68〕如郭沫若之《兩周金文辭大系攷釋》。

－488－

〈吳彝〉

釋文：隹二月初吉丁亥王才（在）周成大室旦王各（格）廟
宰䚅右乍（作）冊吳入門立中廷北鄉王乎（評）叟戊
冊令吳嗣（司）旃眔叔金易𢦚一卣玄袞衣夌舄金車賁
綦朱虢旂虎□束裏牽車畫轉金甬馬三匹攸勒吳彝擽
𪓐眢敢對揚王休用乍（作）青尹寶障彝吳其之子孫永
寶用隹王二祀。

（十四）引甲骨文證之

匚帚　匚舊無釋，攷《說文·匚部》：「匚，籀文作匸。」商龜甲文
作匚，此與彼正同。（《古籀餘論·上·女姬罍釋文》）

夾　前器作夾，舊無釋，疑當爲夾字之省。商龜甲文馬夾字作夾夾夾
三形，此與彼正相類，前器作夾，形尤明析，《說文·夾部》，
夾，覆也，从入粢，粢，點也，前〈虢季子白盤〉作夾，〈格伯
敦〉作夾，竝从大，此與彼同，不从舛者，文有闕泐也。（《古

籀餘論・下・齊侯壺釋文》）

案王國維《戩壽堂所藏殷虛文字考釋》云：「按❖字象人乘木之形，〈虢季子白盤『王錫乘馬』之乘作❖，正與此同。〉本字見於《藏龜》二二二之一作「❖❖❖❖」，二四五之二作「❖❖❖❖❖❖❖❖❖」，二四九之二作「❖❖❖❖❖❖❖❖❖❖❖❖❖❖❖❖❖」。審文校義，三片卜辭皆屬同事一義，第一片下有殘闕，二、三兩片均完好可誦，第一片言「王勿从望乘」，第二片言「貞今春乎从望乘伐弗方人」，第三片言「丙戌卜爭貞今春王从望乘伐下❖我受屮（又）有」，則望、乘似皆姓氏，王釋勿誤。乘在金文作❖（〈虢季子白盤〉），❖。（〈貿鼎〉），❖（〈克鐘〉），❖❖❖（〈格伯簋〉）

仲容引甲骨以證金石，事雖僅此二則，然其篳路襤褸，以啓山林，爲古文字之研究，別闢一新涂徑，厥功可謂偉矣。

（十五）孫氏有未定釋之字必自注明

❖ 从女从辵从缶，未知何字。薛釋爲造，王俅釋爲陶，孫釋爲達，竝不搞，缶與造，聲類畧近，今姑从薛釋。後〈齊侯鐘〉則無此字，其義當闕疑。（《古籀拾遺・上・齊侯鎛鐘釋文》）

❖ 諸釋並爲繼，孫云不搞，以字形審之，未能定其形聲，當闕疑。（同前）

❖❖ 王楚釋爲承類，薛釋及王俅並同，孫釋爲舁類，而讀類爲類，案《說文》類難曉也。類从女頪聲，故省爲頪。疑孫釋近是，然此二句未詳其說，亦當闕疑。（《古籀拾遺・上・齊侯鎛鐘釋文》）

❖ 竊疑讒即❖之形誤，❖从吾聲，扈从戶聲，古音本同部，相爲通借，固其宜也。此肊說，別無左證，然叡之形聲，皆頗相近，故附著之，以質世之治古文大篆及商周輿地之學者。（《古籀拾遺・中・遣小子敦釋文》）

❖ 字阮釋爲實，孫釋爲嘗，以字形審之，竝不甚搞，然嘗从旨尚

聲，此中从🐚，于形畧近，孫釋或可備一説也。(《古籀拾遺‧
中‧召伯虎敦釋文》)

木工冊　此三字義未詳，後〈母甲觶〉亦有此三字，而平列于上，
　　　吳從徐同柏釋爲杠冊二字，與此歧牾，非也。(《古籀餘論‧上‧
　　　木鼎釋文》)

案：二器構圖奇特，「木工冊」三字排列不同，特重摹《三代吉金》
之影迹，以資覽者對勘。

〈木鼎〉

〈母甲觶〉

🌿🐚　舊釋爲勳庸，今審並不類。🌿疑即堇字，🐚當爲害，然其義未
　　詳。(《古籀餘論‧中‧陳侯彝釋文》)

🌾　字从放从歂，即斿字，旞字不見於字書，以聲類求之，《説文‧
　　口部》吻或作脗，是昏聲勿聲古通，此旞或當爲旃之異文。《説
　　文‧勿部》，勿或从放作旃，旃即《周禮‧司常》之雜帛爲物，
　　此上下文竝闕，不知作何解。(〈古籀餘論‧盂鼎第二器釋文〉)

此條乃仲容不知蓋闕之法，此法雖非考校金石之涂徑，要爲治金石之學者必
具之器識。先聖設教，首揭以示人，而後人勇於自任，量度不足，輒叚不知
以爲知，是以聖人之所以爲聖，愚人之所以爲愚，其皆出於此乎。仲容闕疑
之文字，有闕其形，有闕其音，有闕其義者，其窮理致知之精神，學者分別
觀摩可也。

金石古文省變無方，〔註69〕各家所以誤釋者，皆所以不明金刻省變之故也。仲容考校金石，其目雖有十五，但合而論之，實旨在昌明古文省叚之道，然後再藉字例、文例、比例、文義，以及六書造字之原則，上逆金石篆刻演變之大勢，爲後之治古文大篆之學者，樹立良好之規模。

五、孫氏自明研究金石之效益

金者以鐘鼎彝器爲大宗，旁及兵器、度量衡器、符璽、錢幣、鏡鑑等物，凡古銅器之有銘識者皆屬之。石者以碑碣墓誌爲大宗，旁及摩厓造像、經幢、柱礎、石闕等，凡古石刻之有文字圖象者皆屬之，〔註70〕由此觀之，所謂金石之學，旨

〔註69〕《古籀拾遺‧下‧周居後彝釋文》云：「庚，吳釋爲康，字書及金石文字康字，竝未有作此形者，吳釋殆不足據。今攷此字見于金刻者凡三，形皆相近，而所釋各異，由釋者各以其意讀之，未嘗合而勘之也。一見於阮書〈中義彝〉，其文曰，「中義其自作食𣪘」，阮釋爲彝。再見于此《錄》〈周十月彝〉，其文曰，「十月丁亥乙自作飲𣪘」，吳釋爲旬，云，古尊罍皆有肖，旬者叚借字也。三即見于此彝，三器筆畫互有增省，其爲一字蓋無可疑者，吳于〈十月彝〉釋爲旬，此釋爲康，皆肊說，無左證，于形聲尤不相比附。」

〔註70〕馬无咎《中國金石學概要》分歷代銅器爲六目，即一曰禮樂器，二曰度量衡，三曰錢幣，四曰符璽，五曰服御器，六曰古兵，鏡鑑帶鈎包括於服御器內。所謂禮樂器者，更分禮器與樂器，禮器者古人概曰「尊彝」，其中屬烹飪之器曰鼎、曰鬲、曰甗。屬黍稷之器曰敦、曰簠、曰簋、曰盨。酒器曰尊、曰罍、曰壺、曰卣、曰觥、曰盉、曰爵、曰觚、曰觶、曰角、曰斝、曰勺。脯醢之器曰豆。盥洗之器曰盤、曰匜。鼎實之器曰匕、曰柶。承酒器之案曰禁，盛冰之器曰鑑。樂器者，樂之八音，金居其首，傳世之器，種類不多，今就所見，不過鐘、鼓、錞、鐸等數種而已。度量衡器之傳世者，度爲尺，如曲阜顏氏所藏之周尺，量爲容器，如陳介祺、端方二家所藏之秦量。錢幣者分貝、布、刀、錢、鈔板、銀定等。符璽者有符、牌、券、璽、印、封泥等。服御器者，類別尤繁，今約其最著者分記如下：一鏡、二鈎、三鐙錠、四鐎斗、尉斗，五薰鑪、六帳構、七筞鑰、八渾儀、刻漏、九車馬飾。至於古兵之可述者，有句兵曰戈、戟，刺兵曰矛，短兵曰刀、劍、七首，鑿兵曰斧，射遠之兵曰矢，發矢之機曰弩機，盛矢之器曰箙。馬氏又分石器爲四大類，一曰刻石與碑之別，二曰造像與畫像之別，三曰經典諸刻與紀事諸刻之別，四曰一切建築品附刻之文。其詳如下：刻石之特立者謂之碣，天然者謂之摩厓，造像者皆立體畫，畫像者皆平面畫。至於經典諸刻，如太學石經，釋道石經，醫方，格言，書目等，則經典之類也。如表章事蹟諸文，文書，墓誌，譜系，地圖界至，題詠題名，則紀事之類也。尤有一切建築品附刻之文，其類有九，一曰橋，二曰井，三曰闕，四曰柱，五曰浮圖，六曰食堂、神位，七曰墓門、黃腸，八曰石人、石獸，九曰器物。

在研究中國歷代金石之名義、形式、制度、沿革，及其所刻文字圖象之體例、作風，上自經史考訂，文章義例，下至藝術鑑賞，罔不盡賅。〔註71〕誠以金石制作，與文字同古，是以自三代、秦、漢以來，無不重之；而成為一專門獨立之學術，則自宋劉敞、歐陽修、呂大臨、王黼、薛尚功、趙明誠、洪适、王象之諸家始，歷元、明至清，而斯學大盛，其間金石名家，無慮千百數，惟孫徵君仲容，能總挹前代之清芬，啓後進之新運，廣徵博引，著作成書，稽其心得，則謂研究金石之效益，其目有六：一曰證經典之異同，〔註72〕二曰斠史傳之繆誤，〔註73〕三曰補載籍之闕佚，〔註74〕四曰考文字之變遷，〔註75〕五曰立文章之體製，〔註76〕

〔註71〕 王昶〈金石萃編序〉云：「凡經史小學暨於山經地志叢書別集，皆當參稽會萃，覈其異同，而審其詳畧，是非輇才末學能與於此。」朱劍心《金石學》第二章〈金石學之價值〉云：「金石文字，自成專門獨立之學，可不待言，而其禆於他學者，亦有三焉，一曰考訂，統經史小學而言，一曰文章，重其原始體制，一曰藝術，兼賅書畫雕刻，而骨董家之鑒賞把翫不與焉。」

〔註72〕 以漢熹平石經以校今之經文，周宣王伐獵狁之役，其迹僅見《詩經》，而簡畧不可理，及〈小盂鼎〉、〈虢季子白盤〉、〈不嬰敦〉、〈梁伯戈〉諸器出土後，經學者悉心考釋，然後茲役之年月、戰線、戰畧、兵數，皆歷歷可推，餘如〈曶鼎〉、〈克鼎〉、〈大盂鼎〉、〈毛公鼎〉等，字數抵一篇《尚書》，典章制度之籍以傳者多矣。

〔註73〕 古史因時勢所需，是非襃貶，出於秉筆者私意，或失其實，然至歲月、地理、官爵、世次，以金石刻考之，其抵牾十常三四，蓋史牒出於後人，不能無失，而刻辭乃當時所立，可信無疑，是以可斠史傳。

〔註74〕 龔自珍〈商周彝器文錄敍〉曰：「凡古文可以補今許慎書之闕，其韵可以補〈雅〉、〈頌〉之隙，其事亦可以補《春秋》之隙，其禮亦可以補逸禮，其官位氏族亦可以補七十子大義之隙。」可謂知言。

〔註75〕 由金石文字，可考我國文字沿革之大勢。仲容先生《名原・敍錄》云：「余少嗜讀金文，近又獲見龜甲文字，咸有譔錄。每惜倉沮舊文，不可復觀，竊思以商周文字展轉變易之迹，上推書契之初軌，沈思博覽，時獲搞證。」

〔註76〕 龔自珍〈商周彝器文錄敍〉云：「三代以上，無文章之士，而有群史之官，羣史之官之職，以文字刻之宗彝，大氐爲有土之孝孫，使祝嘏告孝慈之言，文章亦莫大乎是。是又宜爲文章宗祖。」又黃公渚〈周秦金石文選緒言〉云：「古文之精嚴雅絜者，莫如金石文字。而周、秦金石諸作，上接〈典〉、〈謨〉、〈雅〉、〈頌〉之緒，下導兩漢碑刻之先，尤爲崇閎雋偉之鉅製。……大氐金石文字，皆有法度，其文大半出太史手筆，故立言皆有史法。文之有史法者，乃可以傳千秋，《史》《漢》之所以號稱卓絕者，有史法故也。況周、秦金石諸作，尤在其上乎？後之學爲文者，不當於此中求之乎？……金石文字，既爲太史所作，然則讀金石文字者，不啻爲太史氏親炙弟子，不猶愈於讀《史》《漢》乎？」又湯植翁序潘昂霄《金石例》云：「文章先體製而後論其工拙。體製不明，雖操觚弄翰於當時猶不可，況其勒於金石者乎！陸士衡〈文賦〉論作文體製，大畧可見。由先秦以來迄於近代，金

六曰作書法之鑑賞。〔註77〕以下謹摘其書中所說，分條徵引之。

（一）證經典之異同

「余旣專乃心」：猶《今文尚書·般庚》云：「今予其敷心也。」《古文尚書》文句舛互，并下文「優賢揚歷」，誤爲「今予其敷心腹腎腸」，而讀「歷」屬下句，此可以證其誤。（《古籀拾遺·上·齊侯鎛鐘釋文》）

「畯保三國」：畯，長也，言長保三國也。畯亦通作俊。《書·文侯之命》：「即我御事，罔或耆壽，俊在厥服。」「俊在厥服」，文與〈剌公敦〉「畯在位」同，言即我御事之人，無有耆壽而長在其位者也。《僞孔傳》訓爲「無有耆宿壽考俊德在其服位」，失其義矣。（《古籀拾遺·上·晉姜鼎釋文》）

「執約」：執約者，約、拘聲類同。《書·酒誥》曰：「厥或誥曰，羣飲，汝勿佚，盡執拘以歸于周。」此云執約，與《書》執拘義正同。（《古籀拾遺·上·敔敦釋文》）

案：〈敔敦〉仲容稱「此敦文字古茂，可證經傳，惜宋人不通其讀，所摹銘文，亦不無舛誤，然細心推繹，尚可得其辜較也。」特按薛《款識》及王《錄》，重摹如下，並拊釋文，以資對勘。

石之所纂刻，具有體製，好古博雅之士，皆不可不之考也。」又吳闓生〈漢碑文範序〉云：「文章之事，以金石爲最重，其體亦最難。……三代以上，銘功德於鼎彝，其辭尚簡，今存者雖多，而不盡可識。石刻之文，惟岐陽之鼓，後世亦未能盡解。秦皇倔起，襃功立石，皆丞相斯爲之，原本〈雅〉、〈頌〉，一變而爲金石之體；法律森嚴，足以範圍百世。……繼斯而作者，則孟堅〈燕然山銘〉。皆軒天拔地，壁之萬仭，豈獨二子才雄？抑金石之作，其道固如是也。」又王昶〈金石萃編序〉云：「其文多瓌偉怪麗，人世罕見。」可知金石文章，關係其鉅。

〔註77〕金石書體之美，變化之多，尤爲特色。自漢、魏以來，文臣學士，研習歲滋，摹搨日廣，亦早成專門之學。雖古人臨摹，惟重眞迹；然世代綿邈，縑素莫傳，惟有留於金石，得永其存。故自昔研究斯學，無不垂意於茲。綜計金石之刻，據吳式棻《攈古錄》所載，自三代迄元，都一萬八千餘種。書法名家，據萬斯同《書學彙編》錄歷代善書之人，上自蒼頡，下迄明季，共一千五十四人，書學專著，據《四庫總目》所載，亦不下六、七十種。而漢、魏、六朝單篇零簡，悉收入唐、宋專著之中，不復別出，乾、嘉以後，尤爲繁富，皆不與焉。

〈敔敦〉

〈敔敦〉釋文：

隹王十月王在成周南淮人
遷及內伐湡鬲鬶泉裕敏
陰陽洛王令敔追御于上洛
怒谷至于伊班馬楊戴首百
執訊四襍孚人二百㗇于艾
白之斫于怒衣歸復付乃
君隹王十又一月王各于成周
大廟武公入右敔告禽戴
百約四王蔑敔曆使尹氏
受敔圭鬲幣貝五十朋易
田于敆五十田于早五十田敔
敦對敡天子休用乍障敦
敔其萬年子”孫”永寶用

「以召其辟」：召當讀爲昭，《書·文侯之命》：「亦惟先正克左右昭事厥辟。」《僞孔傳》云：「能左右明事其君。」又：「汝肇荆文武用會紹乃辟。」紹，《魏三體石經》亦作昭（原注：見《隸續》），《僞傳》云：「合會繼汝君以善。」皆望文生訓，迂曲難通。實則書兩昭字，竝當訓相。《爾雅·釋詁》：「詔亮左右相導也，詔相導

左右助勴也。」詔、昭、召，竝同聲字，古通用。《書》云：「克左右昭事厥辟。」左右昭同義，言能相厥君也。「用會召乃辟」，言用共相乃君也。此敦云：「以召其辟。」言以相其君也。(《古籀拾遺・下・周麋生敦釋文》)

「□□」：二字，矢旁亦當□，作□者，文有剁落耳，□非三字，乃彡字，「弜、矤」即彤弓、彤矢也，《說文・彡部》云：「彡，毛飾畫文也。」又〈月部〉云：「彤，弓飾也，从月从彡，彡，其畫也。」此本云彤弓彤矢，偶省其文，遂識彡于弓矢之旁，以別于下之旅弓旅矢也。《書・文侯之命》，載平王錫晉文侯彤弓一、彤矢百、旅弓一、旅矢百，僖二十八年《左傳》載襄王錫晉文公彤弓一、彤矢百、旅弓矢千，此所錫正與彼同。(《古籀拾遺・下・周韓侯白晨鼎釋文》)

「□」：當爲捪之變體，《說文・手部》：「捪，撫也。从手昏聲。一曰摹也。」古文从手，字與从収多互通，此借爲敯字。《書・盤庚》：「不昏作勞。」《釋文》：「昏，本或作敯。」孔〈疏〉引鄭君注曰：「昏讀爲敯，勉也。」此捪堇猶勤勉之意。(《古籀餘論・上・單伯鐘釋文》)

「鄺」：爲國名，故增邑形，古文往往如是，鄺國即《書・牧誓》之盧，亦見《左傳》桓公十三年、文十六年，《釋文》本或作盧。(《古籀餘論・中・鄺侯敦釋文》)

「衣祀」：衣字本器兩見，以文義推之，竝當爲殷之叚字，《說文》：「殷，从㐆从殳。」㐆與衣音近，故此叚衣爲殷。《禮記・中庸》「壹戎衣」，即《書・康誥》「殪戎殷」(原注：鄭注：「衣殷同聲」)，是其證也。殷祀謂禘祫。(《古籀餘論・中・大豐敦釋文》)

「余既□□我考我母令」：考蓋即指止公，母亦即君氏，令即婦氏所傳之命也。……□即姘之異文。……□字从厂从吳，當爲㕉，此㕉令之㕉，疑亦讀爲服從之義，與哶義畧同。《書・康誥》云：「明乃服命。」《僞孔傳》云：「當明汝所服行之命令。」又〈召誥〉云：「越厥後王後民前服厥命。」是其證。合言之，則曰哶㕉。《書・無逸》：「文王卑服即康功田功。」《釋文》引馬融本，卑作俾，云「使也」。

案馬本作俾，是也，而訓使未塙。《書》卑服承上文太王王季克自抑
畏言之，俾當詁爲從，言從服祖父之德，此「岍㝬」與《書》「卑服」
正同，云「岍㝬我考我母命」，亦猶云「順從我父母之命」。（《古籀
餘論・中・召伯虎敦第二器釋文》）

〈毛公鼎〉：其文奇詭詰屈似盤誥，所用通藉之字，多足與經傳相證。
如以㞎天爲旻天，則知古《尚書》說仁悶覆下之訓，聲義一貫。以
魚備爲魚服，則知與《說文》引孟氏《易》「犕牛椉馬」，爲眞古文
故書也。（《籀膏述林》卷七〈毛公鼎釋文〉）

案：此鼎銘文長三十二行，四百九十七字，吉金款識中，自〈齊侯鎛
鐘〉外，其他如〈曶鼎〉、〈散氏盤〉，其文之絲，均不及此，刻見羅振
玉《三代吉金》影迹，琢畫清晰，如睹原物，特縮摹如下，並錄仲容
先生之〈重定毛公鼎釋文〉，以爲嗜古者所取資。

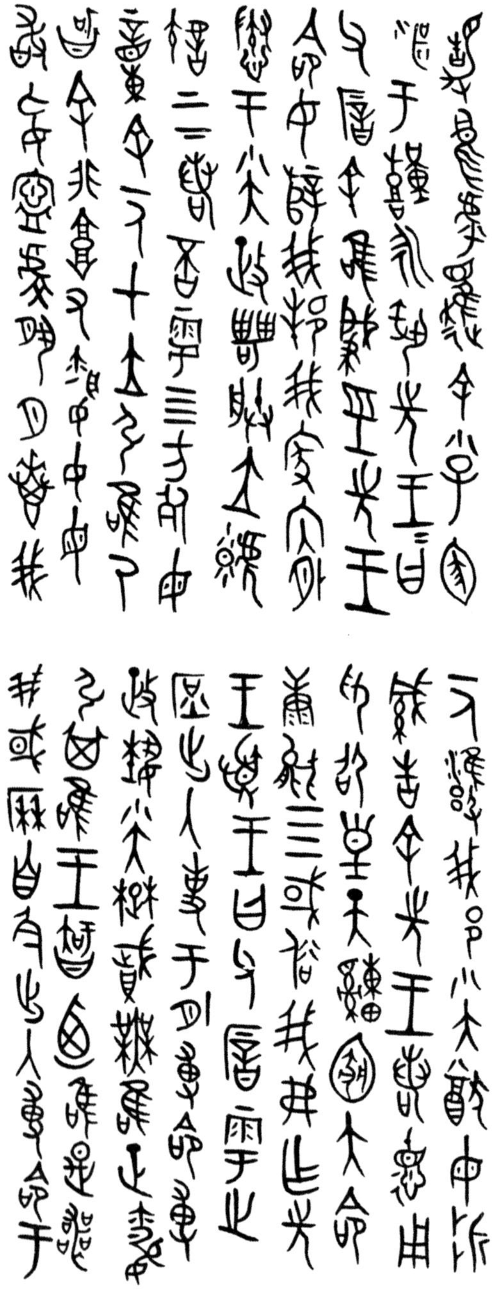

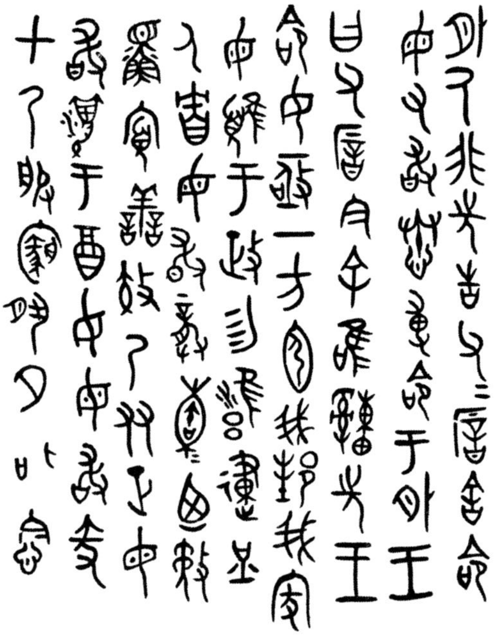

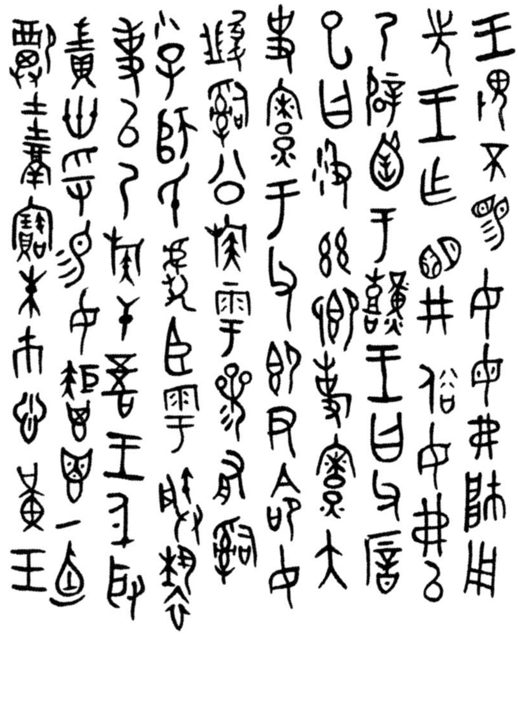

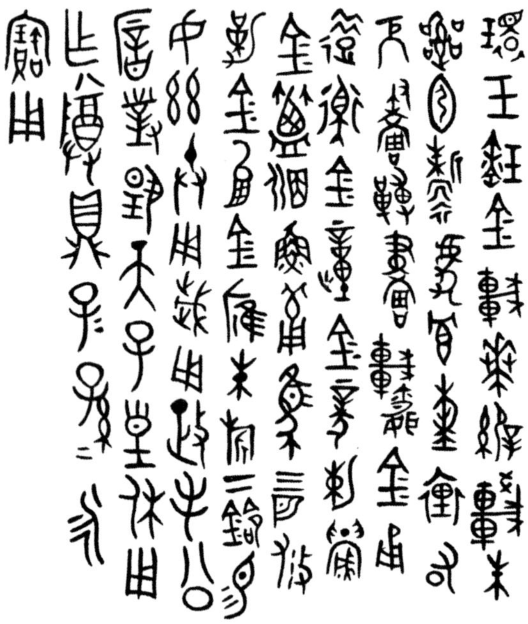

釋文：王若曰父厝丕顯文武皇天弘猒乃德配我有周雁受大命衒褢不廷方亡不閈于文武耿光唯天庸集乃命亦唯先正□〔註 78〕薛乃辟䨩堇大命緐皇天亡斁臨保我有周丕巩先王配命㕚天[illegible]畏司余小子弗彶邦庸害吉䚈三方大從不靜烏虖趯余小子家湛于囏永巩先王王曰父厝今唯肈巠先王命女薛我邦我家內外惷于小大政嗚朕夳虢許上下若否雩三方𡚱毋瞳余一人在夳弘唯乃智余非高又㥈女母敢妄寍虔巩夕惠我一人雝我邦小大猷母折緘告余先王若德用卬邵皇天離䌛大命康能三或俗我弗乍先王憂王曰父厝雩之庶出入吏于外尃命尃政埶小大楚賚無唯正㥈弘其唯王智卣唯是喪我或厤自今出入尃命于外乃非先告父〃厝〃舍命母又敢惷尃命于外王曰父厝今余唯離先王命二女亟一方弖我邦我家母䧢于政勿雝建𦭢人□〔註 79〕母敢龏橐卣敄鰥寡譱效乃双正母敢□

〔註 78〕仲容未釋，以爲吳式芬釋「襄」近似。
〔註 79〕仲容未有定釋。

〔註 80〕于酉女母敢豙才乃服䜌夙夕敬念王畏不睗女母弗帥用先王乍明井俗女弗以乃辟圅于艱王曰父厝巳曰汲丝卿事寮大史寮于父即尹命女𢽴𤔲公族雩參有𤔲小子師氏虎臣雩朕褻吏以乃族干吾王身取賣卅寽易女𩰫鬯一卣鄭圭鬲寶朱市它黃玉環玉𨥅金𨍭𨍭緟𩍐朱□〔註 81〕𩍐□〔註 82〕虎冟𤎫裏右□畫轉畫𩍐金甬遣衡金㡉金豙𣲑𩍐金簟弼魚葡馬三匹攸勒金𩊔金膺朱旂二鈴賜女丝关用歲用政毛公厝對揚天子皇休用作尊鼎子〃孫〃永寶用。

以上與今古文《尚書》互證之例。

「用匽以喜」：匽宴同聲孳生之字，古可通用，故此藉匽爲宴，《詩・六月》：「吉甫燕喜。」此匽喜即《詩》之燕喜也。(《古籀拾遺・上・鄦子鐘第二器釋文》)。

「女肇敏于戎攻」：即《詩・江漢》之「肇敏戎公」，公、攻字通。《後漢書・宋弘傳》引《詩》作「肇敏戎功」，《毛傳》：「肇謀敏疾戎大公事也。」鄭箋訓戎爲女，與毛異。紬繹此銘，戎攻亦當訓大事，足證毛義矣。(《古籀拾遺・上・齊侯鎛鐘釋文》)

「𠭯敔圭鬲幣貝五十朋，錫田于敆五十田」：𠭯當爲賚，《詩・江漢》：「釐爾圭瓚，秬鬯一卣，告于文人，錫山土田。」鄭箋：「釐，賜也。」蓋藉釐爲賚，此敦實用正字也，圭貝言賚，田言錫，與《詩》圭瓚言釐，土田言錫，文例亦正同。(《古籀拾遺・上・敔敦釋文》)

「王𦎫伐其至」：此𦎫字當爲敦之省（《說文》𢽳从攴𦎫聲，隸變爲敦），《詩・閟宮》：「敦商之旅。」鄭箋：「敦，治也。」𦎫伐言治而伐之也。(《古籀拾遺・中・宗周鐘釋文》)

「永令𢑚生」：𢑚即彌字，𢑚生即彌生，《詩・大雅・卷阿》：「俾爾彌爾性。」毛傳云：「彌，終也。」鄭箋云：「乃使女終女之性命，

〔註 80〕仲容未有定釋。
〔註 81〕仲容以爲不可識。
〔註 82〕仲容亦不可識。

無困病之憂。」此彌生即《詩》之彌性，性、生二字古通用。(《古籀拾遺・中・縮綽眉壽敦釋文》)

「休又有成事」：與《詩・周頌・載見》云「休有烈光」同。《爾雅・釋詁》：「休，美也。」「休有烈光」，言美有盛光也。「休有成事」，言美有成功也。(《古籀拾遺・下・周麋生敦釋文》)

「⿱屮屮夫」：⿱屮屮當即幽字，與黝通，《毛詩》：「隰桑。」傳云：「幽，黑色也。」《詩・小雅・采菽》云：「君子來朝，何錫予之，雖無予之，路車乘馬，又何予之，玄袞及黼。」毛傳玄袞，袞龍也，白與黑謂之黼，此以玄袞衣與幽黼同錫，與詩文正可互證。(《古籀拾遺・下・周韓侯白晨鼎釋文》)

「王省夔京……王征尸（夷）方」：下云王征尸方，上云省夔京，當與《詩・大雅・常武》「省此徐土」同義，鄭〈詩箋〉云：「省視徐國之土地叛逆者。」蓋省視即征伐之，故此尊省征並言矣。至於⿰入（夷）方，猶《詩・大雅》云蠻方、徐方也。(《古籀餘論・上・舲尊釋文》)

案：此尊篆文奇詭，銘中所涉古地以及禮制多有焉，特重摹如下，並附釋文，以饗耆古者。

〈舲尊〉

釋文：
丁子王省夔京
王易小臣舲夔貝
隹王來正尸方隹
王十祀又五三曰

「象弓」：即象、弛二字。《詩‧小雅‧采薇》云：「象弭魚服」，毛傳云：「象弭，弓反末也，所以解結也。」鄭箋云：「弭，弓反末彆者，以象骨爲之。」是其義也。（《古籀餘論‧中‧師湯父鼎釋文》）

「不娶敦蓋」：此敦紀伐玁狁地域，與《毛詩》可互證。攷《詩‧大雅‧采薇》敍云：「文王之時，西有昆夷之患，北有玁狁之難。」是玁狁在北方，故《漢書》顏師古注，謂即匈奴，然〈大雅‧六月〉說玁狁云：「整居焦穫，侵鎬及方，至于涇陽。」又云：「薄伐玁狁，至于太原。」焦穫在今陝西西安府境，鎬疑即《史記‧趙世家》之高關；方，〈傳箋〉謂即朔方，竝在今陝西榆林府境，涇陽在今甘肅平涼府境，太原或以爲在今山西太原府，或以爲在今平涼府境。〈虢季子白盤〉又云：「博伐玁狁，于洛之陽」，則當在今之甘肅慶陽、平涼二府境，以上所述蓋皆不出雍州之域，此敦云：宕伐玁狁于高陘，八陘或在大行以北，則北入并境，而首云廣伐西俞，又在今山西代州，亦并州北陘也。蓋西接涇洛，北極雁門，沿邊數千里，咸有玁狁之擾，則今太原境，或亦戎車所及，殆未可定，此可以攷《詩》地理，殊可寶也。（《古籀餘論‧下‧不娶敦蓋釋文》）

「一貝胄」：胄即胄字，从由从冒不省。……《毛詩‧魯頌‧閟宮》云：「貝胄朱綅。」傳云：「貝胄，貝飾也。」此文與彼正合。（《古籀餘論‧下‧盂鼎第二器釋文》）

以上與《詩經》互證之例。

「九事」：即九事。九事即《周禮‧太宰》之九式（原注：見《周禮‧司書》）。康能乃九事，言安嗇此九式之事也。（《古籀拾遺‧上‧齊侯鎛鐘釋文》）

「延令」：延，此當爲延字，《說文‧廴部》：「延，安步延延也。从廴从止。會意。」其字通作延。《儀禮‧覲禮》：「擯者延之曰升。」鄭注：「从後詔禮曰延。」延令者，詔而命之也。（《古籀拾遺‧中‧庣父鼎釋文》）

「嗣奠還（縣）斁」：斁字《說文》所無，其音義不可考，意必求之，疑即鄲之變體。《周官‧遂人》造縣鄙五家爲鄰，五鄰爲里，四里爲

鄰，五鄰爲鄙，五鄙爲縣，五縣爲遂。此云嗣莫還**𢿘**，猶云莫縣鄰耳。(《古籀拾遺・中・宄簠釋文》)

「**𠬞𡔆**糦粱」：**𠬞**當爲**𥼆**之借字，**𡔆**爲稻之異文。至阮讀朮稷，則尤與禮不合，《周禮・掌客》鄭注：「簠，稻粱器也。簋，黍稷器也。」《說文・竹部》：「簠，黍稷方器也。」、「簋，黍稷圓器也。」二說不同，以《儀禮》考之，〈聘禮〉云：「堂上八簋黍，堂上兩簠，粱在北，西夾兩簠，粱在西。」〈公食大夫禮〉云：「宰夫設黍稷六簋，賓北面，自閒聖，左擁簠粱。」是簋盛黍稷，簠盛稻粱，禮經有塙證，鄭説自校許爲長，其見於金文者，自〈叔家父簠〉外，如〈周叔朕簠〉云「以乳稻粱」，〈曾伯霥簠〉云「用盛稻粱」，亦并單舉稻粱，無兼及黍稷者，徵之於禮經，斠之以金文，則此簠**𡔆**字之是稻而非稷，可無疑矣。(《古籀拾遺・中・張仲簠釋文》)

案：《說文・竹部》「簠，黍稷方器也，簋，黍稷圓器也。」今驗之古物，適得其反。簠侈口而長方，簋歛口而橢圓，與鄭說相近，可知漢世諸儒已不能詳其形制。仲容先生又從而依據各器加以證驗，益覺考校之精博，與識見之卓異也。《博古圖・簠簋豆鋪揔說》云：「……然去古既遠，禮文寖失，況遭秦滅學之後，其書焚矣，疑以傳疑，而無所考證，則諸儒臨時泛起臆說，無足觀者，故見於禮圖，則以簠爲外方而內圓，以簋爲外圓而內方，穴其中以實稻黍稷，又皆刻木爲之，上作龜蓋，以體蟲鏤之飾，而去古益遠矣，曾不知簠盛加膳，簋盛常膳，皆熟食，用匕之器，若如禮圖，則畧無食器之用。今三代之器，方圓異制，且可以用匕而食，復出於冶鑄之妙，而銘載粲然，則先王制作尚及論也，豈刻木鏤形者所能髣髴哉。」今依《博古圖》所載〈周叔邦父簠〉與〈周太師望簋〉，臨摹如下，用證仲容之釋，兼資比較簠簋之異制。

〈周叔邦簠〉

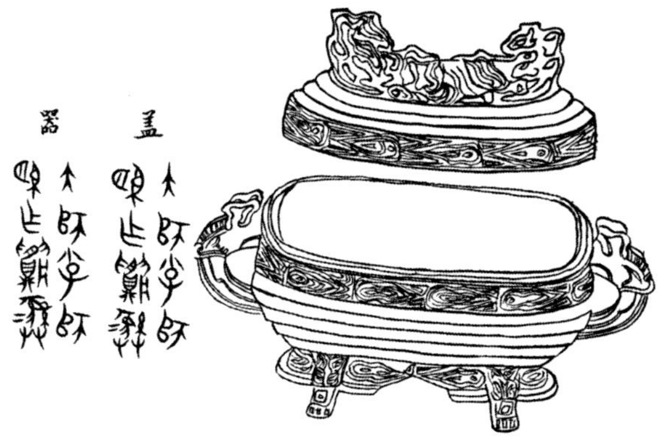

〈周太師望簋〉

「余用匄朕後男巤尊敦」：巤爲臘之省，巤敦者，臘祭所用之敦，《禮記・月令》：「孟冬之月，臘先祖五祀。」鄭注：「臘謂以田獵所得禽祭也。」《左傳》僖五年：「虞不臘矣。」《史記・秦本紀》：「惠文君十二年初臘。」以〈郊特牲〉鄭注攷之，蓋臘爲蜡之小別，總言之，蜡臘亦通稱，周本有臘祭祖考之禮，後人或謂臘爲秦制，非也。（《古籀拾遺・下・周師寰敦釋文》）

「[illegible]馬庭」：[illegible]，當爲走字，上从夭明甚，下从止，微有闕蝕耳，〈周官・夏官〉：「趣馬下士皁一人辻四人。」鄭注：「趣馬，趣養馬者也。」鄭司農説以《詩》曰：「蹶維趣馬」，此走馬即趣馬之省。庭蓋人名，爲趣馬之官者。（《古籀拾遺・下・周大鼎釋文》）

「鹵門[illegible]能[illegible]秦[illegible]京[illegible]粤弓[illegible]」：五[illegible]字，今諦審當爲尸字，即夷之借字，前〈王宜人甗〉「王且尸方」，尸作[illegible]，後〈宗周鐘〉「南尸、東尸」，字作[illegible]，與此正同，蓋夷狄俘虜，散處各地者，猶《周禮・秋官》之夷隸也。（《古籀餘論・中・師酉敦釋文》）

「乃令易女𢽽市參冋莗它」：[illegible]即籀文「草」字，《説文》「䓣」，爲大篆从茻五十三文之一，此鼎及《石鼓》省「𦥑」爲「屮」爲「中」，實一字也。《説文》「䓣」，訓「草斗，櫟實。一曰象斗子。」陸璣《詩疏》謂可以染皁。草它者，它，當讀爲「袉」。袉，隸變作「袘」，〈士昏禮〉「主人爵弁服，纁裳緇袘。」注「袘謂緣。以緇緣裳」，此「䓣它」即爵弁服之緇袘也。蓋以涅染黑則謂之緇，以草斗染黑則謂之草，

其色正同，故古書緇草亦或互稱。《史記·秦本紀》之「阜斿」，即九旗之「緇旐」，是其證。凡冕弁服，皆用石染，不用艸染，則爵弁服之「韎」，當以緇爲正。此云「幕它」，實則緇也。〈毛公鼎〉之「它黃」，亦到文，蓋冕服之裳，以黃爲韎，與爵弁服緇韎異，若釋爲蔥衡，則古無草蔥之佩，不能通於此鼎矣。《周禮》膳夫爲上士，〈大宗伯〉注，謂天子上士三命，《禮經》侯國士禮，皆以爵弁爲上服，然天子元士，宜得服玄冕，故〈禮器〉說冕旒有「士二」之文。〈司服〉士之服，自皮弁以下，冢上公侯爲文，自專屬侯國之制。克爲天子元士，本得服玄冕，若以恩寵加命，則又得服絺冕，此錫黼黻者，冕服也。又錫幕韎者，爵弁服也。繆絅則冕服爵弁服通有之。然則克由三命加一命，錫服自絺冕以下，緟庸亦即增加之義。金文與《禮經》弅若合符，信足寶已。（《籀膏述林》卷七〈克鼎釋文〉）

以上與《禮經》互證之例。

「釐都」：釐，疑即萊，故萊國。《左》襄六年傳：「齊侯滅萊。」又哀五年傳：「齊置郲公子于萊」是也。字亦作郲，襄十四年傳：「齊人以郲寄衛侯」，萊郲並从來聲，經典多通用。（《古籀拾遺·上·齊侯鎛鐘釋文》）

「王女上矦師舲从」：《春秋經》凡公有所往，皆曰如。「王如上侯，師舲从」者，上侯地名，言「王往上侯，而舲从之」也。（《古籀拾遺·上·師舲尊釋文》）

「陳逆曰余陳狟子之𣄂孫」：𣄂蓋啻之變體，陳逆見《左傳》哀十一年，杜注以爲陳氏之族，其于桓子世系無可攷，然逆與陳恒同時。（《古籀拾遺·中·陳逆簠釋文》）

「𪊨」：疑當合爲姞字，蓋作器之名，與春秋魯叔孫召子名同。（《古籀餘論·上·若母鐸釋文》）

「𩵋」：今審當爲韋，謂受韋馬各四于朋生。《左傳》僖三十三年，鄭商人弦高，以乘韋先牛十二犒秦師。又哀七年，邾茅夷鴻以束帛乘韋請救于吳，竝其證也。（《古籀餘論·中·格伯敦釋文》）

「鼓金」：猶《左傳》昭二十九年傳云：「遂賦晉國一鼓鐵。」《小爾

雅・廣衡》：「鈞四謂之石，石四謂之鼓。」則四百八十斤也，此似效父因訟入金，若《周禮・大司寇》「入鈞金于朝」也（《古籀餘論・下・矞鼎釋文》）。

「逸佳各商貝用乍父丁彝」：逸受賞於王，因爲其祖若父作祭器。逸當周初，其祖父尚在商代，故得以日名爲俌，其情事可推也。……史逸爲周文武時賢史，世爲尹氏。《周書・克殷》謂之「尹逸」，而《世俘》、《禮記・曾子問》、《僖十五年左傳》、《國語・周語》，「逸」並作「佚」。據此鼎知「逸」爲正字，故《書・雒誥》亦俌「逸作冊」，明「佚」爲叚借字。《大戴禮・保傅》以佚與太公、周公、召公爲四聖。遺器流傳數千年，巍然具存，劇可寶貴。（《籀膏述林》卷七〈乙亥方鼎拓本跋〉）

案：此拓本爲陽湖費君峻懷得之，拓以致仲容先生，傳世者甚少，羅振玉《三代吉金文存》有影迹，名曰〈乙亥父丁鼎〉。余觀其琢畫纖細，並以甲子記時，大類周初文字，與甲骨文相啣接，特重摹如次，以饗好古之士也。

〈乙亥方鼎〉

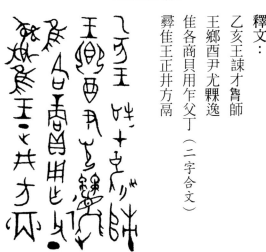

釋文：
乙亥王誄才臀師
王鄉酉尹尤糅逸
佳各商貝用乍父丁（二字合文）
彝佳王正井方鬲

以上與《春秋》經傳互證之例。

「漢石經殘字」：漢〈熹平石經〉，自黃長睿、洪文惠著錄以來，治經者研校無賸義，惟《論語》碑末校盍、毛、包、周有無不同之説，有「蓋肆乎其肆也」六字，自來攷釋《石經》者，皆莫詳其義。今

諦審之，當即〈顏淵篇〉「哀公問於有若章」之異文。蓋「葢肆乎」即「葢徹乎」之異文；「其肆也」即「如之何其徹也」末三字之異文。《石經》凡校異文，皆撮舉數字，不錄全句，如「求善賈而沽諸」，沽，《魯論》作「賈」，《石經》校語止舉「賈諸」二字，是其例也。葢本从盍得聲，肆、徹古音亦相近（段氏《六書音均表》，徹字在十二部，肆字在十五部，〈弟子職〉徹與祭韻，祭亦在十五部，是其證）。並得通叚。《小爾雅·廣言》云：「肆，緩也。」此肆亦勸其緩征賦，即《周禮·大司徒》十二荒政之薄征也。《鹽鐵論·取下篇》云：「樂歲不盜，年饑則肆。」桓次公正本《論語》此文，足爲塙證。《石經》所記諸家有無不同之說，例先舉《魯論》正文，而後著盍、毛、包、周諸本之異。此條校語雖殘闕不可攷，而「其肆也」下缺一字，下尚存一「周」字，當即「包周」之「周」，然則「葢肆乎其肆也」乃《魯論》正本，何本作「葢徹乎其徹也」者，乃張禹以諸家別本校定，不知其爲《齊》爲《古》也。至《隸釋》所存《漢石經》校語，凡三事，雖非全文，而敘次猶舊。此條在「賈諸賈之哉」條後，而在「於蕭牆之內」條前，與經文先後敘次，亦正符合。此眞西漢舊本，然非《石經》殘字尚存，幾不知《魯論》有此異文，而桓次公「年饑則肆之」語，亦無由究其原本矣。惜自宋元以逮近代，《石經》之攷，殆逾十家，而於此條咸莫能辨證。余友寶應劉君叔俛，補其父楚楨年丈《論語正義》，遂疑其爲逸文，實非也。（《籀廎述林》卷八〈書南昌府學本漢石經殘字後〉）

案：仲容考校之南昌府學本《漢石經》殘字，依王昶《金石萃編》卷十六〈石經殘字〉後案之記載：「蓋石經碑成在光和中，尋遭董卓之亂，焚燒洛陽宮府官舍，碑在太學，恐已難免殘闕，至後魏武定四年，由雒陽移至鄴城，周大象元年，則從鄴城移至雒陽，隋開皇六年又從雒陽徙至長安（〈隋書經籍志〉作自鄴京載入長安，今從〈劉焯傳〉），轉輾遷移，自多損壞，不徒沒於頹岸毀於浮屠也，故唐初已有十不存一之嘆！而宋代諸家所見，呈漏尤多，胡宗愈、洪适，皆嘗就當時所見，重勒於石，今亦無傳，昶官京師時，錢唐黃同知易出示宋拓本《石經》殘字《尚書·盤庚》五行、《論語·爲政》八行，〈堯曰〉四行，紙光墨色，古澤照人，洵爲希世之寶，後金匱錢君泳貽昶重摹雙鈎本，據

云：檢篋中得此，而不知其所自來，翁鴻臚方綱又合兩家所藏彙摹其文，刻於南昌官舍，《石經》殘字存者止此，而讀其遺文，猶可以見鴻都之舊，則未始非經學之助矣。」茲錄《論語》〈為政〉八行、〈微子〉八行、〈堯曰〉四行於下，以見《石經》舊文之真象。

以上由《熹平石經》殘字考《魯論》之異文。

其他有引《易》以證金文者，〔註 83〕有以金文證諸子者，〔註 84〕其他尚有引《昭明文選》、《爾雅》郭注者，皆能窮深極幽，以證金石銘文之本旨，是以研究金石，可證經典之異同也。

（二）斠史傳之繆誤

金石文字，蓋出於時人之手，故能身歷目諗，秉筆傳述，不僅可斠後世史傳之繆誤，間亦補其記載之所未備，是以金石銘刻之有裨於史傳者，至無可疑，茲援仲容之說以實之。

> 「[illegible]」：爲楚公之名，其字兩見，薛《款識》未釋，阮釋爲逓，云上體作㞷，下體作辵，是迋字也，《說文》云：「迋，往也。」

〔註 83〕如《古籀餘論・中・陳侯彝》釋[illegible]字云：「吳釋爲祼是也，此字實當爲盥，《說文・皿部》：『盥，从臼，水臨皿也。』此从臼从皿甚明，从[illegible]者，疑即果之省，盥與祼通。《易・觀・彖辭》：『盥而不薦』，《集解》馬融云：『盥進爵灌地以降神也』是也。」

〔註 84〕如《古籀拾遺・上・聘鐘釋文》云：「[illegible]實爲公字之䌛文。《說文》公从八从厶，會意，金刻公字多作[illegible]，《韓非子・五蠹篇》：『古者倉頡之作書也，自環者謂之私，背私謂之公。』故古厶或作○。」此引《韓非子》以證金文之例。《古籀拾遺・上・齊侯鎛鐘釋文》云：「[illegible]，釋伊是也，《說文》伊古文作[illegible]，與此形近，伊小臣者，伊尹也。古書多偁伊尹爲小臣（如《墨子・尚賢下》湯有小臣）。」此引《墨子》以證金文之例。《古籀拾遺・上・晉姜鼎釋文》云：「[illegible]字即[illegible]之變，以文義校之，當爲暇之省。《莊子・應帝王篇》：『天根遊於殷陽，至蓼水之上，適遭無名人而問焉，曰：請問爲天下。無名人曰，去，汝鄙人也，何問之不預也，予方將與造物者爲人，厭則又乘夫莽眇之鳥，以出六極之外，而遊無何有之鄉，以處壙埌之野。汝又何帠以治天下感予之心爲。』帠字，字書所無，蓋即[illegible]字之隸變，其義亦當爲假，何假猶言何藉，陸氏《釋文》所載音注并誤，王筠《說文句讀》又據崔譔本作爲，謂是爲字古文臼之譌，則與句末爲字重複，亦非。」此引《莊子》證金文之例。《古籀餘論・上・仲𣪘父盤釋文》云：「[illegible]字左从[illegible]，當爲缶，〈齊國差甔〉[illegible]字从[illegible]，又金文寶字所从缶形，亦多作[illegible]或作[illegible]，與此正相近，蓋此當爲[illegible]之異文。从又者，䌛緐文也，《集韻》四十四有飽，或作[illegible]，《呂氏春秋・辯土篇》：『爲其唯厚而及[illegible]也。』亦即此字，蓋周時固有此異文，故呂不韋用之矣。」此引《呂氏春秋》以證金文之例。《古籀餘論・下・盂鼎釋文》云：「攷此文，凡以百紀數，如上文百辟及此六百諸百字，竝作[illegible]，不作白，二字較然不同，且十又二百，殊不詞，《荀子・王制篇》：『司馬知師旅甲兵乘白之數。』楊倞注云：『白謂甸徒，猶今白丁也。』或曰白當爲百，百人也。翁同書以爲千有二百，亦無此文例，此當以白人鬲屬讀。《管子・乘馬篇》云：『一乘四馬，白徒三十人奉車。』兩白人鬲，猶《管子》白徒也。」此引《荀子》、《管子》以證金文之例。

Ccamp; Ccamp;

《春秋左氏傳》:「往勞之。」往皆作迋字,亦作逞。《漢書‧揚雄傳》注:「逞,古往字,往與狂通。」《書‧微子》:「我其發出狂。」《史記》作「發出往」是也。《史記‧楚世家》鬻熊之子曰熊麗,熊麗生熊狂,熊狂生熊繹,《左氏傳》言熊繹事康王,熊狂當在成王時,鐘其所作,然《史記》言熊繹始封於楚,此已僭楚公者,《大戴記》陸終氏六子,其六曰季連,季連者楚氏也,則楚固舊封,至熊繹乃加地耳。今案阮說非也。此字銘前从Ⅹ,後从Ⅹ,迋从王聲,金文王字常見,無作Ⅹ者,逞从坒聲,坒,《說文》从出在土上,其字金文作Ⅹ(原注:據〈智鼎〉匡字偏旁),或作Ⅹ(原注:據吳《錄》〈叔家父簠〉匡字偏旁),與Ⅹ亦不同,且《史記》明云熊狂生熊繹,熊繹當周成王之時,舉文武勤勞之後嗣,而封熊繹於楚蠻,封以子男之田,是熊狂時,楚實未封,《帝繫》所云,乃舉其終言之,安得謂熊繹前楚已建國耶?竊謂此Ⅹ字實當爲逆,逆齰屰聲,《說文》屰部,屰从屮,下凵屰之也,此从Ⅹ,即屰之變體,變凵爲冂,又迻著于屮字之中,秦笑繹山刻石,「討伐亂逆」,逆作Ⅹ,是凵可迻著屮字中之證,〈陳逆笑〉,逆作Ⅹ,是凵可變作冂之證。《楚世家》熊徇卒,子熊咢立,此楚公逆即熊咢也,咢、逆一聲孳生之字,古多通用,故《史記》以逆爲咢,熊咢在熊渠去王號之後,熊通再僭僞王之前,此銘僭楚公亦正符合,以字形及文例覈之,此鐘爲熊咢所作,殆無疑義,逆咢譌易,自西漢時已然,二千年後,忽于此鐘尋其正字,或亦讀史者所樂聞乎。(《古籀拾遺‧中‧楚公鐘釋文》)

案:此鐘傳摹譌缺甚多,釋文尤疏,今依《三代吉金》影迹重摹如下,並附仲容釋文,以資觀覽。

〈楚公鐘〉

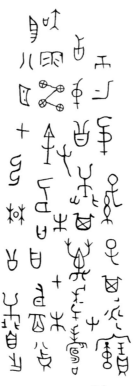

釋文：隹八月十（甲）巳〔註85〕楚公䩓自作夜雨罷鎛乃名曰
身其克□□□公䩓其萬年壽□市□韋孫子其永寶木
（甲）十木中。

〈陳逆簠〉：此簠為陳逆所作，𨜉，孫阮釋為裔孫，《左》哀十一年
傳，杜注以為陳氏之族，其于桓子世系無可攷，然逆與陳恒同時，《史
記・齊世家・索隱》引《世本》，桓子無宇生武子開及僖子乞，乞產
成子常，恒為桓子之孫，逆與同時，即非桓子諸孫，亦必其曾孫行，
斠其時代，不得為裔孫，譣此銘作𨜉，亦非从衣从向，蓋啻字之變
體，啻孫者，嫡孫也，嫡从女啻聲，故此省作啻，逆與陳恒蓋从父
兄弟也。《世本》及《史記・田敬仲完世家》，敍陳氏世系，竝不及
逆，故杜氏《世族譜》不能詳其行輩，此可以補其闕矣。（《古籀拾
遺・中・陳逆簠釋文》）

　　　方：案方上　字，从犬从由，當是獂字，筆畫微有泐闕。獂方即
　　《易》「高宗伐鬼方」，〈集解〉引干寶云，「鬼方，北方國也」，《史
　　記・五帝本紀・索隱》云「匈奴，商曰鬼方，周曰獫狁。」若然，
　　鬼方即獫狁，此周初器，故尚稱鬼方與。（《古籀餘論・下・盂鼎第
　　二器釋文》）

以上引金文以正補《史記》。

　　　　古經典國名字例正叚錯出，故其於金文者多殊異。如邾作「䵶」，
　　　　唐作「　」，燕作「匽」，召作「　」，畢作「　」，獫狁作「厰
　　　　允」，亦作「厰靴」，皆古字書、地志所未聞。此敦云：「乍　男
　　　　王姬　彝」，「　」字尤奇詭，亦國名也。阮文達釋「　」爲「招」，
　　　　蓋誤謂與〈召伯虎敦〉之「　」同字，實則二字絶不相似，不
　　　　可并爲一也。　字又見〈父癸角〉及〈父丁甗〉，彼二器文皆从
　　　　泉，又皆云「才　」，才，即「在」之省，依義亦當爲地名。余
　　　　前釋爲《說文・兔部》「　」之異文，而據《左傳》「甘讒」與
　　　　《尚書》「甘扈」同地，定　爲「扈」之正字，雖肊說，而於形
　　　　聲皆頗相似。……古事茫昧，無可質證，而遺文間出，有足資
　　　　推迹者，或可存備一義也。又攷《昭元年左傳》曰：「夏有觀扈。」
　　　　《國語・楚語》：「士亹曰：『啓有五觀』」，韋昭注云：「五觀，
　　　　啓子，太康昆弟也。觀，洛汭之地。」《書序》曰：「太康失國，
　　　　昆弟五人，須于洛汭。」傳曰：「夏有觀扈。」韋意蓋以「五觀」
　　　　即太康之弟五人，而觀即《左傳》之「觀」，五與扈則不相涉，
　　　　牽連引之。蓋韋意士亹所舉，止有觀而無扈也。余竊謂五爲　、
　　　　吾之聲母，《國語》之五即「　」之省，五觀，實「　觀」，亦
　　　　即「觀扈」，自是二國，內、外傳文義實同，至《書》之「五子」，
　　　　自爲太康之弟「五」人，與《國語》之「五」不相涉，內、外
　　　　傳之「觀」，即《汲冢紀年》之「王季子武觀」，與《書序》「洛
　　　　汭」又不相涉。自《漢書・古今人表》及王符《潛夫論》，因《國
　　　　語》「五觀」與《書》「五子」文偶同，乃并爲一談，韋昭、杜
　　　　預及孔穎達等，皆沿其說，近儒又以《紀年》之「武觀」爲「五
　　　　觀」，不知昆弟五人，同封於觀，於理難通。武觀既云季子，止
　　　　是一人，又不得兼五，其說皆齟齬不合。依今攷定，五觀之「五」

爲「魯」，亦即「扈」，而五子自爲五人，武觀或爲五人之一，五與武亦非一字。如是則《書》與《春秋》內、外傳各自爲義，兩不相碌，以較舊解之展轉糾互，不猶瘉乎？……《國語》之「五」，當爲國名，非「五子」，亦非「武觀」，金文魯、𤔲諸文，或即其左證與？（《籀膏述林》卷七〈周遣小子敦拓本跋〉）

此引金文以正補《春秋》內、外傳。

森化：《國語·周語》景王鑄大泉，《漢書·食貨志》謂「其文曰寶貨」，鄭康成注《周禮·外府》，韋昭注《國語》，並從其說。唯唐固謂「文曰大泉五十」，則誤以新莽大泉爲周泉，韋宏嗣已不從之矣。洪遵《泉志》及近代錢譜，咸據《漢志》著錄，然洪《志》本顧烜《錢譜》，於古泉多按文作圖，肊造難信，後世錢譜又多沿洪書，不必眞見其泉，殆未足憑也。故近人宜泉翁氏、竹朋李氏諸譜，窮搜先秦圜泉甚多，獨無寶貨，而別有圜泉，文云「森化」者，咸謂即寶貨。今攷以化爲貨，聲類可通，而以森爲寶，則無形聲可說，且金文寶字恒見，絕無作此形者。諦審其文，實當爲「嗌」字。《說文·口部》：「嗌，咽也。籀文作森，上象口，下象頸脈理是也。」經典或叚爲「益」字，故《漢書·百官公卿表》述《書》「益作朕虞」，益字作森，顏師古注云：「森，古益字。」蓋《書》隸古定，以嗌爲益也。此泉諸家所得，又有於森下著三、三等字者，其森字則皆同，是當讀爲益化，非寶貨也。若然，或景王大泉本曰益化，而《漢志》誤以益爲寶，抑或景王所作寶貨，今已亡佚不傳，而今所存益化，自是周時侯國所鑄，與景王大泉無涉。二者未能決定，要益化非即寶貨，則固無疑也。先秦圜法，流轉絕尠，漢儒詁經修史，率未見古泉，而譜錄家又務按目求泉，不甚精究其文字，故不能辨其異同。謹攷正之，以彌《國語》、《漢志》之闕牾，並以匡顧、洪以來承譌之說焉。（《籀膏述林》卷七〈周大泉寶貨攷〉）

此引金文以正補《漢志》、《國語》之闕牾，並匡顧烜《錢譜》、洪遵《泉志》承譌之失。

婆娑：娥爲巫家子，故碑載娥父盱，能撫節安歌，婆娑樂神。漢安
二年五月，迎五君，逆濤而上，爲水所淹。以婆娑爲巫祝歌舞，實
本《詩・陳風》齊、魯、韓三家義。《爾雅・釋言》亦釋婆娑爲舞，
《漢書・地理志》云：「陳婦人尊貴，好祭祀用巫，故其俗好巫鬼。」
《陳詩》云：「坎其擊鼓，宛丘之下。無冬無夏，植其鷺羽。」又曰：
「東門之枌，宛丘之栩。子仲之子，婆娑其下。」此其風也。《潛夫
論・浮侈篇》云：「《詩》刺『不績其麻，市也婆娑』，今多不修中饋，
休其蠶織，而起學巫祝，鼓舞事神，以欺誣細民，熒惑百姓。」並
其證也。范書〈列女傳〉乃謂「盱於縣江泝濤，迎婆娑神溺死」，則
似誤以婆娑爲神名。蓋六朝時毛學盛行，三家之義，儒者多不習，
故不知婆娑之古訓，遂不達度碑屬文之恉。蔚宗史才，方軌遷、固，
迺有此謬，良足詄矣。（《籀膏述林》卷八〈宋刻曹娥碑跋〉）

此引石刻以正補《後漢書》措辭之失玜。

〈楊淮表紀〉：表所述楊伯邳歷官始末甚詳，多《華陽國志・犍爲士
女篇》所未及，可互相校補。至其從弟穎伯，則常《志》并無其名，
廑藉此存其梗槩，尤可寶也。（《籀膏述林》卷八〈漢司隸校尉楊淮
表紀跋〉）

案：〈楊淮表紀〉，《籀膏述林》未錄全文，王昶《金石萃編》卷十五有
此〈表紀〉全文，至於常璩道將之《華陽國志・犍爲士女篇》中有「伯
邳正直耀祖揚聲」一段文字，可與〈楊淮表紀〉互補。茲特先錄常《志》，
後摹楊〈表〉，竝附本文之末，以資比校。

伯邳正直，耀祖揚聲：楊準字伯邳，漢安縣人也，初爲郡守，太尉
李固薦準累世忠直，拜尚書。太傅陳蕃表爲河東，入爲尚書令，奏
書治南陽太守曹麻、穎川太守曹騰、濟南太守孫訓等子弟依託形勢
淫縱，徵廷尉治罪。訓，梁冀婦家子也，於是憚之，又薦朱禹盛精
滕延爲尚書，陸稠爲郡守，皆名士也，桓帝即位，拜河南尹，遷司
隸校尉，冀叔父梁忠爲執金吾，不朝，正初劾奏之，朝士服其公亮，
徙將作大匠。〔註86〕

〔註86〕引見商務印書館縮印烏程劉氏藏明錢叔寶鈔本《華陽國志》卷十，八七葉。

〈司隸校尉楊淮表紀〉（摹自王昶《金石萃編》）

司隸校尉楊淮表紀
摩崖高八尺三寸廣二尺二寸七行
行二十五六字不等今在襄城縣

故司隸校尉楊君厥諱淮字伯邳舉孝廉
尚書侍郎上蔡雒陽令將軍長史任城令
書令司隸校尉挍佐大匠丞河南尹伯邳從
弟諱頴字穎伯舉孝廉尚書侍郎遷左丞當
官覆舉孝廉下邳相元弟功德牟盛當究三事
大醫令史隤國匿名臣明里失覆二君清□
不幸早隤俱大司隸孟文之元孫也
約身自守俱王字子珪以嘉平二年二月
黃門同郡下
廿二日詔題過此退述勒銘故賦表紀

此引摩崖以校補《華陽國志‧犍爲士女篇》文。

銅印：壽州官舍掘地得殘骸，旁有古銅印一，蓋前代官吏之死於兵者，薶葬於此，印其所殉也。知州施照之幼子得之，以爲珍玩。同治甲子春，家大人攝分巡盧鳳，以襄喬撫軍營務，暫駐壽州。余隨侍官齋，介友人易得之。印文爲蒙古字七，印背鐵漢文十六，右曰「管軍上百戶之印」，左曰「大德元年中書禮部造」。攷《元史‧百官志》上百戶所，百戶二員，蒙古一員，漢人一員，俱六品銀牌，即此官也。其曰管軍者，《元志》載諸路萬戶府上萬戶管軍七千之上，遞減至下千戶管軍三百之上，而不載上百戶管軍之數，蓋當在三百以下矣。《元志》又云：「禮部鑄印局掌凡刻印銷印之事」，故此亦云「中書禮部造」也。馮氏《金索》載元萬戶印，寒公萬戶之印，及益都管軍千戶建字號之印，並漢篆。此獨用蒙古字，推測其故，疑上百戶二員，蒙古與漢人並用，印亦有蒙古字及漢文之異與？《元史》蕪陋，不載鑄印法式，此足以補其闕。（《籀膏述林》卷九〈記元管軍上百戶銅印〉）

案：仲容此節不錄上百戶銅印圖，其形象、文字究竟如何，難以目諗，今特以馮氏《金索》卷五所載萬戶印、千戶印爲本，重摹其文，並節馮氏考跋，以備討古者觀覽焉。

萬戶印

萬戶之印

寒公萬戶之印

元《百官志》太祖起自塑統有其眾部落野處非有城郭之制國俗淳厚非有庶事之煩惟以萬戶統軍旅。此印見桂氏印本未有年月題刻姑屬之元。

此印新出泗水王容谷孝薦得之未知寒公萬戶何人也，考後漢志北海國平壽縣有寒亭古寒國寒浞封此印今濰縣地又考元史中統以順天路萬戶張柔爲安蕭公濟南路萬戶張榮爲濟南公則萬戶封公固與此印合耳。

千戶印

益都路管軍千戶建字號之印

考元史益都路唐青州又升盧龍軍宋改鎮海軍金爲益都路摠管府金屬山東東西道宣慰司，又兵志云國初興，兵之官長萬夫者爲萬戶長千夫者爲千戶長百夫者爲百戶長，萬戶之下置總管，千戶之下置總把，又百官志云行軍千戶所十秩正五品此印用建字號者亦當時編列之次。

背刻中統元年十月行中書省造考世祖以庚申年五月改元中統七月詔中書省給諸王塔察兒益都平州封邑十月丁亥，李璮言宋兵復軍於漣州則此印正出兵時造其時行中書省蓋禱〃也。鶡于己卯八月得是印於濟南市肆據云青州人掘土所得適當益都之地印重今漕砝二十一兩五錢。

此引上百戶銅印以補《元史》之蕪陋，而正其鑄印法式。

至於援吳九眞太守〈谷朗碑〉，考定魏置州郡大小中正，以詮定九品，晉宋以後，悉承其制，而吳、蜀兩國，於史無徵，而此碑有「除郎中尚書令史郡中正」之文，足徵《三國志·吳志》之未備。〔註87〕引聖母寺四面造像中所載之複姓，以徵《北史·蕭琮傳》鉗耳氏之爲羌姓，並亭林《日知錄》所述古人以鍾馗命名，取終葵之義之可信。〔註88〕似此則金石文字可斠補史傳，大有功於

〔註87〕見《籀膏述林》卷八〈吳九眞太守谷朗碑跋〉。
〔註88〕見《籀膏述林》卷八〈周保定四年聖母寺四面造像跋〉。

學術，觀仲容之語，益可置信已。

（三）補載籍之闕佚

：仲容注云：朱氏《說文通訓定聲》，〈鼎部〉青下引別說云，字當从生井聲，丹者，井之變也。其說與此適合，似勝許君木生火从生丹會意之說。(《古籀拾遺・中・繼彝釋文》)

：仲容附注云：凡金文雁字之从十、从者，殆皆从癹省聲，今本《說文》雁字，注譌挩不可讀，瘖人兩聲，亦並與古音不合，正當據金文以正之耳。(《籀膏述林》卷七〈癸卯重定毛公鼎釋文〉)

諸形：吳荷屋釋爲娷，吳大澂謂从女从⿱乑巫，而讀爲姝，此釋與《筠清》同，前〈杞伯敦〉下引許瀚云，娷偏旁作，似是古文𠦬字，然字無从女从𠦬之字，釋爲娷是也。此云邾娷，適杞事娷，故杞爲作器。案許謂此字从古文𠦬字，近是，而仍釋爲娷則非。攷《說文・本部》，𠦬从卉从本，又云，⿰扌𠦬从此。通校金文，凡⿰扌𠦬字偏旁多作桒。作桒，與此⿰女桒字正同。又金文饙字屢見，其偏旁則有桒桼二形，又〈吳彝〉「桒較」，阮文達釋爲賁，〈毛公鼎〉「桒緟較」，吳子苾釋爲幩，蓋皆耤𠦬爲賁也。若然，金文凡从桒者爲𠦬之正，从桒者爲𠦬之省，其字一也。而其讀則有三，一如字，一爲賁之叚借字，二者之外，又有與⿱宀本同者，《說文・本部》，⿰本允从屮从本允聲，後〈兮田盤〉、〈虢季子白盤〉，厥⿰本允字並作⿰桒允是也。然三讀雖異，而同从桒形，此⿰女桒字偏旁與彼正同，以此例之，則⿰女桒字聲義雖無可攷，而其偏旁要必爲𠦬之省假，而非从巫从⿱乑巫，可無疑也。竊疑此字當與曹通，即邾之姓，鼄⿰女桒即邾曹也，《大戴禮記・帝繫篇》說陸終六子，云，其五曰安，是爲曹姓，曹姓者，邾氏也。《國語・鄭語》亦云曹姓，鄒莒、鄒邾字同，邾、小邾並爲曹姓，故其女曰邾曹，《左》哀二十三年傳，宋景公母景曹，即小邾女也。前〈友父鬲〉云，鼄𢦏父朕其子□⿰女桒寶鬲，彼正是邾國之女，而稱某⿰女桒，此尤邾姓之塙證。⿰女桒爲曹姓之正字，但古字通借，聲必相近。而𠦬、賁二音與曹殊遠，於字例不合，意者，古自有从屮本聲之⿱宀本字，金文亦叚𠦬爲之，

其字《說文》不收，故于靮字說解分爲中本二形，𡴭之爲字，雖與枼同類孳生，而從本得聲，音實與枼小異，小篆之靮，金文之𩍍，从𡴭爲形，而金文之𡢃，从𡴭爲聲，蓋諧𡴭聲，即諧本聲也，《說文》本讀若滔，與曹古音同部，故經典皆叚曹爲㛎，如是則於字例無迕，足正舊釋之誤，亦足補《說文》之闕矣。（《古籀餘論・上・杞伯盨釋文》）

字似是夒之異文，〈祖辛觶〉作𧮫，〈南宮鼎〉作𦥑，舊釋觶文爲虎，鼎文爲射，竝誤。合校諸文，雖小有差異，而手足形咸畧具，勝於小篆。蓋古文改易，化散爲整，左變爲止，尚不相遠，右變爲巳，則無義可說。凡六書象形之文，分之本皆不成字，若从止从巳，則各自爲一字，不得爲象形矣。許書小篆，凡象形字多違茲例，此皆展轉譌變之失，不及金文之得其正也。（《古籀餘論・上・舮尊釋文》）

右从𤞤，上从頁，下从夂，中象手形，則當爲夒字，前〈舮尊〉「王省夒京」，夒字作𦥑，與此相近，可以互證，此从酉，當爲醹字，但醆醹二字竝《說文》所無，依聲類攷之，醆疑當爲酎之叚字，而醹則不知爲何字，或古籀本有此字，而《說文》佚之，未可知也。（《古籀餘論・下・盂鼎釋文》）

《說文・女部》載籀文「婚」字作「𡢁」，〈車部〉輵字，从之以爲聲，近代脩學之儒，研究許書無賸義，而于此字，未有能言其形義者。今此鼎有𡢁字二，輵字一，雖偏旁不盡可辨，而下从女，與篆文同，則固塙然無可疑者。許書「𡢁」字乃涉夒、夒二字而誤，故〈巾部〉幎字，則直改从「夒」，與聲類不合矣。（《籀膏述林》卷七〈重定毛公鼎釋文〉）

許書古籀文，舛異百出，非金文固無从訂之矣。（《籀膏述林》卷七〈周唐中多壺拓本跋〉）。

以上爲仲容以金文補許書之闕佚，正《說解》之非是。至於《說文》本是，而段注反疏者，〔註89〕及以碑刻文字證許氏《說解》，知後人因隸省而追改小篆之

〔註89〕如阮摹天乙閣宋拓石鼓文，跋云：「《說文》特字注義幾不可通，而讀者不審，謬誤相踵，段氏注《說文》，遂據南宋人《楚辭補注》誤引之文，刪樸牛父也，

迹者，﹝註90﹞說皆確鑿不易，雖爲許慎之諍友，實乃小學之功臣。

〈邵鐘〉：此銘首以亥、子爲均，中以武、鋁、虡、鼓、且爲均，末以壽寶爲均，皆與古均符勰。（《籀膏述林》卷七〈邵鐘拓本跋〉）

〈周要君盂〉：銘末以彊、尚協韻，與《鐘鼎款識‧召仲考壺》，《積古款識‧史賓鈃》文例亦同。（《籀膏述林》卷七〈周要君盂攷〉）

此由金文均讀證與古均符勰。惟仲容於此乃發凡舉要，但較其攷釋文字，實非首重之目，故特附帶言之。迨後王國維著《兩周金石文韻讀》，取金石器物銘文四十七種，排比音均，上起宗周，下訖戰國，亘五六百年，然其用韻，與《三百篇》無乎不合，其〈自敍〉有云：

自漢以後，學術之盛無過於近三百年，此三百年中，經學史學皆足凌駕前代，然其尤卓絕者，則在小學。小學之中如高郵王氏、棲霞郝氏之於訓詁，歙縣程氏之於名物，金壇段氏之於《說文》，皆足以上掩前哲。然其尤卓絕者，則爲韻學。古韻之學自崑山顧氏而婺源江氏，而休寧戴氏，而金壇段氏，而曲阜孔氏，而高郵王氏，而歙縣江氏，作者不過七人，然古音二十二部之目，遂令後世無可增損。故訓詁名物文字之學有待於後人者尚多，至古韻之學，則謂之前無古人，後無來者可也。原斯學所以能完密至此者，以其所治者不過三百篇，及羣經諸子有韻之文，其治之之法，不外因乎古人聲音之自然，其道甚簡，而其事有涯，以甚簡入有涯，故數傳而遂臻其極也。余比年讀三百篇竊歎言韻至王江二氏殆毫髮無遺憾，惟音分陰陽二類，當從戴、孔，而陽類有平無上去入當從段氏，前哲所言，固已包舉靡遺，因不復有所論述。惟前哲言韻皆以《詩》三百五篇爲主，余更蒐周世韻語見於金石文字者得數十篇，中有杞、鄫、許、邾、徐、楚諸國之文，出商魯二〈頌〉與十五〈國風〉之外，其時上起宗周，下訖戰國，亘五六百年，然其用韻與〈三百篇〉無乎不合，故即王江二家部目譜讀之，雖金石文字用韻無多，不足以見古韻之全，然足證近世古韻學之精密。

民國二十年郭沫若將歷年所得器物銘文，分國別錄，推一百六十又一器之

爲特牛也，不亦疏乎。」

﹝註90﹞如《籀膏述林》卷八〈吳禪國山碑跋〉云：「此碑爲蘇建篆書，然多與六書違迕。……惟授、受二字作「授受」，則足證許君从舟省之說。漢隸亦多如此作。今《說文》乃不爾，疑後人因隸省一筆，追改篆文矣。」

大概，辨兩周政治文化之狀況，成《兩周金文辭大系考釋》，經其研究之結果，以爲：

> 自春秋以後，氏族畛域漸就混同，文化色彩亦漸趨畫一，證諸彝器，則北自燕晉，南迄徐吳，東自齊邾，西迄秦都，構思既見從同，用韵亦復一致，是足徵周末之中州，確已有「書同文，行同倫」之實際，未幾至嬴秦而一統，勢所必然也。（《兩周金文辭大系考釋》郭沫若〈自敘〉）

則兩周銘文之用韵完全一致，與《詩》、《騷》之音律若合符節，茲不僅補先秦文字音韵之不足，尤與考索上古音論者一可行之涂徑，以下略舉〈宗周鐘〉、〈秦盄和鐘〉之用韵，以概一斑：

〈宗周鐘〉
王肇遹相文武堇疆土南國服孳敢陷虐我土王辈伐其至戡伐厥都（魚部）服孳乃遣間來逆邵王南夷東夷具見廿有六邦惟皇上帝百神保余小子朕猷有成亡競我惟司配皇天王對作宗周寶鐘倉〃蔥〃鎗〃雝〃用邵各不顯祖考先王其嚴在上熊〃鼟〃（陽東二部合韵）降余多福福余孝孫三壽惟喇（案〈晉姜鼎〉云三壽惟利此疑亦利字利在脂部與之部合韵）敼其萬年畯保三國（之部）
案：此鐘爲昭王所作，蓋紀其南懲服孳，征伐有功，藩國來歸之事。文中「南夷東夷具見廿有六邦」句，即其墻證。

〈秦盄和鐘〉
秦公曰不顯朕皇祖受天命奄有下國十又二公不豕在上嚴龏寅天命保業厥秦（眞部。豕在脂部，脂眞對轉）虩事蠻夏曰余雖小子穆〃帥秉明德叡尃明刑虔敬朕祀以受多福協龢萬民嘼夙夕刺〃趞〃萬姓是敕咸畜百辟胄士螯〃文武鎭靜不廷柔燮百邦于秦執事（之部）作盄龢鐘乃名曰晢邦其音銑〃雝〃孔煌以邵格孝亯以受純魯多釐眉壽無疆畯惠在位高弘有慶匍溥及三方（陽部。邦字亦疑東陽合韵）永寶宜（宜字無韵）
案：仲容云：「此銘翟耆年《籀史》別有釋文，與薛頗異，謂銘皆以四字爲句，故取晢邦以下四十字增益讀之。」又云：「今案此銘邦與雝均，煌與亯、疆、慶、方均，惟螯、立、宜三字不協均。短則二字、三字爲句，長則五字六字爲句，均法句法變化無方，〈周頌〉固有此例。翟肊定爲四字句，既

析其文，又失其均，殊不足信。」（更生案：孫海波《古文聲系》列「惟」脂部，「鼇」之部，「立」緝部）

（四）考文字之變遷

自來研究我國文字者，莫不求之于形、音、義三者，然義實基於形與聲，未有離形與聲而能得文字之眞義者也。是以祇求文字之形與聲，其義自可明矣。惟原形久失，古音屢變，形與聲之不可見聞也久矣，是當徵諸古文，以明其後世遞嬗之迹，驗之今音，以溯古音之淵源，此今之治中國文字學者，百世不易之規桌也。如伐字《說文》云：「擊也，从人持戈。」而殷器作 🖾 （〈子父癸卣〉）、作 🖾 （〈子孫父癸卣〉）、🖾 （〈父辛爵〉）、🖾 （〈父癸盉〉）、甲骨文作 🖾 （〈藏〉四、四）、作 🖾 （百八、一）、作 🖾 （餘四、一）、🖾 （〈戩〉六十）。古大、人通用，故字或作大，與丈夫義同，或執干戈，或執矛盾，雖形勢不一，而皆見武人用兵之狀。又如婦，《說文》謂：「服也，从女持帚灑埽也。」古文作 🖾 （〈婦庚卣〉）、🖾 （〈子執旂形婦尊〉）、🖾 （〈炎父乙敦〉）、🖾 （〈仲戲父盤〉）、🖾 （婦不从女，〈比敦〉帚字重文，見容庚《金文編》），即此始見婦字原形，乃由于其古代職務及地位而來。故仲容於《名原·敘錄》中有云：

> 書契初興，形必至簡，遝其後，品物眾而情僞滋，簡將不周於用，則增益分析而漸緐。其最後文極而散，苟趣急就，則彌務省多，故復減損而反諸簡，其更迭嬗易之僞，率本於自然。而或厭同嗜異，或襲非成是，積久承用，皆爲科律，故歷年益遠，則譌變益眾。而李斯之作小篆，廢古籀，尤爲文字之大厄。蓋秦漢間，諸儒傳讀經典，已不能精究古文。如古多叚「忞」爲「文」，與盙形近，而《書·大誥》曰「盙考」、「盙王」、「前盙人」、「盙武」，則皆「文」之僞也。古文有載市即《禮》之爵韠，又有戴字，當爲爵帛本字，而《毛詩·絲衣》曰「載弁俅俅」，載則戴戴之叚也。「庸」，古文作𤰇，與敦偏旁相涉，而《左傳》說成王賜魯「土田倍敦，倍敦，則「附庸」之譌也。《書》、《詩》傳自伏生、毛公，《左氏春秋》上於張蒼，大毛公當六國時，前於李斯，伏固秦博士，張則柱下史，咸逮見李斯者，三君所傳尚不無舛駮，斯之學識，度未能遠過三君，而迺奮肌制作，徇俗蔑古，其違失倉、史之恉，寗足責邪。

彼以爲倉沮舊文，廢於嬴秦燔書，李斯造小篆，而漢人掇拾散亡，僅通四五，

壁經復出，罕傳師讀，新莽居攝，甄豐校文，書崇奇字，而黜大篆之學，斯文漸滅，良深嘆惋，仲容乃以精研古籀之所得，索討倉史之眞象，乃云：

> 通校古文大小篆，大氐象形字，與畫績通，隨體詰詘，譌變最多。指事字次之，會意形聲字，則子母相檢，沿譌頗愍。而與轉注相互爲例，又至廣博。其字或秦篆所不具，或許氏偶失之，故不勝枚舉。而叚借依聲託事，則尤茫無涯涘矣。今畧撫金文、龜甲文、石鼓文、貴州紅巖古刻，與《説文》古籀互相勘校，楬其歧異，以著消變之原。而會最比屬，以尋古文大小篆沿革之大例。

因而著《名原》七篇，茲就其上卷第三篇〈象形原始〉中檢其說解至簡者，畧舉「燕」、「雨」二字爲例以實之：

《説文·燕部》：「燕，玄鳥也。籋口布翄枝尾象形。」攷龜甲文有燕字，當即原始象形燕字，蓋上從凵象籋口，下從八象布翄，從八象枝尾，與甲文隹鳥字翄形相近，於形最精。翄上箸口者象其身也。後定象形字變爲從廿口北火，皆以近似之字易之，此篆書整齊之通弊也。（《名原》上第十二葉）

金文〈盂鼎〉亦有燕字，作燕，布翄枝尾，形亦尚近古，唯口身畧有闕筆，與甲文及小篆皆不甚合，蓋省變象形字也。（引見前）

《説文·雨部》：「雨水從雲下也。一，象天。冂，象雲水霝其間也。古文作雨。」金文〈楚公鐘〉雨作雨，與小篆畧同，此後定象形字也。

《説文》雨字古文形極縟密，其古文偏旁從雨，則皆作雨形，較簡而皆不從一，龜甲文雨字恒見，皆作雨，與許書古文雨形近，而璨畫尤省，蓋冂象穹隆下覆之形，天象已晐於其中，不必更從一，古文義實允協，殆原始象形字也。

《説文·黍部》：「黍，從禾雨省聲。孔子曰：『黍可爲酒』，故從禾入水也。」今以雨古文論之，則黍實從雨古文不省，許依篆文說之，非古文本義也。但金文中〈虩父盤〉黍作黍，則實從禾水會意，唯省入耳，此似與許氏後一義合，未敢決定也。倉沮造字時，未必已有黍酒，此義恐未塙，許引孔子說，蓋出於《㣲緯》，或漢人假託，非眞聖語

也。(《名原》上四十葉)

夫文字之流變,唯象形至爲緐縟,《說文》五百四十部首,象形幾居其太半,蓋書契權輿本乎圖象,其初制必如今所傳巴比倫、埃及及古石刻文,〔註91〕畫成其物,全如作繢,此原始象形字也。其形奇詭不便書寫,又不能斠若畫一,於是省易之,或改文就質,微具匡郭,或刪緐成簡,牾寫大意,或舉偏晐全,略規一體,此省變象形字也。最後整齊之以就篆引之體,而後文字之與繢畫,其界乃截然別異,此後定象形字,今《說文》所載,大畧如是。蓋自古文散失,最初原始象形字今不得見,故仲容演甲骨金石文字,參互鉤覈,以尋古文大小篆沿革之大例,則治金石銘刻可考我國文字嬗變之迹,於此益徵可信。

(五)立文章之體製

黃公渚《兩漢金石文選‧緒言》云:「文章有傳世、壽世之分,金石之文,尤與金石同壽;故作者下筆時,必有空前絕後之想,非苟焉而已也。故爲金石文章者,人不必舒、向、卿、雲,而要有金玉黼黻之才;時不必虞、夏、商、周,而要有渾渾灝灝之氣,有是才,有是氣,而後縱筆所至,無不合矩。長至數千言,短或百餘字;字皆有律有度,辭皆有倫有脊;可以動天地,泣鬼神,固非輕才諷說之徒所能勝也。」仲容於考訂金石之餘,每言及其結構、辭義、遣詞、造句者,於文章之體製,多能切中窾要,後欲操觚弄翰之士,將亦有所取資焉。

〈秦盄和鐘〉:此銘瞿耆年《籀史》別有釋文,謂銘以四字爲句,故取皙邦以下四十字增益讀之云:「皙邦其音,其音銑銑,銑銑雝雝,孔皇以邵,昭格孝言,以受純魯,純魯多釐,眉壽無疆,畯惠在位,高弘有慶,敷祐四方,求保多宜。」今案此銘,邦與雝均,煌與言、疆、慶、方均,惟、位、宜三字不協均,短則二字三字爲句,長則五字六字爲句,均法、句法變化無方,〈周頌〉固有此例。(《古籀拾遺‧上‧秦盄和鐘釋文》)

〔註91〕如日字埃及文作⬤◯,克里特文作𓂀𓃀◯◎,中國文作⊙⊟⊟⊘⊗,巴比侖文作◇(原注:見近人華學涑《國文探索一斑‧華埃文字比較表》,〈巴比倫文與華古文比較畧表〉,及 Authur Evans: *Scripta Minoa*, v.1, p.221,與日人高田忠周《古籀篇》二十三卷5頁至9頁)。茲姑舉一例,餘如月、星、雨、雪、夜、山、丘、水、川、臂、手、共、足、目、口、驢、牛、羊、豕、犬、鵝、蛇、魚諸字,均見于華氏〈國文探索〉一文。

此言銘文句法無定之例，今錄其原銘，並附釋文，以實仲容之說。

〈秦盉和鐘〉（依薛尚功《鐘鼎款識‧法帖》臨摹）

秦公曰不（丕）顯
朕皇且（祖）受天
命奄又（有）下國
十又二公不
彖（隆）才（在）上嚴虩
夤（寅）天命保業
乃秦號事蠻（蠻）
夏日余雖小子（二字合文）
穆〃帥秉明德

戲尃（敷）明荊虔
敬朕祀以受
多福協龢萬
民 㑥夕剌
起〃萬生（姓）是敕
士趑〃文武鎮
靜不廷顫燮
百邦于秦執

事㠯（作）盉龢鐘（薛本缺今補）
乃名（銘）曰哲邦
其音銑〃雝〃孔
煌以邵（昭）㝩（格）孝
宫以受屯（純）魯
多釐鬱（眉）壽無
疆畯惠才（在）立（位）
高弘又（有）慶溥
及三方（二字合文）永寶宜

〈齊侯鎛鐘〉：此鐘銘凡四百九十二字，文辭雅馴可誦。……銘文前後當分爲四段，自「惟王五月」至「眚中乃罰」爲第一段，自「公曰及」至「弗敢不對揚朕辟皇君之易休命」爲第二段，自「公曰及」

至「余弗敢濃乃命」為第三段，自「及典其先舊」至末，為第四段。
前三段皆紀齊侯之命，末段則叔及自紀其世系及作器之事也。第一
段紀齊侯命叔及治軍政之辭。自「德諫罰朕庶民左右母諱」以上，
並為齊侯命叔及語，以下則叔及答詞，曰，及不敢弗懲戒，虔卹乃
死事，以答不墜夙夜，宦執而政事之命也。戮穌三軍，辻从雩乃行
師，所以答政于三軍，肅成師旟之政之命也，眚中乃罰，所以答諫
罰庶民左右母諱之命也。銘詞之條理詳明蓋如此。第二段紀齊侯錫
叔及采地及國辻之事。第三段紀齊侯錫叔及車馬戎兵釐僕之事。前
段錫邑及辻，言及敢用拜韜首，此段錫車馬戎兵言及又敢再拜韜首，
文例之精也如此。第四段叔及自紀其先代世系及作鐘之事。(《古籀
拾遺・上・齊侯鎛鐘釋文》)

案：仲容〈齊侯鎛鐘釋文〉，凡言「叔及」者，「及」皆「夷」之誤，
郭沫若《兩周金文辭大系考釋》曾有辨說，茲不贅引。

此金石銘文段落清晰，條理詳明，文例精審之例，在吉金款識中，除〈毛公
鼎〉署多於本鐘外，〔註92〕其文之緐，無逾於此者。特依薛氏《款識》並合
王《錄》精摹於下，並次釋文，以見此銘之全。

〈齊侯鎛鐘〉

佳王五月辰在戊寅師
于淄湩公曰女夷余經
乃先祖余既專乃心女
小心（二字合文）畏忌女不荻婴
（俎）夜宦
執而政事余弘猷乃心
余命女政于朕三軍簡
（肅）
成朕師旟之政德諫罰
朕庶民左右母諱夷不
敢弗敬戒虔卹乃死事
戮穌三軍辻衛（从）雩乃行

師𣊮中乃罰公曰夷女
敬共辝命女雁冊公家
女㛐（巩）襲朕行師女肇敏
于戎攻余易（錫）女鎣都鄙
勢其縣一百余命女嗣辪
鎣邑造悆（國）辻三千（二字合文）為女敵寮
夷敢用拜䭫首弗敢不
對揚朕辟皇君之易（錫）休
命公曰夷女康能乃九事

率乃敵寮余用登屯
厚乃命女夷毋曰余小子（二字合文）
女專余于䕫（艱）卹虔卹不
易左右余一人（二字合文）余命女職
差卿為大事緟命于外
內之事中專盟荊女台
專戒公家雁卹余于盟
卹女台卹余朕身余易
女車馬戒兵鎣僕二百（二字合文）又

五十（合文）家女台戒戒伐（作）夷用

或敢再拜䭫首雁受君

公之易（錫）光余弗敢灋（廢）乃

命夷篾其先舊及其高

祖號〃成唐又嚴在帝所

專受天命刻伐頤（履）同戲（敗）

乃靈師伊小臣佳桷（輔）咸

又（有）九州處禹之都不顯

穆公之孫其配譖公之

妅而餒公之女霝生叔夷

是辟于齊侯之所是小心（合文）

鞏躋靈力若虎蕫袭其

政事又共于公所訴篗

吉金鈇鎬鐍鋁用歧（作）鑄

其寶鑄用宦于其皇祖

皇妣皇母皇考用旂（祈）䵼（眉）

壽霝（令）命難老不顯皇祖

其上（祚）福元孫其萬福屯

魯龢協而九事卑（俾）若鍾
鼓外內剴辟都〃譽〃造而
朋剴毋或具穎女考
壽萬年眉（永）保其身卑
百斯男而鼒斯字籥（肅）
義政齊侯左右毋央
毋巳至于葉（葉）曰武靈
成子孫羕（永）保用言

〈邵鐘〉：此鐘形制特小，銘文爲均語，瑰雅可誦（〈邵鐘拓本跋〉）。

案：此鐘共有十二器，每器八十六字（見羅振玉《三代吉金文存》卷一），而仲容考跋以潘文勤得其七，趚齋編修得其二，羅氏《貞松堂集古遺文》錄其五，據云拓本之上皆有潘氏印，似此當爲滂喜齋舊物，仲容所跋乃趚氏二器也。

此吉金銘文措辭瑰雅可誦之例，茲據《貞松堂集古遺文》，精摹於次，並列釋文，知仲容說之不我欺也。

〈邵鐘〉

釋文：

佳王正月初吉丁亥邵黌
曰余㽅公之孫邵伯之子
余頡毖事君余畧□武乍
爲余鐘玄鏐鎛鋁大鐘八
隶其寵四堵喬〃其龍既壽
罔虡大鐘既龢玉鐪竈鼓
余不敢爲喬我以言孝樂
我先祖以旛眉壽世〃子孫
永以爲寶

案：因此銘文瑑畫太細，又爲劣工剔毀，必參合眾器，始得其眞
解也。

金石刻辭，昭示無斁，二周鐘鼎之銘，令德計功，體同〈雅〉〈頌〉，〔註
93〕秦漢諸碑，昭紀鴻懿，骨鯁訓典，〔註94〕故章升道序《古文苑》曰：「岐
陽蒐狩，寔肇中興之美，勒石紀功，詞章渾厚，足以補《詩》《書》之遺佚，
泗水碑銘，鋪揚興王之盛，敘功攷德，表裏名實，足以續閟散之芳烈，揚子
雲倣虞作箴官箴王闕，所以輔正心術，警戒幾微，殆與聖賢盤盂几杖之銘爭
光，千古有國家者，宜保之以爲龜鑑，所謂傑然《詩》《書》之後，詎容徒以
文章論哉！」，〔註95〕仲容治金石，於證經斠史之餘，輒玩其鴻文，味其鉅製，
以發明其斐然翰藻，此亦大有功於文藝也。

（六）作書法之鑑賞

書有八體，肇分於秦，〔註96〕而蔡邕〈九勢〉，始開「筆法」一科，〔註97〕

〔註93〕　《文心雕龍・銘箴篇》云：「昔帝軒刻輿几以弼違，大禹勒筍簴而招諫，成湯
　　　　盤盂，著日新之規，武王戶席，題必戒之訓，周公慎言於金人，仲尼革容於
　　　　欹器，則先聖鑑戒，其來久矣。故銘者，名也，觀器必也正名，審用貴乎盛
　　　　德，蓋藏武仲之論銘也，曰：天子令德，諸侯計功，大夫稱伐，夏鑄九牧之
　　　　金鼎，周勒肅慎之楛矢，令德之事也。呂望銘功於昆吾，仲山鏤績於庸器，
　　　　計功之義也。魏顆紀勳於〈景鐘〉，孔悝表勤於〈衛鼎〉，稱伐之類也。」
〔註94〕　《文心雕龍・誄碑篇》云：「後代用碑，以石代金，同乎不朽，自廟徂墳，猶
　　　　封墓也。自後漢以來，碑碣雲起，才鋒所斷，莫高蔡邕，觀楊賜之碑，骨鯁
　　　　訓典，陳郭二文，詞無擇言，周乎眾碑，莫非清允，其敘事也該而要，其綴
　　　　采也雅而澤，清詞轉而不窮，巧義出而卓立，察其爲才，自然而至。……夫
　　　　屬碑之體，質乎史才，其序則傳，其文則銘，標序盛德，必見清風之華，昭
　　　　紀鴻懿，必見峻偉之烈，此碑之制也。」
〔註95〕　見《古文苑》章樵〈序〉。
〔註96〕　許慎〈說文解字敘〉云：「自爾秦書有八體，一曰大篆，二曰小篆，三曰刻符，
　　　　四曰蟲書，五曰摹印，六曰署書，七曰殳書，八曰隸書。漢興有艸書，尉律，
　　　　學僮十七已上始試，諷籀書九千字，乃得爲史，又以八體試之，郡移大史并
　　　　課，最者以爲尚書史。」
〔註97〕　清顧藹吉《隸辨》載蔡邕〈九勢〉云：「夫書肇於自然，自然既立，陰陽生焉，
　　　　陰陽既生，形勢出矣。藏頭護尾，力在字中，下筆用力，肌膚之麗，故曰勢
　　　　來不可止，勢去不可遏，惟筆軟則奇怪生焉。凡落筆結字，上皆覆下，下以
　　　　承上，使其形勢，遞相映帶，無使勢背。轉筆，宜左右回顧，無使節目孤露；
　　　　藏鋒，點畫出入之迹，欲左先右，至回左亦爾；藏頭，圓筆屬紙，令筆心常
　　　　在點畫中行；護尾，畫點勢盡力收之；疾勢，出於啄磔之中，又在豎筆緊趯
　　　　之內；掠筆，在於趲鋒峻趯用之；澀勢，在於緊駃戰行之法，橫鱗，豎勒之

倉史舊文，雖不云法，但鳥獸跡远，亦必依勢象形，或象龜甲，或比龍鱗，頡若黍稷之垂顛，蘊若蟲蛇之棼縕，其粲粲彬彬，實爲學藝之範閑，文德之弘懿，書法之教，豈可忽哉！故仲容於考校金石，亦兼及其書法之鑑賞，其文云：

〈邵鐘〉：篆文纖細，不逾二分，精妙絕倫，金文所僅見也。（《籀膏述林》卷七〈邵鐘拓本跋〉）

〈周壺〉：此壺文雖不多，而篆勢圓潤，非秦漢以後物也。（《籀膏述林》卷七〈周唐中多壺拓本跋〉）

〈周麥鼎〉：此鼎篆體峭勁，橫畫發端，率用方筆，而穋特纖銳，斜曲處又善爲波折之勢，與吳縣潘尚書所藏〈盂鼎〉似同出一原。昔魏、晉人偽託孔安國〈尚書敘〉謂壁中古文，爲科斗形，王隱《晉書》亦謂《汲冢竹書》字，頭黱尾細，俗名科斗文，竊訐自宋迄今，所出彝器，不可枚舉，獨罕見有如孔王所云者。今以此鼎及〈盂鼎〉校之，或即所謂頭黱尾細之遺象乎？（《籀膏述林》卷七〈周麥鼎攷〉）

竊以仲容之言金文篆勢風格，雖不無罣漏，而其治金石兼及書法鑑賞，要亦卓然具有獨識，今特循仲容微義，補其罅隙，自殷商甲骨以迄秦漢刻石，按甲骨金石之順序，分期精選其作品，精摹如下，以觀我國文字書寫之藝巧，供鑑賞者玩索之資。

（1）甲骨文

依董彥堂〈甲骨文斷代研究例〉四二○葉之說，以爲甲骨書體可分五期：即第一期雄偉，此期可以韋、亘兩史官爲代表。韋書體矯健有力，筆畫粗大，觀之正氣凜然。亘書字畫雖細，而精勁活潑，令人有超塵之思。第二期爲祖庚、祖甲兩代，此期可以出、大二史官爲代表，書體雖不若前期之渾厚，但謹飭者過之，字體均大小適中，行款整齊劃一，乃本期之特色。第三期乃廩辛、康丁之時代，當殷代文風凋敝之秋，前朝勛舊尚存，工整之書體故不難觀，而如逆、㠱、寧等，錯訛甚多，柔弱纖細乃此期之表徵。第四期卜辭，不著貞人之名，然究其文勢，於纖細筆劃中寓含十分剛勁之風格，峭拔聳立，如面岩壁。第五期嚴整，此期書體結構齊整、嚴密，段行方正勻直，記事尤較綵綢，顯係時代進步，人事日綮之所致。以下分期舉例：

規，此名九勢，得之雖無師授，亦能妙合古人，須翰墨功多，即造妙境耳。」
蔡氏〈九勢〉，今《蔡中郎文集》不傳，《隸辨》錄之，未知所出。

第一期　武丁時代

本期之書體，其筆力雄渾，氣勢磅礴，蒼勁魁偉，誠然廟堂莊姿也。雖書契之史官爲數甚多，當悉爲大手筆，否則何無一敗筆耶？則呈現高宗（武丁）之帝業中興氣象也。其卜辭如圖，此期之代表作品，收輯最多者爲《殷虛書契前編》卷七，及《殷虛書契菁華》一至八葉，劉鶚之《鐵雲藏龜》中亦多半爲第一期之卜辭。

《前編》卷七、五之三片　　　　　《前編》七、十七之四片

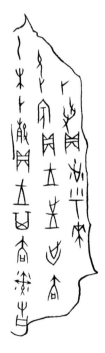

《前編》卷七、二十八之三片

第二期　祖庚、祖甲時代

此期字體拘謹而不得開展，守成尚不足，故其勢有盛極而衰之現象。董彥堂稱其大小適中，行款均齊，有謹飭守法之態度，即係指此。二期文字之著錄，《殷虛書契》前、後編皆有，惟《戩壽堂殷虛文字》中較多，明氏《殷虛卜辭》中，此類卜辭亦不少。茲手摹數片，舉以示例如下：

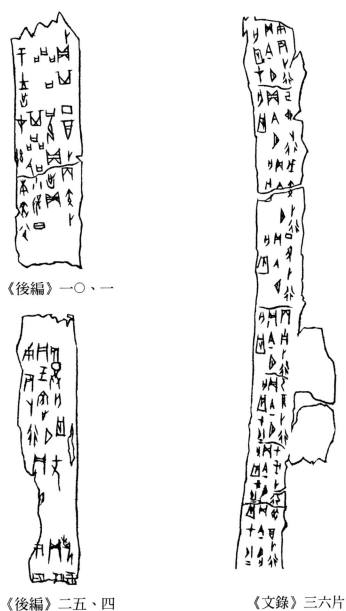

《後編》一〇、一

《後編》二五、四　　　　　　　　《文錄》三六片

第三期　廩辛、庚丁時代

此期可謂殷代文風凋敝之秋，工整之書體固屬不少，而篇段錯落不齊，書勢柔弱幼稚，爲本期之最大特色。茲擇數版，摹之如下：

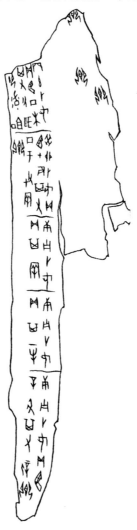

《甲編》二五〇三

第四期　武（2）文、武丁時代

本期卜辭在書體中，蘊藉之特徵，是於纖細之筆畫中，寓有極端剛勁之氣概，峭拔聳立，有如鋼筋鐵骨，故與他期顯有區別。此期甲骨，前、後編中收入數版，《戩壽堂殷虛文字》中二十九葉之七至三十一葉之一版，卜旬之辭皆是。茲舉例如下：

《前編》七、三八・一片　　　《戩壽》二九之九片　　　《戩壽》二十九之七片

第五期　帝乙帝辛時代

本期文字於記載較前繁縟，而行款排列，字形之勻整，爲此一期之特點。卜辭著錄者如《前編》卷一，一至三十葉，多祭祀之辭，卷二多田遊之辭，卷三，二至十三葉多甲子表。《後編》及《龜甲獸骨文字》中，亦可目及五期卜辭，茲舉例如下：

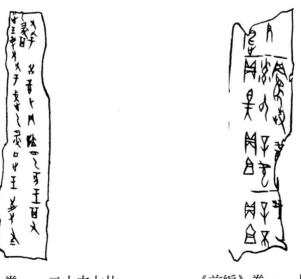

《前編》卷一、二十之七片　　　　　《前編》卷一、十一之五

《前編》卷三、三之一片　　　　　　《前編》卷三、十三之一片

（2）殷代金文

殷代金文，保存至今者數亦不鮮，惟其銘多簡單圖形，為字為畫，尚不容細辨；有可確定為文字者，字多者數十，少者二、三，故論其書體風格，容庚分「雄壯」「秀麗」，日人內籐戊申分「圖象」及「右上」，圖象體即文字之筆畫，部份有意加肥也，加肥則近乎畫繢；右上體則筆畫粗細一致，字與字距離甚近，且每字均有左低右高之勢，以下舉例明之：

〈子孫父辛彝〉

〈父己甗〉

〈父乙鼎〉　　　　　〈丙寅卣〉（一名〈母乙卣〉）

（3）周代金文

　　西周前期金文之風格，與殷代金文無迥然之差異，如〈小臣單觶〉，乃武王克商時器（圖一），其字體與〈父乙鼎〉、〈丙寅卣〉「圖象」「右上」之風極為接近，惟於筆勢中已隱含變革氣象，如「王」、「用」、「隩」、「彝」等字，相較之下，其情晃朗可得。至若成、康二君時之〈令敦〉、〈盂鼎〉，字體兩端尖銳，於適當處施肥筆，其跡雖近乎圖象，但其整齊嚴飭，岸然道貌，實有超塵脫俗之勢，開一代宗風，成、康郅治，於斯極矣。時至穆、昭，書風畧變，〈遹敦〉纖巧多姿，〈宗周鐘〉雖極力欲攀摹周初，但筆致疏蕭，已兆凄涼之景。恭、懿、孝王雖稍知振拔，而觀乎〈趞曹鼎〉、〈曶鼎〉、〈免卣〉，守成有餘，而開拓不足，尤以〈曶鼎〉，喜用肥筆，剛勁之氣全消，荏柔之態畢露，故幽、厲即位，勢如江河之日下，惟求整齊劃一，缺乏波瀾壯濶之風。周宣王號曰中興，觀〈兮甲盤〉，其疲頓無能為力也可知。列國以下，書體丕變，不祇東西齊、秦二國風格有別，即南北之楚、吳、晉、燕亦迥然不同。如〈孟姜壺〉、〈秦公敦〉，一雄厚一挺拔，而英俊勃發，豪邁奔放之氣，尤迴盪於筆楮之上。此時南方之楚、吳，北邊之燕、晉，除〈匽矦旨鼎〉尚存古樸之質外，晉〈晉姜鼎〉筆畫任意增省錯落，而纖弱無生氣，不逮楚、吳遠甚，惟鄭、衛地處中原，互相影響，尚殘存先朝餘芬，有混然一同之象。

圖一 〈小臣單觶〉
此周武王克商時器

圖二 〈令敦〉
此成王東征淮夷踐奄時器

圖三 〈大盂鼎〉
此乃康王時器

圖四 〈遹敦〉
此乃周穆王時器

圖五 〈宗周鐘〉
此昭王時器

圖六 〈趩曹鼎〉
此恭王時器

圖七 〈免卣〉
此懿王時器

圖八 〈曶鼎〉
此孝王時器

圖九 〈虢季子白盤〉
此夷王時器

圖十〈虢叔旅鐘〉
此厲王時器

圖十一　〈兮甲盤〉
此宣王時器

圖十二　〈師兌敦〉
此幽王時器

圖十三　〈孟姜壺〉
此列國時齊器

圖十四　〈秦公敦〉
此列國時秦器

圖十五　〈楚王領鐘〉
此乃列國時楚器

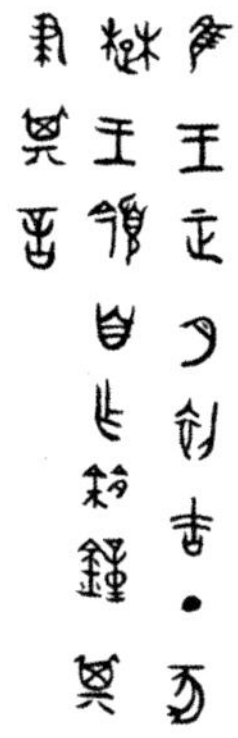

圖十六　〈吳王夫差鑑〉
此列國時吳器

圖十七　〈匽侯旨鼎〉
此列國時燕器

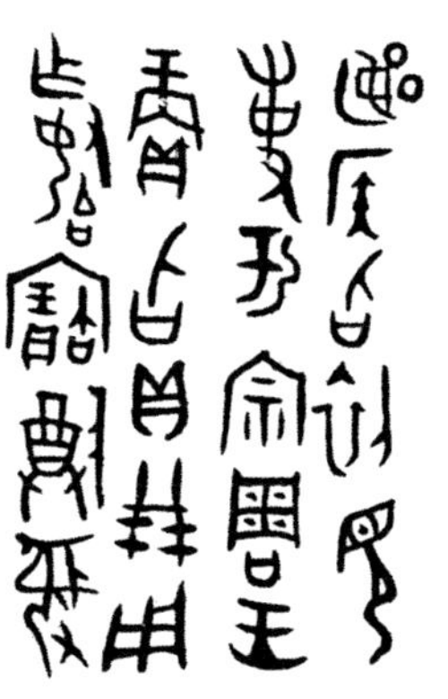

圖十八　〈晉姜鼎〉
此列國時晉器

圖十九 〈鄭虢仲敦〉
此列國時鄭器

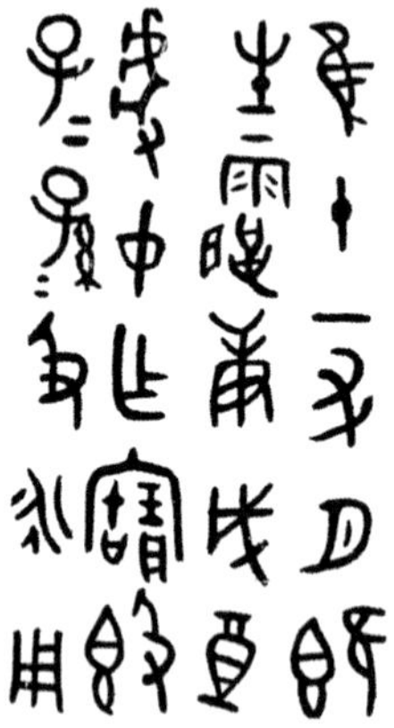

圖二〇 〈孕林父敦〉
此列國時衛器

圖二十一 〈趞亥鼎〉
此列國時宋器

圖二十二 〈沇兒鐘〉
此列國時徐器

圖二十三 〈陳子匜〉
此列國時陳器

案：各器時代之鑑定悉依郭沫若《兩周金文辭大系考釋》，與王國維《觀堂集林》中之金文跋尾，摹圖二十三幅，有取自羅振玉《三代吉金文存》、《貞松堂集古遺文》者，亦有採自薛尚功《鐘鼎款識法帖》者。

（4）石 刻

石刻莫先於宣王獵碣，〔註98〕鼓凡十，每鼓約徑三尺餘，字數不可紀，〔註

〔註98〕馮氏《石索》卷一載有楊升菴摹釋之衡山岣嶁峰〈夏禹岣嶁碑〉，然其前如《六一集古錄》，趙明誠《金石錄》，鄭漁仲《金石畧》，古制臚列，獨不見所謂〈禹

99〕然而石鼓文字，雄視百家，超今邁古，洵成周之鉅製，篆刻之極軌也（圖二十四）。〔註100〕秦一六國，命李斯造小篆，以劃一各國字體，於是遠自倉頡，近法史籀，統一整理，以約趨易，而成小篆之體式，始皇初併天下，巡幸國中，所到之處，立石頌德，〔註101〕使李斯書刻，其數有六，即〈嶧山刻石〉、〈泰山刻石〉、〈琅邪臺刻石〉、〈之罘東觀刻石〉、〈碣石刻石〉、〈會稽刻石〉，〔註102〕李斯書始皇石刻，工整茂密，厚重自然，其氣質神勢，堪稱開宗格局，尤以〈泰山〉、〈琅邪〉、〈之罘〉、〈嶧山〉四碑，體式流動，筆致勻稱，爲千古篆書之祖（圖二五至二八）。西漢之初，書從秦舊，或以政局甫定，文治不備，故究其碑刻，足資代表者，惟〈五鳳刻石〉，與漢建平〈郫縣石刻〉二方而已（圖二七至二八）。東漢八分盛行，流傳迄今之石刻，若〈中嶽泰室石闕銘〉、〈北海相景君碑〉、〈司隸校尉楊君石門頌〉、〈孔廟禮器碑〉、〈孔宙碑〉、〈西嶽華山廟碑〉、〈永初殘石〉、〈漢殘碑〉等（圖二九至三十九），其書特點，厥爲改篆體渾圓如一之作風，而定自然起迄之痕跡，於文字藝術上，乃空前未有之創獲，桓、靈之際，名作蔚起，燦爛光輝，照耀藝壇，百代以下，翰苑墨池均出其下，可不謂盛與。

碑〉者，惟據李明德云，宋嘉定壬申何子一始得之岣嶁山尖蘿葛之中，而今傳世之摹本，篆法繇簡不一，釋文亦別，恐難憑信。

〔註99〕王昶《金石萃編》云：「第一鼓十一行，行六字，第二鼓，九行行七字，第三、四鼓，皆十行行七字，第五鼓，十一行行六字，第六鼓，十一行上半殘闕，每行只存四字，第九鼓，十五行行五字，其七、八、十三鼓，剝蝕過甚，字數俱不可紀。」唐宋以後，釋者人各異辭，惟原物殘闕，臆說恐難取信，姑從王氏《萃編》。

〔註100〕王厚之《復齋碑錄》云：「〈石鼓文〉周宣王之獵碣也。唐自貞觀以來，蘇勗、李嗣真、張懷瓘、竇泉、竇蒙、徐浩盛以爲史籀筆蹟，虞世南、歐陽詢、褚遂良，皆有墨妙之稱，杜甫〈八分小篆歌〉敘歷代書，亦廁之倉頡李斯之間。」

〔註101〕司馬遷《史記・始皇本紀》署云：「二十六年秦初并天下，二十七年始皇巡隴西，二十八年始皇東行郡縣，上鄒嶧山，刻石頌秦德，上泰山，禪梁父，窮成山，登之罘，南登琅邪，東臨于海，六合之內，皇帝之土，西涉流沙，南盡北戶，東有東海，北過大夏，人迹所至，無不臣者，功蓋五帝，澤及牛馬。」

〔註102〕〈嶧山刻石〉唐時燬於野火，杜甫詩「嶧山之碑野火焚，棗木傳刻肥失眞」可證。〈泰山刻石〉宋時字蹟已漫漶不明，現仍在山東泰山之上。〈琅邪臺刻石〉現雖仍在，而文字亦剝泐模糊。〈之罘東觀刻石〉原石原拓，俱已不存。〈碣石刻石〉，漢已淪於海，雖有拓本，蓋不足信。〈會稽刻石〉唐時猶存，至宋亡佚（參王昶《金石萃編》，馮氏〈石索〉卷一，羅振玉《石交錄》卷一，王壯爲《書法研究・中篇・史述》）。

圖二四
〈石鼓辛鼓〉
取自羅雪堂藏蘇齋重勒天
一閣本

圖二五
秦〈泰山石刻〉右石北
面三行
採自馮氏《石索》

圖二六
秦〈琅邪臺刻石〉
取自馮氏《金石索》

圖二七
秦〈之罘石刻殘字〉
取自馮氏《金石索》

圖二八
秦〈嶧山刻石〉
取自馮氏《金石索》
摹鄭文寶本

圖二九
漢〈五鳳刻石〉
取自馮氏《金石索》

圖三〇
漢〈建平郫縣刻石〉
取自馮氏《金石索》

建平又丰六月郫
又育像范功平史

圖三一
漢〈中嶽泰室石闕銘〉
取自馮氏《金石索》

君家土𡩋伏氣寅
春生萬物膚寸起雲潤
惟中嶽泰室崇高

圖三二
漢〈北海相景君碑〉
取自馮氏《金石索》

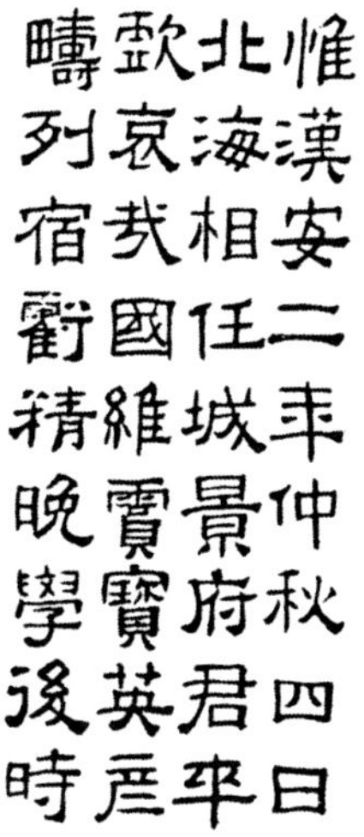

疇列宿䰠晚學後時
歆哀我國維賈寶英彥
北海相任城景府君卒
惟漢安二丰仲秋四日

圖三三
漢〈司隸校尉楊君石門頌〉
取自馮氏《金石索》

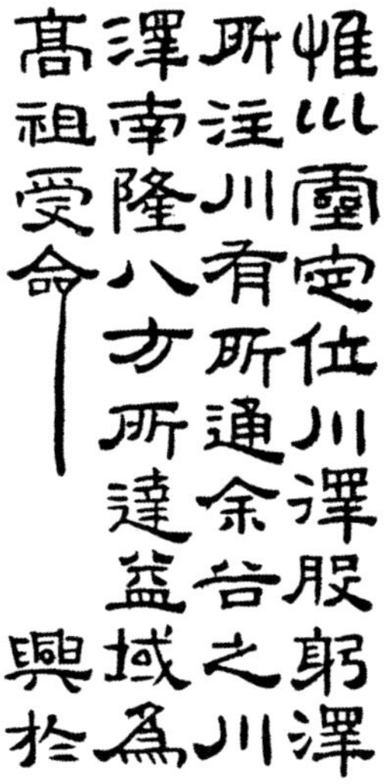

高祖受命一
澤南注隆八方所達益興於
所注川有所通余台之川
惟山𡩋定仕川澤股躬澤

圖三四
漢〈魯相韓勑造孔廟禮器碑〉
取自馮氏《金石索》

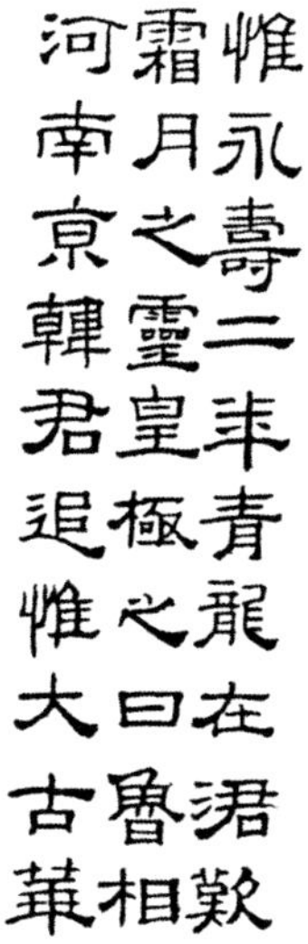

河南京韓君退惟大古華
霜月之靈皇極之日魯相歆
惟永壽二丰青龍在涒歎

圖三五
漢〈泰山都尉孔宙碑〉
取自馮氏《金石索》，碑在曲阜孔廟

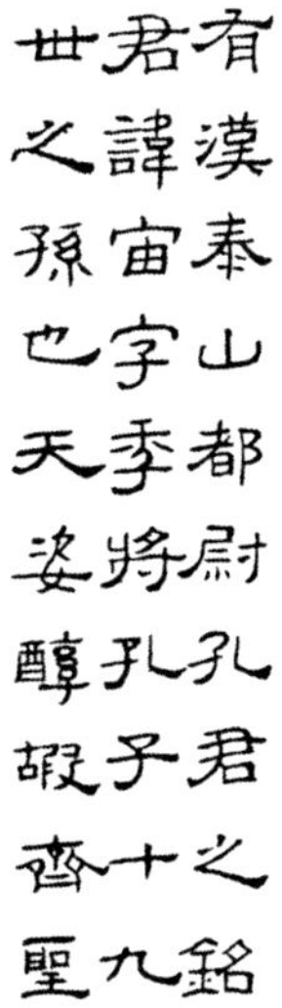

世之孫也天姿醇皝齊聖
君諱宙字季將孔子十九銘
有漢泰山都尉孔君之

圖三六　漢〈西嶽華山碑〉

取自馮氏《金石索》，此
碑於嘉靖卅四年地震碑毀

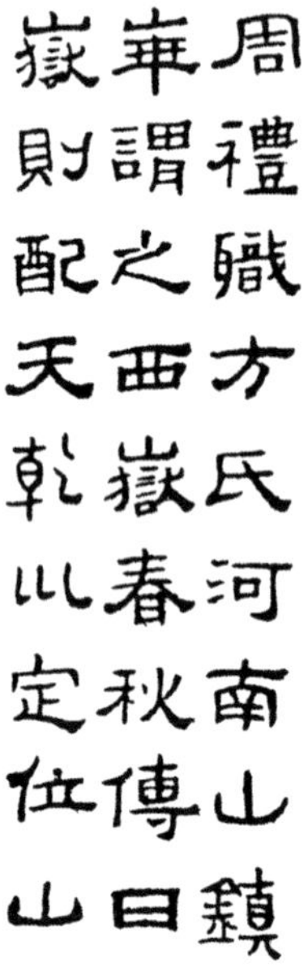

周禮職方氏河南山鎮
謂之西嶽春秋傳曰
嶽則配天乾山定位山

圖三七　漢〈殘碑〉

採自馮氏《金石索》，
此係該碑左邊之下角

旅揚拴殊威醜穎
刘煥爾聿用佗詩
七月六日甲子造

圖三八　漢〈永壽石門殘刻〉

取自馮氏《金石索》

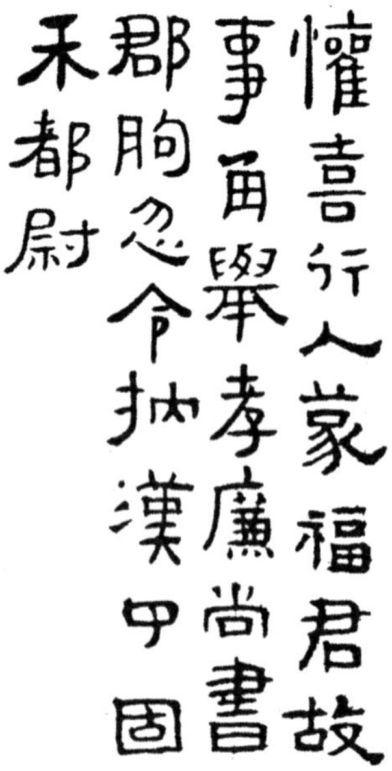

懼喜行人蒙福君故
事再舉孝廉尚書
郡胸忽令抚漢甲固
禾都尉

圖三九　〈漢州輔碑殘字〉

採自馮氏《金石索》

定冊帷幕有
安社稷之勳

六、古金銘識之通例

古金銘識之通例，仲容於《古籀拾遺》、《古籀餘論》、《籀膏述林》中推衍精詳，董而理之，計其小目，可分二十八，二十八目中判其統屬，約有六類，茲先揭其綱目，然後再依類舉證，知仲容於古金銘識之發凡起例，詳贍精密，有條不紊也。

（一）書寫之通例

　　（1）書寫之例

　　（2）繁文之例

　　（3）合文之例

　　（4）偏旁多累之例

　　（5）重文之例

（二）造語之通例

　　（1）稱謂之例

　　（2）金文用字最簡之例

　　（3）金文句法變化無方之例

　　（4）金文造語精闢之例

　　（5）金文行文之例

　　（6）金文慣用語之例

（三）增省之通例

　　（1）古金文增省無定之例

　　（2）金文范鑄變易不拘之例

　　（3）金文迻易偵倒固無定例之例

　　（4）古籀文多形聲變易之例

（四）讀校之通例

　　（1）金文讀法之例

　　（2）金文校法之例

　　（3）音讀之例

　　（4）古金文通叚之例

　　（5）古金文增益形聲之例

（五）勒銘紀時之通例

　　　　（1）金文勒名之例
　　　　（2）金文紀時之例
　　　　（3）古兵器物勒工名之例
　　（六）其他雜例
　　　　（1）金刻奇古不能盡識之例
　　　　（2）古金文言錫與之例
　　　　（3）金文條理詳明之例
　　　　（4）金文文例之精之例
　　　　（5）金文有嘉美其君之例

（一）書寫之通例

　　◆：祀上◆字，薛釋爲主，王《錄》釋爲一，主祀義不可解，王釋爲一似矣，然金刻一字甚多，無作此形者，且一歲十二月，金刻有書十四月、十六月、十九月者，竝由時君未改元，自即位之月通數之（原注：說詳董逌〈廣川書跋〉），倘◆祀是一祀，則是君已改元，不宜復有十九月之傋矣，此◆字實當爲十字，金刻凡十字多作◆，中從畫稍短，即成◆形，〈卯敦〉（原注：見阮《款識》）「錫女馬十匹（原注：阮釋所誤）牛十」，牛下十字亦作◆，與此正同。又後〈兄癸卣〉十九月佳王九祀世昌，文例亦與此同，彼十九月在九祀，此十九月在十祀，亦足相證明也。（《古籀拾遺・上・己酉戌命彝釋文》）

　　觴：銘作兩二形，即昜字也，从屮者，金刻多以屮爲扩，若旅、旟諸字多如此作。（《古籀拾遺・上・鄦子鐘二器釋文》）

　　擇：下小注云：金刻凡擇字皆作擇。（《古籀拾遺・上・齊侯鎛鐘釋文》）

　　�：�即姒之籀文，以㫃爲祈，以需爲令，皆金刻常見。（同上）

　　：楊以爲帥，諸家竝以爲以字，凡以字之見於金刻者多作（本書〈牧敦〉作），無作者。（《古籀拾遺・上・晉姜鼎釋文》）

　　：下小注：金刻匜字多作，與此字形同，然匜从也聲，小篆作

亞，與它迥別，疑也它二字形聲竝近，古文多互易也。(《古籀
拾遺・上・盂姜匜釋文》)

㫗：當即胃之變體，小篆胃从由囘聲，此下从冒者，冒、囘聲同（冒
从囘目，金刻凡相見諸字从目者，竝作 ⬮ 形）。(《古籀拾遺・
中・虡彝釋文》)。

儐：凡儐之見於金文者，字皆作賓。(《古籀拾遺・下・周景卣釋文》)

弜：乃古㢏字，乃兩弓相背之形。《漢書・韋賢傳》師古注曰：「紱
畫爲弜文。」弜，古弗字也，凡鐘鼎文作弜者乃輔戾二弓之象，
正是古弼字，亦即古弗字。(《古籀拾遺・下・周父癸角釋文》)

㫖：鐘鼎古文凡從 ⼁ 者，于小篆爲㫐，于隸爲认（原注：金刻中，
旍、旅諸字偏旁竝如此作）。(《古籀拾遺・下・周太師虡豆釋文》)

臯：諦案銘文，月字坿綴眚字下，其形甚小，當以眚月二字合爲遒
字，古从辵之字有變从月者，〈鄦子簠〉用鎛盂姜秦嬴，鎛即遺
字。《說文》造，从辵告聲，古文作䢔从月，是其證。(《古籀
拾遺・下・周然睽敦釋文》)

用追孝於叔皇：古金文「于」字無作「於」者。(《古籀餘論・中・
陳眆敦蓋釋文》)

钜：政字書無钜字，以字形審之，疑當爲弭，右从巨，即耳也。凡
金文从耳之字多作巨，如本卷〈邾大宰簠〉檣字作欇，〈陳逆
簠〉封椒，楲字作楎，是其例也。(《古籀餘論・中・钜仲簠釋
文》)

佳各：即「唯格」之省，亦金文恒例。遙作䍸，从 ⿱ 者，當即兔字，
凡古文㲋、鹿諸文，多从橫目，故兔亦如是作。(《籀膏述林》
卷七〈乙亥方鼎拓本跋〉)

此金文書寫之例，因金刻多有慣習，故通考古籀而發明書寫之大別，以確定
其條例。

𪗪：即𡜟字，《說文・女部》：「𡜟，至也。从女䎟聲。」（小篆从丮
之字，古文多兼从女，如此鐘𫝹作婇，珥作珇，執作𡜟是也，

它器亦多如此作）（《古籀拾遺・上・齊侯鎛鐘釋文》）

🔲：今攷當爲兄字，作🔲者，繇繆文也，後〈史桒彜〉覭字作🔲，右從兄，亦正如此字。（《古籀餘論・上・父舟畀釋文》）

🔲：从人从及，當是仮字，後〈伯庶父敦〉，「伯庶火作旅敦，及姞氏永寶用「，及作🔲，〈毛公鼎〉「及茲卿事尞」，及作🔲，此正從彼爲聲，〈伯庶父敦〉〈毛公鼎〉及當爲汲，此从人从汲，即仮之繇繆文也。（《古籀餘論・上・父丁卣釋文》）

🔲：疑即兄之繇繆文。（《古籀餘論・上・盷昗卣釋文》）

🔲：此當爲鎗之異文，从又者，繁繆文也。（《古籀餘論・上・仲戲父盤釋文》）

🔲：此字上从兼，中从水橫形，下从止，實當爲溓字，水形橫著上下之間，微有摩減耳。下並从止者，古文繇繆，多增益筆畫也。（《古籀餘論・上・慧姬敦釋文》）

🔲：今攷从𠃊从攴，當即作之異文，薛《款識・齊侯鎛鐘》女台戒戈岐，作字亦从攴，與此同，又从🔲者，繇繆文也。（《古籀餘論・上・虢文公鼎釋文》）

🔲：此即宄字，《說文・宀部》，宄，姦也，从宀九聲，古文作𡧪，又作𡨈。此文从𡥈，較許書古文尤完備，下又从舟者，繇繆文也。（《古籀餘論・上・叔角父敦蓋釋文》）

🔲：疑當讀爲鑪，又〈肉部〉臚，籀文作膚，是从膚聲即从盧聲，可互通也。🔲爲國名，故增邑形，古文往往如是。（《古籀餘論・中・鸕侯敦釋文》）

🔲：吳大澂謂🔲與此爲一字，說甚塙，其文从系从東，疑當爲緟字。此變系爲🔲，又从田者，繇繆文也。（《古籀餘論・中・叔向敦釋文》）

🔲：今諦審實當爲�字，〈龏公華鐘〉豕字作🔲，後〈彔伯戒敦〉作🔲，〈師寰敦〉作🔲、🔲，此與彼畧同，从🔲者，繇繆文。（《古籀餘論・中・大敦蓋釋文》）

🔲：與〈虢季子白盤〉執🔲同，其字當爲噎，當即約之縣縛文。（《古
　　籀餘論・下・不娶敦蓋釋文》）

🔲：字上从🔲，下从女从糸，疑當爲要之變體，《說文・臼部》🔲古
　　文作🔲，从糸者疑與要約同義，故亦从糸，皆縣縛文也。（《古
　　籀餘論・中・散氏盤釋文》）

以上爲金文縣文之例，觀諸字所增之縣文，若女、人、水、又、止、几、舟、
邑、田、糸、罒，皆古金文縣縛中之常見者，校讀金刻，而知其有增益筆畫
之縣文，則可收事半功倍之效矣。

🔲：細審之，當爲鼇邑二字合文，諸家皆漏釋。（《古籀拾遺・上・
　　齊侯鎛鐘釋文》）

🔲：吳釋爲曙，案曙字經傳所無，吳釋殊不搞，此當爲酉史二字之
　　合文。〈盄咊鐘〉🔲字，翟耆年釋爲乃夏二字，此🔲即酉字也．
　　（《古籀拾遺・上・周安作公白辛彝釋文》）

🔲：舊釋爲召夫，此文金文恒見，如〈召夫足跡鼎〉、〈亞形召夫尊〉、
　　〈召夫卣〉、〈冊命父癸鼎〉，文竝畧同，今攷🔲當爲憲之省，
　　後〈伯憲盂〉憲作🔲可證。宷夫疑當合爲一字，後〈伯淮父敦〉
　　云，白淮父來自🔲，似亦从宷从夫。（《古籀餘論・上・召夫角
　　釋文》）

🔲：舊釋爲余爵，此當合爲鼂字。《爾雅・釋蟲》作詹諸，《本艸別
　　錄》作蟾蜍，與鼂黿同類，故古或从黿，與䵷鼂字同意，吳分
　　爲二字，非是。（《古籀餘論・上・余爵壺釋文》）

案：〈毛公鼎〉釋文中，仲容注有合文之字有：「司余小子」、「小子」
二字合文。「于大小政」、「大小」二字合文。「二二若否」、「二二」（上
下）二字合文。「仐一人在位」、「一人」二字合文。「馬三四」、「三四」
二字合文。（見《籀膏述林》卷七〈重定毛公鼎釋文〉）

此即合文之例，合文者，有合二字爲一文者，如鼂、䵷，亦有分一文而爲二
字者，如鼇邑、大小、小子、一人、四四，讀者當分別觀之。

🔲：此實公字之縣文，从🔲者，即从厶而重之，以就縣縛，古籀偏
　　旁多厽字，若敳作🔲（見〈敳敦〉即〈敳戈〉），遐作遐（見〈石

鼓文〉），悟作惥（《說文·心部》古文），刑作荆（見〈畢中孫子敦〉），販作𧴪（《說文·攴部》籀文），則作𠜂（《說文·刀部》古文），征作徎（見洪适《隸續》魏三體石經）之類，是其例也。〈周蘇公敦〉，蘇公子癸父甲仝䧗敦，公字正作�，可證。（《古籀拾遺·上·聘鐘釋文》）

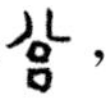

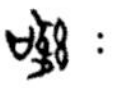

𭐉：其文銘中兩見，《宣味圖》竝釋爲佷白，薛從之，于義難通。攷近代陝西新出〈虢季子白盤〉，有「執𭐉五十」之文，𭐉即此𭐉字，而形校備，其字徐氏同柏釋爲𣎴，云古文䜌，從口系，虢省聲，劉氏喜海釋爲繫，陳氏介祺釋爲訊，竝不塙。諦審其形，實當爲約之異文，右從系左從句，形甚明晢，下增夊者，〈說文·夊部〉云，「夊，行遲曳夊夊也」，經典通用約爲屨，絇字故又從行遲之夊，古籀文字或增或省，形義則無不相貫也。（《古籀拾遺·上·敔敦釋文》）

𣙙：即棵字，從二𣏟，疑即果之古文。《說文》無棵字，〈木部〉「果，木實也，從木，象果形在木之上。」此作𣏟，上即象果形，下則從木省。古文多重累文，如從五者或作𠄡，從貝者或作𧴆，是也，此棵亦即果字，當讀爲祼。（《籀膏述林》卷七〈乙亥方鼎拓本跋〉）

此即古籀偏旁多累之例，但其或增或省，變易多方，究其形義，無不相貫也。

𠂊〞𠙦〞：𠂊當釋爲邜，𠙦當釋爲伯字（凡彝器文，伯竝作白，無作伯者），邜伯蓋諸侯或王臣之字也，邜下、白下各有重文，其讀當以「王姜令作裘安邜白」爲一句，「邜白實裘貝布」又爲一句。古器物銘，凡重文，雖文不連屬者，亦爲〞字，如〈石鼓文〉第一鼓，「君子員邐員邐員斿」，作「君子員〞邐〞員斿」是也。（《古籀拾遺·下·周𣄰卣釋文》）

𩑶：舊釋爲竟，于形殊不類，竊謂當爲眉字，此上從𡳾，即眉之形，下作𩑶形者，從頁之異文，凡金文眉壽字皆叚𩑶爲之，其字多作�，此下形與彼正同，下皆有二小畫者，前〈頌壺〉、〈頌鼎〉𩓸字竝作𩓸，蓋從分省，故頁下有八形，左右分列，此并二畫于右方，猶金文金字多作𠇛，亦以二畫并著下旁，非重文也。

（《古籀餘論・下・散氏盤釋文》）

此金文重文之例，至于類似相重而實爲一字者，有如眉字，其下「从分省」之例，故治古文字學者不可膠柱鼓瑟，仍當就各器上下文義細審之。其次文字省減者，亦可併入重文之科，若〈楚良臣余義鐘〉「孫〃用之」句，〔註103〕即爲顯例。

（二）造語之通例

> 寓對□王休用厽幽尹寶彝：幽尹，阮釋文云：「幽尹」與〈吳彝〉「青尹」同例，當是官名。今案阮援〈吳彝〉青尹以證此幽尹，是也，而从江說〔註104〕以爲官名則非。古金銘識之例，凡爲祖父作器者，銘或舉其諡，若〈伯司敦〉云「伯司作幽伯寶敦」，〈伯據敦〉云「伯據盧肇作皇考剌公尊敦」是也。或舉其字，若〈然虎彝〉云「然虎毁肇作乃皇考命仲寶尊彝」，〈田彝〉云「田作父己寶尊彝」是也。从無舉其官者。且幽尹、青尹等官名亦未見，竊謂尹當是君之借字，《春秋》隱三年《左氏經》「君氏卒」，《公羊》、《穀梁》并作「尹」，昭二十年《左傳》「棠君尚」，《釋文》君本作尹，是二字通用之證。〈宋右君田鼎〉君作𡆥，是金刻以尹爲君之證。幽君猶言幽公。（《古籀拾遺・中・寓彝釋文》）

此古金銘識言製器者稱謂之例，仲容之說尙未括其全，茲綜理金文其稱謂之例有（甲）首書某氏自作某器者，〔註105〕（乙）有製器者之名題於製作時間後者，〔註106〕（丙）有先敘時事再題製器者之名者，〔註107〕（丁）有僅

〔註103〕仲容〈余義鐘釋文〉云：「孫〃用之，孫〃當从孫釋（按：指孫星衍《續古文苑》）爲子孫，金文多云子〃孫，無唯作孫孫者，孫下重文即子字，以孫本从子也。古刻凡下一字與上一字偏旁同者，亦或者作〃，秦繹山、泰山、琅邪臺刻石，竝以御吏夫〃爲御吏大夫，琅邪臺刻石又有五夫〃，亦即五大夫也。因大與夫下形同，遂作〃於夫之下，即其例也。」（《古籀拾遺・中・余義鐘釋文》）

〔註104〕指江德量。

〔註105〕如「𦫳矢自乍龢鐘」（〈𦫳矢編鐘〉），「龜君求吉金用自乍其龢鐘」（〈龜君求編鐘〉），「羞作寶」（〈羞鼎〉），「兮中乍大鎛鐘」（〈兮中鐘〉），「丙作父辛□」（〈丙作父辛鼎〉）。

〔註106〕如「楚王領自乍鈴鐘」（〈楚王領編鐘〉），「羣孫圻子瑋睪其吉金自作龢鐘」（〈子瑋鐘〉第一器）。

〔註107〕如「克敢對揚天子休用乍朕皇且考白寶鎛鐘」（〈克鐘〉第二器），「余丼鑄此

題器名不顯製器之人者，〔註108〕（戊）有官職名氏並錄者，〔註109〕（己）有取事定器非必盡製器者之名者，〔註110〕（庚）有錄製器者之國名爵位者，〔註111〕（辛）爲他人製器並題其名者。〔註112〕古銘識中稱謂一例，多不勝舉，茲僅撮其大者而已。

> 角：以偏旁推之，，此當即爲字。〈晉姜鼎〉「惠爲亞」，爲作；〈智鼎〉爲作；〈召伯虎敦〉「爲伯父庸父」，爲作；〈立簋〉「立爲旅簋」，爲作；竝與此合。〈晉鼎〉、〈召敦〉筆畫最備，此觶與〈智鼎〉並省，〈立簋〉又省，合而勘之，則固較然一字也。爲者，作也，金文最簡者，或但云作某器，此觶云「爲角」，猶〈寶尊虎首彝〉云「作寶尊彝」矣。（《古籀拾遺・中・象觶釋文》）

此金文用字最簡之例，但通斠古器，尚有以一字名器者，〔註113〕有以二字名器者，〔註114〕三字以上之器名甚多，茲不枚舉。至於若干器名，其文字尚屬圖象，爲字爲繢，難以遽分者，〔註115〕仲容發其凡，吾人援例而推，則金文易簡之理可得矣。

> 〈盠龢鐘〉：此銘翟耆年《籀史》別有釋文，與薛頗異，謂銘皆以四字爲句，故取「哲邦」以下四十字增益讀之云：「哲邦其音，其音銑銑，銑銑雝雝，孔皇以邵，昭格孝音，以受純魯，純魯多釐，眉壽

鉦鐡」（〈鉦鐡〉陰面）。

〔註108〕如「乍寶鼎」（〈乍寶鼎〉）、「爲角」（〈象觶〉）。

〔註109〕如「太師人頮乎乍寶鼎」（〈大師人鼎〉），「白筍父乍寶鼎」（〈白筍父鼎〉），「白考父乍寶鼎」（〈白考父鼎〉）。

〔註110〕如「事戎乍寶隮鼎」（〈事戎鼎〉），「取它人之善鼎」（〈取它人之善鼎〉），「□需德乍小鼎」（〈□需德鼎〉）。

〔註111〕如「北白乍隮」（〈北白鼎〉），「雁公乍寶隮彝」（〈雁公方鼎〉），「矢王乍寶隮鼎」（〈矢王鼎〉）。

〔註112〕如「義中乍乃父周季隮彝」（〈義中方鼎〉），「輔白罹父乍豐孟娟贖鼎」（〈輔白罹父鼎〉）□，「夾口用乍文父甲寶隮彝」（〈夾□鼎〉）。

〔註113〕如〈子鼎〉以「子」字名器，〈薑鼎〉以「薑」字名器，〈箕鼎〉以名器，〈單爵〉以「單」字名器。

〔註114〕〈乙鼎〉以「乙乍」二字名器，〈寶鼎〉以「乍寶」二字名器，〈父己敦〉以「父己」名器，〈平陸戈〉以「平陸」名器。

〔註115〕如〈月魚基鼎〉其銘作，〈主孫彝〉其銘作，〈祖辛卣〉其銘文作。

無疆，峻惠在位，高弘有慶，戲祐四方，永保多宜。」今案此銘，
邦與離均，煌與言、疆、慶、方均，惟釐、立、宜三字不協均，短
則二字三字爲句，長則五字六字爲句，均法句法變化無方，〈周頌〉
固有此例，翟肊定爲四字句，既析其文，又失其均，殊不足信。(《古
籀拾遺・上・盠龢鐘釋文》)

〈毛公鼎〉：此鼎銘三十二行，四百九十七字，吉金款識自〈齊侯鎛
鐘〉外，如近人所得〈智鼎〉、〈散氏盤〉，其文之緐未有及此者。德
清戴君子高，偶得桐城吳氏摹本，使余讀之，因勾集《說文》古籀
及薛、阮、吳諸家所錄金文，攷定其文字，而闕其不可知者。銘文
前後當分四段讀之，前三段皆述王錫毛伯之命，末一段則紀所賜車
馬及毛公作鼎以答王休之事也。其文奇詭詰屈似盤誥，所用通藉之
字，多足與經傳相證。(《籀膏述林》卷七〈重定毛公鼎釋文〉)

此金文句法變化無方之例。誠以古人事多而字少，致其文奇詭，詰屈若盤誥
也。

蔑曆：凡云某蔑曆者，猶言某勞于行也，云王蔑某曆者，猶言王勞
某之行也，各如其字釋之，則古金所謂蔑曆、蔑某曆者，不至鉏鋙
而不合矣。(《古籀拾遺・中・趞尊釋文》)

𢀛：阮釋爲斬，而引〈祭法〉諸侯五廟月祭之文以釋月言之義，今
攷金文，凡言斬者，多頌禱之語，言祀常禮，不當言斬。(《古籀拾
遺・中・叔殷父敦釋文》)

卹乃死事：金文凡言卹者，亦多訓慎，凡言死事者，則皆訓爲尸事。
本書〈卯敦〉「艾伯評令卯曰，飤乃先祖考，凥嗣艾公家」，阮釋謂
嗣作飤，尸作凥。〈羌鼎〉「令羌凥司車官」，阮亦讀凥爲尸。是凥之
讀尸，阮固知之矣。此云追虔夙夕，卹乃凥事者，言追虔恭夙夜，
慎乃所尸之事也。(《古籀拾遺・中・追敦釋文》)

此證金文用字造語簡潔精闊之例。

𠆳：當爲京之省，夒京蓋地名，金文凡王所在竝謂之京。如〈癸未
尊蓋〉「王才圜蘽京」，又〈史懋壺〉、〈小臣靜彝〉「王在蒡京」，竝
是也。(《古籀餘論・上・旅尊釋文》)

敭休：金刻所謂敭休者，皆臣下紀述寵惠之辭，無言王命者，而龔謂此爲王命，裛以貝布敭王姜休，其不可通甚矣。（《古籀拾遺·下·周裛卣釋文》）

用追孝於叔皇敦壺：古金文「于」字無作「於」者，此云「用追孝於叔皇」，下又遽止，語氣未完，字例文例並爲詭異。（《古籀餘論·中·陳肪敦蓋釋文》）

按此敦蓋銘文係由左而右讀，依金文句法之常例，「用追孝于皇叔」不成句，如〈齊侯鎛鐘〉：「用享于其皇祖皇妣皇母皇考用祈眉壽令命難老……」，〈公緘鼎〉：「用追言孝于皇祖考用祈眉壽萬年無疆……」，〈史頵父鼎〉：「用追言孝用祈匃眉壽永命令終……」，〈微欒鼎〉：「用享孝于朕皇考用錫康嗣魯休純祐眉壽永命令終……」，各銘「於」字均作「于」，而叔皇之下又各接文句，則此敦蓋至「叔皇」處遽止，細審影印原拓（《三代吉金文存》卷八、四十六葉），又非闕文，則金刻文例之不一也可知矣。

此即金文行文之例。

永䏌：薛从《宣和圖》釋爲協相，案古金石文字協相二字無作此形者，此當爲永保二字，永字小篆作𣲖，〈周某父鬲〉永字作𣲖，〈周伯彝〉永字作𣲖，與此文畧相似；保字右从承，左从貝，釋玄應《一切經音義》，保古文𠍱𠈃保三形同此，䚇字即𠍱之省也，古保、寶二字通用，「用之永保」，猶它器言「永寶用之」耳。（《古籀拾遺·上·商鐘釋文》）

按「永保」爲古器物銘文結尾頌辭，如〈遲父鐘〉作「子〃孫〃亡彊寶」，〈盠和鐘〉作「永寶宜」，〈齊侯鎛鐘〉作「子孫蒙保用言」，〈絲駒父鼎〉作「永寶用」，〈乙公鼎〉作「子〃孫〃永寶」，〈娟氏鼎〉作「永寶用」，〈龍生鼎〉作「子〃孫〃萬年永寶用」，〈伯都父鼎〉作「其萬年永寶用」，〈君季鼎〉作「子孫永寶用之」，〈圓寶鼎〉作「其子〃孫〃永用言」，〈孔文父飼鼎〉作「子孫寶用」，〈師淮父卣〉作「其子〃孫〃永寶」，〈尹卣〉作「子〃孫〃寶用」，〈召仲考父壺〉作「子〃孫〃永寶是尙」，〈達敦〉作「子孫永寶用」，〈史張父敦〉作「其萬年永寶用」，〈刺公敦〉作「子〃孫〃永寶」，〈散季敦〉作「其萬年子〃

孫〃永寶」。各器均以「永寶」爲結束頌辭，是證其爲金文常用語。

用匽以喜：吳《錄》〈周鐘〉銘云：「羣孫□子璋，睪其吉金，自作
龢鐘，用匽以喜，用樂□□。」用匽以喜，蓋古人銘鐘之常語矣。(《古
籀拾遺・上・鄔子鐘釋文》)

按馮雲鵬《金石索》載〈周徐王子鐘銘〉，亦有「以匽以喜」之句。

蔑曆：蔑曆之文，金刻常見，並間有作蔑某曆者，如〈敔敦〉云：「王
蔑敔曆」，〈畢中孫子敦〉云：「王蔑段曆」，竝以作器者之名箸於蔑
曆兩字間。凡云某蔑曆者，猶言某勞于行也，云王蔑某曆者，猶言
王勞某之行也，各如其字釋之，則古金所謂蔑曆、蔑某曆者，不至
鉏鋙而不合矣。(《古籀拾遺・上・𢼸尊釋文》)

朝夕：〈叔殷父敦〉「用朝夕亯孝宗室」，〈仲殷父敦〉亦云「仲殷父
鑄敦，用朝夕亯孝宗室」，其文正同，足徵「朝夕亯孝」，爲古人銘
器之常語矣。(《古籀拾遺・中・叔殷父敦釋文》)
按：如〈追敦〉作「用亯孝于前文父」，〈伯冏父敦〉作「姕夕亯用祈
萬壽」，〈㝅敦〉作「用亯于宗室」。

蘄：今攷金文，凡言蘄者多頌禱之語（引同前）。
按：〈姬奐豆〉作「用蘄眉壽永命多福」，〈𢀎仲槃〉作「用蘄眉壽萬年
無疆」，〈伯冏父敦〉作「用蘄萬壽」，〈召仲考父壺〉作「用蘄眉萬年
無疆」，〈晉姜鼎〉作「用蘄綽綰眉壽𠦪惠爲亟萬年無疆」，〈伯碩父鼎〉
作「用蘄匄百祿眉壽綰綽永令萬年無疆」。

仐：今余連文，金文常見。薛《款識》〈龍敦〉、〈邿敦〉、〈師虎敦〉
并云「今余隹鐘京乃命，〈牧敦〉云「今余唯域盧故命女辟百寮」，
本書〈卯敦〉云「今余非嘏夢先公」，又云：「今余惟命女𦥑治旁宮
旁人」，吳《錄》〈師寰敦〉云：「今余肇命女率齊師」，又云：「今余
勿叚組」，竝其證。(《古籀拾遺・中・召伯虎敦釋文》)

康虔屯魯：此四字金文常見。(《古籀餘論・中・吳生鐘釋文》)
按：薛氏《鐘鼎款識》〈齊侯鎛鐘〉有「萬福屯魯」，〈微欒鼎〉有「用
易康嗣魯休屯右眉壽永令霝終」，〈虢姜敦〉有「蘄匄康嗣屯右通祿永
命虢姜」，〈盠和鐘〉有「以受屯魯多曆」，竝其證。

黹純：金文常見。(《古籀餘論·中·伯裕父鼎釋文》)

按：薛氏《鐘鼎款識》〈宰辟父敦〉有「玄衣黹屯」，〈伯姬鼎〉有「玄衣黹屯赤市」，其他如〈頌鼎〉作「玄衣黹屯赤市朱黃㘡」，〈無叀鼎〉有「玄衣黹屯」，〈師㝨父鼎〉有「易戠市冋黃玄衣黹屯」，均其明證。

更生案：仲容釋 🔣 爲黹純，最精審詳備。時賢屈翼鵬先生亦曾論及。

(原注：見《書傭論學集》，33 頁，〈釋黹屯〉一文)

用饗多諸友：猶《詩·六月》云：「飲御諸友」，金文〈岠中簋〉云：「諸友飱飲具飽」，彼諸字作 🔣 者，亦以者爲諸，但不從土耳。近時新出金文如〈趞曹鼎〉云：「用作寶鼎，用鄉朋友」，〈先獸鼎〉又云：「用朝夕鄉乃多朋友」，蓋古賓、祭禮並重，饗飲朋友，固制器勒銘之常語矣。(《籀膏述林》卷七〈周麥鼎考〉)

此金文慣用語之例。

(三) 增省之通例

🔣：薛〈款識〉題爲〈周莽史鼎〉，史上一字釋爲莽，吳從龔自珍說，改釋爲叜云：《說文》兩手奉厈爲叜，奉干亦爲叜(此據《說文》古叜作佷，從人收干)，此爲兩手奉必，必者戈必也，又駁薛釋云，莽從四屮，細讀搨本，不見四屮形。今案龔說非也，古文增省無定，莽字不必定從四屮，薛書〈齊侯鎛鐘〉，鈇鎬錆鋁，錆作 🔣，其偏旁莽字，亦省四屮爲二屮，與此鼎正可互證，薛釋信而有徵，龔所見器文莽字，上半屮形微沏，遂妄爲異說，殊不足信，吳書所述龔說類此者甚多，不能盡辯也。(《古籀拾遺·下·周叜史鼎釋文》)

🔣：當即剌字，左與束帶朿字同，下畫微有缺蝕耳，〈周大鼎〉用作朕剌考己白，〈盂鼎〉剌作 🔣，正與此同，彼左從 🔣 者，增益以就繁縟，非從束也。(《古籀拾遺·下·周寶父鼎釋文》)

🔣：字書及金石文字，康字竝未有作此形者，吳釋爲康，殆不足據，今攷此字，見于金刻者凡三，形皆相近，而所釋各異，由釋者各以其意讀之，未嘗合而勘之也。一見于阮書〈中義彝〉，其文曰「中義其自凸食 🔣」，阮釋爲彝。再見于吳《錄》〈周十月彝〉，

其文曰:「十月丁亥乙自凵臥𩰠」,吳釋爲匉,云,古尊彝皆有舟,匉者叚借字也。三即見于此彝。三器筆畫互有增省,其爲一字,蓋無可疑者。吳于〈十月彝〉釋爲匉,此釋爲康,皆肊說無左證,于形聲尤不相比附。阮釋爲匉,釋文亦未著其說,攷《說文》古文彝,作𢍜,似从厽而筆畫小異,此三字竝从㐬,〈中義彝〉及此銘,又竝从糸,且三器制度同屬彝,阮釋殆近之矣。(《古籀拾遺・下・周居後彝釋文》)

廬:舊竝釋爲應,以篆文偏旁審之,厓中箸𥆩,墒是廬字。漢隸廬字多作厏,即其流變,下似从心者,疑邑下阝形之變,要皆增羡之筆。古竟文往往增消任意,不能盡以六書之誼繩之。(《籀膏述林》卷八〈新始建國銅鏡拓本跋〉)

此古金文增省無定,不能盡以六書之誼繩之之例。而觀仲容所援之例,復多爲偏旁,故其於釋〈叔殷父敦〉時,即明示古文偏旁變易無定,〔註 116〕後之治金石古文大篆之學者,得仲容說可以知其概矣。

盂爵:此銘凡四行,其三行末有彝字,以文例推之,此字當箸于四行末尊字下,賓當屬貝爲文,謂白儐盂以貝也,因末行字多,不能容彝字,乃移箸于前一行賓字下,前〈矢伯隻卣〉器文,「矢伯隻作父癸彝」,彝字移箸隻字下,後〈格伯敦〉第二器末冊字,亦因字迫笮,移箸前行之末,與此正同,金文范鑄變易不拘,恒例往往如是,不足異也。(《古籀餘論・上・盂爵釋文》)

案:〈格伯敦〉末字,吳釋爲亯,於文義字形竝無阻牾,下〈格伯敦釋文〉,仲容亦無別說,惟注云未墒,而此以爲冊字,未知何據,其字作𑢢,與冊字亦絕不相似。

戻:从厂从吳,吳氏不著其讀,攷《說文》戻吳二字皆未載,惟〈矢部〉吳,古文作𣥏,段玉裁謂从吳,他如〈夰部〉昦从日夰,〈介部〉𡘹从介白,古文以爲澤字,又〈無敢鼎〉敢字作𢼄,〈毛公鼎〉亡敢之敢作𢼄,似皆吳之變體,故段借爲敢。以上諸字竝與吳形近,而與从厂皆不合,惟〈多父盤〉云「戻又父母」,戻,吳釋

〔註 116〕《古籀拾遺・中・叔殷父敦釋文》云:「〈仲殷父敦〉朝作𦩻,〈周鼎〉朝作𦩻,〈周乙亥彝〉朝作𦩻,則又變𠦝爲𠦝,古文偏旁變易無定,有如此者。」

爲昊，與此㑔似皆一字，但彼下從昊，此下從吳，形復小異，彼疑當爲㞋，即《說文·厂部》![字]字之省，以目爲![字]者，亦變文，界罩互通，此變目爲○，又省中點，或范鑄不具，或拓本不析，皆未可知也。(《古籀餘論·中·召伯虎敦第二器釋文》)

進人：惟進人二字不可解，疑進爲賣之借字，人當爲乃，范鑄不審，偶類人字，下文亦云乃實，可證。《古籀餘論·中·兮田盤釋文》)

按：振玉《三代吉金文存》卷十七〈兮田盤〉此二字原形作![字]，進下正是![字]字，或《筠清館金文》拓本不析與，特附記於此。

![字]：即榮之省，〈康鼎〉「![字]白内右康」，![字]白亦當爲榮伯，彼無四點者，范鑄闕挩或文省，金文凡從火者，亦多省作![字]也，舊釋爲艾，亦誤。《古籀餘論·下·卯敦釋文》)

以上爲金文范鑄變易不拘之例。

![字]：元文當爲十，十即才字也。叚才爲在，金文要見，蓋呂所見拓本不精，遂成上形，薛《款識》摹从之，疏矣，此以「在上嚴」爲句，〈叔丁寶林鐘〉「用喜皇考其嚴在上」，〈宗周鐘〉「不顯祖考先王其嚴在上」，〈虢叔旅大林鐘〉「皇考嚴在上翼在下」，其「在上」二字竝作十二，與此正同，彼云「嚴在上」，此云「在上嚴」，文偶傎到耳。(《古籀拾遺·上·盠龢鐘釋文》)

![字]：舊釋爲燕，諦審篆文从匐从君，疑當爲麌之異文。《說文》匐，獸也，象形，頭與兔同，足與鹿同，爭即君之到文。〈追敦〉頵字作![字]，〈史頌敦〉作頮，可證。篆文从匐與从鹿形義竝近，古文多互易。(《古籀餘論·上·史燕簠釋文》)

![字]：吳釋晉冎，于形不誤，而以冎爲冎師，晉冎爲晉涂，則義不可通。諦審銘文，冎字附綴晉字下，其形甚小，當以晉冎二字合爲遚字，古从辵之字，有變从冎者，〈卹子簠〉「用![字]孟姜秦嬴」，![字]即遺字，《說文》遚从辵告聲，古文作![字]，从冎，是其證。(《古籀拾遺·下·周然眹敦釋文》)

![字]：从雨从![字]，舊竝釋爲霝，蓋謂省令爲卩，然金文罕見，竊疑當爲从雨从尸，即屌字，迻尸箸雨下，與小篆不同，金文迻易傎到

固無定例也。(《古籀餘論‧中‧格伯敦釋文》)

晶：不能辨其形聲，諦案其偏旁，與〈師鄁敦蓋〉**䘏**；〈毛公鼎〉**䘏**，
二字左旁相類，舊竝釋彼為繼，其字亦見薛《款識》〈龍敦〉、〈邿
敦〉、〈師嫠敦〉、〈微樂鼎〉、〈穆公鼎〉、〈齊侯鎛鐘〉，竝傳摹淆
舛，不甚可據，皆不及〈毛公鼎〉之明晰，而吳縣潘氏所藏〈克
鼎〉，亦有此字，作**䘏**，其字尤明晰，諦案當是从并从女，即《說
文‧女部》之姘字也(《說文‧从部》，并从从开聲，此變為从**䘏**
者，金文左右迻易，不甚拘字例，如〈戎都鼎〉秕字作**䘏**，即
其比例，變开為井者，二字古音同部，如邗、邢、刑、荆金文
竝不甚分別是也)。(《古籀餘論‧中‧召伯虎敦〉第二器釋文)

鼓：字舊無釋，今諦審篆形，疑當為鼓字，左从告，似壴形之上半，
右上从支反文，下从豆，即壴形之下半，猶〈白庚簋〉「白庚子
鼓鑄旅簋」，鼓字作**䘏**，亦迻易分析左右無定其例也。(《古籀餘
論‧下‧舀鼎釋文》)

此金文迻易傎倒固無定例之例。如「扁」、「君」二字之上下傎倒，「姘」、「鼓」
二字之左右迻易，「道」字之以「舟」易「辵」，「在上嚴」之作「嚴在上」，
其文字互易，古金文顯無固定之原則，治金石之學者，惟在究其文例，審其
偏旁，明其形聲通借之理，慧心運用而已。

屯：即《書‧顧命》鬒純之省，古文多省形用聲，然亦有省聲用
形者，如〈高克尊〉「既生霸」，霸省作雨，吳《錄》〈周大鼎〉，
「趣馬」，趣省作走，是也。(《古籀拾遺‧上‧宰辟父敦釋文》)

訢：此膳从肰从言，吳釋為訪，是以隸體之相似者并例古文，其誤
實甚。攷金文多云用祈多福，而其祈字多措斳為之，又或借旃
為之，如〈齊侯鎛鐘〉、〈齊侯罍〉、〈師器父鼎〉竝云「用旃眉
壽」是也。此膳亦即旃字，旃从肰斤聲，斤言聲近，故古从斤
之字或變而从言，《說文‧犬部》，狺，犬吠聲，从犬斤聲，《玉
篇‧犬部》，狺與狺同，《楚辭‧九辯》「猛犬狺狺而迎吠」，狺
即狺字也，此膳亦變斤為言，吳釋為訪，蓋未達古文形聲變易
之例也。(《古籀拾遺‧下‧周太師虘豆釋文》)

此即古金文形聲變易之例也。

（四）讀校之通例

〈周鐘〉：此鐘文鉦間爲第一段，鼓左爲第二段，鼓右爲第三段。鼓左一段順讀，自右而左，鼓右一段逆讀，自左而右（原注：阮《款識·宗周鐘》亦分三段，文次與此正同，惟彼鼓右亦順讀，與此微異耳）。文義本自明晰，吳氏誤以鼓右爲二段，鼓左爲三段，又順讀鼓右三行，遂至文句舛午，不可通，疏繆甚矣，今特正之。（《古籀拾遺·下·周鐘釋文》）

（鉦間）：第一段

（鼓左）第二段（順讀，自右而左）　　　（鼓右）第三段（逆讀，自左而右）

案：此鐘銘文，仲容因所見拓本不佳，許多均未曾釋，今依羅雪堂《三代吉金文存》重摹精校，則前漏而未釋者已可渙然而知矣。

〈𡨄王彝〉：諦審此銘，當迴環讀之曰：「王作旅鐎」，古金文例變化不拘，不足異也。（《古籀餘論・上・𡨄王彝釋文》）

〈父舟斝〉：此銘文當讀「舟作兄尊彝」，而以「父癸」二字別箸於上，第二器亦當以「父丁」二字別讀，後〈父乙斝〉云「舟兄癸作尊彝」，而上別箸「父乙」二字，即與此同可證。（《古籀餘論・上・父舟斝釋文》）

〈父舟斝〉

（應讀「父癸舟作兄尊彝」）

〈父乙斝〉

（應讀「父乙舟兄癸作尊彝」）

按：〈父乙斝〉依《三代吉金》卷十七所載，「尊」上並無乙字，特此附記。

〈鐘鉤〉：此銘面背當互易，讀爲「內公匕鑄從鐘之句」，舊讀「從鐘之句（面文）⼵公匕鑄（背文）」，未安。（《古籀餘論・上・鐘鉤釋文》）

按此鉤罕見，羅雪堂《貞松堂集古遺文》卷十一雜器有〈芮公鐘鉤〉適與《攈古錄》所載器文全同，羅云：「此即旋蟲也，定海方氏藏，昔程易疇先生定鐘幹爲旋蟲，其說甚確，惟未見其物，想像而爲之圖，載之〈考工剙物小記〉，今證以此器，其狀正爲圓環，下有物如蛇狀，尾上曲爲鉤，長建初尺三寸七分，《攈古錄》亦著錄一鐘鉤，文與方氏藏者正同而署短，予亦藏二枚，無款識，則長六寸弱，四鉤形狀相同，以物形如蛇，故名之曰旋蟲與。」又內公之內正作內，與《攈古》作⼵者不同。亦足徵仲容先生窮蒐冥索，暗合器文之情。

背部：從鐘之句　　　　　　　面部：內公凵鑄

更生案：鑄當是監之誤，原文闕蝕，但細審之，尚可析其下方从
皿，與鑄不同，爲監字無疑。「凵監」即今日「監製」之意，古器
物恒有之。

〈魯侯角〉：此銘字多奇詭難通，以意推之，蓋當作兩截讀，上之「魯
矦作用隌」，下之「爵圝粵裸盟」，言用以酌圝，以待聘裸與盟之用
也。（《古籀餘論・上・魯侯角釋文》）

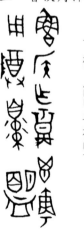

本銘分上下兩截讀之。
上截：魯矦凵用隌
下截：爵圝粵裸盟

〈盂爵〉：此銘凡四行，其三行末有「彝」字，以文例推之，此字當
箸於四行末「尊」字下，賓當屬貝爲文，謂白償盂以貝也，因末行
字多，不能容「彝」字，乃移箸於前一行「賓」字下。〈矢伯隻卣〉
「彝」字，亦同此例。（《古籀餘論・上・盂爵釋文》）

佳王初埶于

成周王令盂

寧戔（登）白賓

貝用乚父寶尊彝

注：「彝」因四行字迫，
　移箸三行之末。

以上為金文通讀之例，約而言之：有順讀、逆讀、迴環讀、面背互易之讀、上下分截讀，以及按其文例而讀數種，金刻范鑄無方，在學者細心玩索而已。

　　〈楚公鐘〉：蓋古文奇詭，隨意增省，或展轉流變，與正字迥異，非
　　通校諸器，不能得其達詁。（《古籀餘論·上·楚公鐘釋文》）

　　〈盂鼎〉：㒳字下云：今通校金文，參互推案，乃悟此字實當為冋。
　　（《古籀餘論·下·盂鼎釋文》）

　　〈克鼎〉：金文奇古，不能據孤文決定，必綜合諸器，參互斠覈，而
　　後可議其是非。（《籀膏述林》卷七〈克鼎釋文〉）

　　又克鼎「易田于埜」句下云：舊釋舛互間出，殆未深究其文例乎（引
　　見前）。

　　〈師奎父鼎〉：金文雖多奇詭，若以形聲字例悉心推校，尚可得其梗
　　概矣（《籀膏述林》卷九〈師奎父鼎拓本跋〉）。

此古金文校法之例，仲容所示校法有三：一曰通校諸器，二曰深究文例，三曰形聲偏旁。但方法有窮，金刻變易多方，尤於零章斷句，屬讀實難，〔註117〕仲容之說，亦不過發其大凡，揭舉數端，惟賴吾人好學而深思之。

　　畯：凡金刻之言畯者，竝當讀為駿。《爾雅·釋詁》駿，長也。〈盂

────────────────

〔註117〕見仲容校讀〈周安作公白辛彝〉。（《古籀拾遺》下）

和鐘〉「畯惠在位」，言長順在位也。〈剌公敦〉「畯在位」，言長在位也。〈宗周鐘〉「畯保三國」，言長保三國也，〈頌鼎〉、〈追敦〉「畯臣天子」，言長臣於天子也。此鼎言「用德畯保其子孫」，言用得長保其子孫也。(《古籀拾遺・上・晉姜鼎釋文》)

𩕥：吳釋爲㥁是也，徐釋爲愼，吳大澂釋爲顛，並非。銘文作𩕥，右從貿，即籀文頁字。《說文・頁部》顏煩二字，籀文並從貿，左從心省。《說文・心部》㥁，愁也，從心從頁。……王念孫云：「頁即首字，不知何故轉爲胡結切，《說文・㥁部》從頁聲。」案㥁從頁聲，故〈師𤸫敦〉云：「降喪首」，首與貿同，亦當讀爲㥁，言降喪㥁也。(《籀膏述林》卷七〈癸卯重定毛公鼎釋文〉)

嗣：《說文》嗣爲辭之籀文，金刻多以爲司字。(《古籀拾遺・上・齊侯鎛鐘釋文》)

母：古金文皆藉母爲毋，無用本字者。(引見前)

〈憲鼎〉下云：此鼎多用同聲叚借字，阮、錢並以本字釋之，則鉏鋙而難解矣。如讀戬爲裁，藉東爲董，訓反人爲叛人。(《古籀拾遺・中・憲鼎釋文》)

〈寓彝〉：金刻以尹爲君。(《古籀拾遺・中・寓彝釋文》)

〈周敦〉𤖩字下云：疑是嗣字，金刻凡治字多藉作嗣，廣嗣四方言廣治四方。(《古籀拾遺・下・周敦釋文》)

孚吳師：吳釋爲平吳師，斠其文義，平當爲乎，金文多以乎爲評，王乎吳師即王評吳師。(《古籀拾遺・下・周然睽敦釋文》)

〈小子射鼎〉：下云：十當爲才之古文，金文通例皆借才爲在。(《古籀餘論・上・小子射鼎釋文》)

鸌：此字《說文》所無，當爲鸏之異文，《說文・舜部》云：「鸏，華榮也。從舜，生聲。讀若皇。」古皇黃音同，故鸏或變從黃。(《古籀餘論・上・叔家父簠釋文》)

𥦗：當是窺字，《說文・穴部》：「窺，正視也。從穴中正。正亦聲。」

此篆从宀與从穴畧同，下从頁者，古文頁見多互通，如後〈追敦〉、〈史頌敦〉、〈虢季子白盤〉，顙字竝作𩑈，是其例也。(《古籀餘論‧中‧敔仲簠釋文》)

鈗：鈗之爲金，古書無見，以聲類考之，當爲鉛之叚字。古允聲與㕣聲近字可互通，故《說文‧水部》：「沇，古文作㕣。」〈金部〉：「鉛，青金也。」與竅玄黃爲四色則鑪其白金乎。(《古籀餘論‧中‧敔仲簠釋文》)

𦫳：此乃眚字，金文更有作𦫳者，又省𡆥爲𡆥，蓋亦一字。又古字眚與省通，凡金文云眚者，義多爲省之叚借。(《古籀餘論‧中‧揚敦釋文》)

𧵩：竊疑當爲遺，即遺字之異文，前〈召伯虎敦〉第二器，媾字作𧵩，帶形亦作𢎿可證，古帶聲貴聲字音近，多通用，如《論語》詠而歸，《魯論》歸作饋，是其例也。(《古籀餘論‧中‧揚敦釋文》)

毋𣪘或入稱変賓：変當讀爲廏，《說文‧宀部》：「宄，古文作叏。」而〈广部〉：「廏，古文作𠪚。從九。」聲類同，得相通借。(《古籀餘論‧中‧兮田盤釋文》)

𣋚字下云：竊謂當爲眉字，凡金文眉壽字，皆叚𣋚爲之，其字多作𣋚。(《古籀餘論‧下‧散氏盤釋文》)

此證古金文通叚之例。

𢂴：龔疑爲幝之省文，竊謂此當爲幃字，《說文》幃，囊也，從巾韋聲，此巾上又從口者，古籀文字多增益形聲，不足異也。(《古籀拾遺‧下‧周韓矦白晨鼎釋文》)

〈宰辟父敦〉第二器觜屯下云：古文多省形用聲，然亦有省聲用形者。(《古籀拾遺‧上‧宰辟父敦釋文》)

此古金文增益形聲之例。

（五）勒銘紀時之通例

〈盅和鐘〉：後人作銘，前有敍者，銘首必綴以銘曰云云，其例蓋昉

此，亦言金石例者所當知也。(《古籀拾遺·上·盅和鐘釋文》)

按〈盅和鐘〉「秦公曰，不顯朕皇祖受天命……作盅龢鐘，乃名曰。……」〈窖磬〉亦有「□之配乃益曰，鄬子聖盡巧唯奴妹奄以虔……，自戶窖磬，乃名曰……」，此其例也。

〈宄盉〉：《禮記·祭統》述孔悝之鼎銘，而繼之曰：「古之君子，論譔其先祖之美，而明著之後世者也。」此言蔑靜女王休用作盤盉，猶言勉論譔女王之休美，而作此器耳。(《古籀拾遺·中·宄盉釋文》)

〈周師寰敦〉：且銘勒武功，宜于祭祖考之器，未有爲子孫作器而銘功者，此云作後男虩尊敦者，後男當即師寰之祖父，〈高克尊〉「用作朕穆考後中尊」，此云後男，猶彼尊云後中也，男者舉其爵，〈遺小子敦〉「作招男王姬鼎彝」，亦稱其祖父之爵爲男，可證。虩當爲臘之省，虩敦者，臘祭所用之敦也。《禮記·月令》「孟冬之月，臘先祖五祀」，鄭注：「臘，謂以田獵所得禽祭也。」(《古籀拾遺·下·周師寰敦釋文》)

〈匡簠〉：蓋匡爲工師，爲王作架，王休嘉之，因作簠以紀其事也。(《古籀餘論·中·匡簠釋文》)

〈楷改彝〉：審繹前後文意，蓋楷國之臣，因楷伯與楷改締昏而作器，以紀其事，且致頌禱之詞。(《古籀餘論·中·楷改彝釋文》)

〈周師龢父敦〉：審校文義，實師龢因受王冊命，而作祭器以紀之。(《籀膏述林》卷七〈周師龢父敦拓本跋〉)

以上爲金文勒銘之例，計其所述，有論譔先祖先王之美者，有銘勒武功以祭祖考者，因王休嘉而鑄器永念者，或因婚媾大慶，以紀事頌禱者，或因受王冊命，作祭器以紀其盛者。至於金刻前有敘文，其銘首必綴以銘曰，尤爲治金石文字之學者，所當憭然之體制。惟禮器之功用有三：曰宗器，用於宗廟祭祀；曰旅器，用於旅行征伐；曰媵器，用於婚嫁陪送。而阮文達以銅器爲商、周之重寶，龔自珍說宗彝之用凡十九事，見以自古及今，無不寶愛而樂論之也。〔註118〕

〔註118〕吾師高仲華先生《中國文獻學研究·金石學》云：「禮器之功用有三：(一)

宗器用於宗廟祭祀，凡作宗彝，作祭器，祖考、宗彝、寶彝、蒸、嘗、享、孝之銘文多屬宗器。（二）旅器用於旅行征伐，凡銘作旅、行、征者均屬旅器。（三）媵器用於婚嫁陪送，凡銘作侯、媵、朕、僀，娛者皆為媵器。」（師範大學講義）。

　　阮元論商周彝器云：「三代時鐘鼎為最重之器，故有六國以鼎彝為分器者：武王有分器之篇（〈書序〉：武王封諸侯，班宗彝作分器），魯公有彝器之分（《左》定四年，分魯公官司彝器，分康叔大呂，分唐叔姑洗，皆鐘也），有諸侯大夫朝享而賜以重器者，周王與虢公以爵（莊公二十一年，鄭伯之享王也，王以后之鞶鑑予之，虢公請器，王與之爵，鄭伯由是惡王），晉侯賜子產以鼎（《左》昭七年，晉侯賜子產莒之二方鼎）。有以小事大而賂以重器者，齊侯賂晉以地，而先以〈紀甗〉（《左》成二年），魯公賄晉卿以壽夢之鼎（《左》襄十九年，公享晉六卿，賄荀偃束錦加璧乘馬，先吳壽夢之鼎），鄭賂晉以〈襄鐘〉（《左》成十年，鄭子罕賂晉以〈襄鐘〉。杜注：鄭襄公之廟鐘），齊人賂晉以宗器（《左》襄二十五年，杜注：宗器，祭祀之器），陳侯賂鄭以宗器（《左》襄二十五年），燕人賂齊以斝耳（《左》昭七年），徐人賂齊以〈甲父鼎〉（《左》昭十六年），鄭伯納晉以鐘鎛（《左》襄十一年，亦見《晉語》）。有以大伐小而取為重器者：魯取〈郜鐘〉以為公盤（《左》襄十二年），齊攻魯以求〈岑鼎〉（《呂氏春秋》：齊攻魯，求〈岑鼎〉，魯君載他鼎以往，齊侯弗信。又見《說苑》、《新序》）。有為述德徼身之銘以為重器者，〈祭統〉述孔悝之銘，叔向述〈讒鼎〉之銘，（《左》昭三年），孟僖子述正考父鼎銘（《左》昭七年），史蘇述商衰之銘。（《晉語》）。有為自矜之銘以為重器者：禮至銘殺國子（《左》僖二十五年），季武子銘得齊兵（《左》哀十九年）。有鑄政令於鼎彝以為重器者：司約書約劑於宗彝（《周禮·秋官》），晉、鄭鑄刑書於〈刑鼎〉（《左》昭六年，又二十九年），且有王綱廢墜之時，以天子之社稷，而與鼎器共存亡輕重者：武王遷商九鼎於洛，楚子問鼎於周（《左》宣三年），秦興師臨周求九鼎（《戰國策》）。」（見阮元〈商周銅器說·下篇〉）

　　龔自珍云：「宗彝者何？古之祭器也，君公有國，大夫有家，造祭器為先，祭器具則為孝，祭器不具為不孝。宗彝者何？古之養器也。所以羞耇老受祿祉，養器具則為敬，養器不具為不敬。宗彝者何？古之享器也，古者賓師亞祭祀，君公大夫享器具則為富，享器不具為不富。宗彝者何？古之藏器也，國而既世矣，家而既世矣，富貴而既久長矣，於是乎有府庫以實重器，所以鳴世守，媲祖禰，矜閥閱矣。宗彝者何？古之陳器也，出之府庫，登之房序，無事則藏之，有事則陳之，其義一也。宗彝者何？古之好器也，享之日，於是有賓，於是有好貨。宗彝者何？古之征器也，征器也者，亦謂之從器，從器也者，以別於居器。宗彝者何？古之矜器也，君公大夫有公烈，則刻之吉金以矜子孫。宗彝者何？古之約劑器也，有大訟則書其辭，與其曲直而刻之，以傳信子孫。宗彝者何？古之分器也。三王之盛，封支庶以土田，必以大器從。宗彝者何？古之賂器也，三王之衰，割土田以予敵國，必以大器從。宗彝者何？古之獻器也，小事大，卑事尊，則有之。宗彝者何？古之媵器也，君公以嫁子，以鎮撫異姓。宗彝者何？古之服器也，大者以御，次者以服，小者以佩。宗彝者何？古之抱器也，

觀阮、龔二家引據精博，足補仲容先生說金文勒銘之所未備，治金石者，不可不加之意也。

〈己酉戌命彝〉：金刻有有書十四月、十六月、十九月者，並由時君未改元，自即位之月通數之（說詳董逌《廣川書跋》）。（《古籀拾遺・上・己酉戌命彝釋文》）

〈周宂敦〉：「隹十又二月初吉」者，十又二月，記月也，初吉，記日也，昧爽，記時也。金文多記年，記月，記日，而不記時，此獨不記年而記時，亦僅見之例矣。（《古籀拾遺・下・周宂敦釋文》）

〈周安作公白辛彝〉：古金文紀時無以曡者。（《古籀拾遺・下・周安作公白辛彝釋文》）

〈舲尊〉：「隹王十祀又五彡日」者：末彡字金文未見，吳引許瀚云，積五畫即五字，王十祀又五五日者，十五年正月五日也。案許謂集五畫即五字，近是，而云十五年正月五日，則不可通。竊謂十祀自是十年，又五五日者，閏五月五日也，紀日以積畫者，或欲取重五之義，特別異之，五下不箸月字，而又不可作重文，故放三字積畫，以爲楬識與。（《古籀餘論・上・舲尊釋文》）

〈陳眆敦蓋〉：「隹王五月丂日丁亥」者，丂日，上似兀字，即元字之省，然紀日稱元日，金文罕見。（《古籀餘論・中・陳眆敦蓋釋文》）

〈乙亥方鼎〉：「隹王正」者，猶云「王正月」，紀作器之時也。（《籀膏述林》卷七〈乙亥方鼎拓本跋〉）

〈周虢季子白盤〉：「十二年正月初吉丁亥」者，依平定張石州孝廉用四分周術推盤銘，定爲周宣王十二年正月三日，副貢之弟貴

國亡則抱之以奔人之國，身喪則抱之以奔人之國。宗彝者何？古之殉器也，槾之外，棺之中，棺之外，槨之中，槨之外，冢之中，於是乎有之，起於中古。宗彝者何？古之樂器也，八音金爲尊，故銘之，衎神人也。宗彝者何？古之儆器也，或取之象，或刻之銘，以自教戒，以教戒子孫。宗彝者何？古之瑞命也，有天下者，得古之重器，以爲有天下之祥，有土者，得古之重器，以爲有土之祥，有爵邑者，得古之重器，以爲有爵邑之祥……古之於器，又有二大端焉，又不可以不辨也。一曰自造器，一曰以古人之器。蓋於祭，於享，於約劑，於旌，古者必自造器，於分，於藏，於陳，於好，於獻，於略，則以其古人之器。」（見龔自珍〈說宗彝〉一文）

曾，以三統術推之，亦與張推四分術同。嘉興錢衍石給諫《紀事
稾》有此盤跋，據《毛詩》傳，初吉爲朔日，謂當以月朔丁亥求
其年。然王文簡《經義述聞》，詳辨月朔不得稱吉，謂日之善者，
即謂之吉日。其在月之上旬者，謂之初吉，庯《毛傳》及《論語》
孔注、《周官》鄭注、《國語》韋注之非。余謂古書初吉有二義，
一爲月朔，毛鄭所說是也。一爲節氣之始，《國語‧周語》云：「先
立春九日，大史告稷曰：『自今至于初吉，陽氣俱烝，土膏其
初。』稷以告王曰：『距今九日，土其俱動。』」是其義也。張氏推此盤
銘正月初吉不在月朔，或當爲立春日，抑或如王說，泛指正月上
旬，皆未可知。錢氏墨守《毛詩》說以獻疑，固矣。（〈籀膏述林〉
卷七〈周虢季子白盤拓本跋〉）

此金文紀時之例。按仲容之言金刻紀時，十四月、十六月、十九月，紀月也。
初吉、三日、元日，紀日也。昧爽、旦，紀時也。金刻之言紀年、紀月、紀
日者甚多，而紀時之例，尙不易覯，茲綜古近各家之說，分年、月、日、時
之次，第爲補述之，以見金刻紀時之全貌焉。金刻有不紀時之例，〔註119〕金
刻紀時有紀於銘首之例，〔註120〕金刻紀時有紀於銘末者。〔註121〕至於金刻紀
年：金刻有不紀年單紀月日之例，〔註122〕金刻有紀年月日俱備之例。〔註123〕
金刻紀月：金刻有紀十三月之例，〔註124〕金刻有紀十四月之例，〔註125〕金刻

〔註119〕如〈秦盄龢鐘〉，其敘文與銘文均不紀時。〈周遟父鐘〉，其器有四，均不紀時。
　　　　其他若〈豐鼎〉、〈魯公鼎〉、〈娟氏鼎〉、〈叔夜鼎〉，銘文不紀時者甚夥。
〔註120〕如〈齊侯鎛鐘〉首書「佳王五月辰在戊寅」，〈晉姜鼎〉首書「佳王九月乙亥」，
　　　　〈微樂鼎〉首書「佳王廿又三年九月王在宗周」，〈伯庶父敦〉首書「佳二月戊
　　　　寅」，並爲其例。
〔註121〕如〈己酉戌命彝〉銘末書「用室圃宗彝十九月佳王十祀」，〈乙酉父丁彝〉銘
　　　　末書「四日佳王六祀四日」，〈師𤲃敦〉銘末書「子〃孫〃永寶用凵世宮寶佳
　　　　元年二月既望庚寅王各于太室」。〈文姬匜〉銘末書「用凵文姬己寶彝十一月
　　　　又三」，皆其顯例。
〔註122〕如〈晉姜鼎〉曰「佳王九月乙亥晉姜曰」，〈師秦宮鼎〉曰「佳五月既望王□于
　　　　師秦宮」，〈公緘鼎〉曰「佳十又四月既死霸」，〈季娟鼎〉曰「正月王在成周王
　　　　徙于楚麓」，皆此例。
〔註123〕如〈鬲攸从鼎〉曰「佳卅又二年三月初吉壬辰王才周康……」，〈散季敦〉曰「佳
　　　　王四年八月初吉丁亥」，〈高克尊〉曰「佳十又六年十月既生霸乙未」，均爲其明
　　　　證。
〔註124〕如〈南宮中鼎〉曰「佳十又三月庚寅，王在寒師」，〈師湯父鼎〉曰「佳十又三
　　　　月初吉」，〈遣尊〉曰「佳十又三月辛卯」，均是其例。

有紀十九月之例，〔註126〕有紀十六月之例，〔註127〕至若有十一月作十月又一月之例。〔註128〕金刻紀日，茲綜覽古器物，有可得而言者凡四：曰初吉之例，〔註129〕曰既生霸之例，〔註130〕曰既望之例，〔註131〕曰既死霸之例，〔註132〕別亦有以既霸紀日之例，〔註133〕惟此例罕覯。近人王國維先生著〈生霸死霸考〉，專論金文紀日之例：

> 王國維〈生霸死霸考〉云：「余覽古器物銘，而得古之所以名日者凡四：曰初吉、曰既生霸、曰既望、曰既死霸，因悟古者蓋分一月之日為四分。一曰初吉，謂自一日至七八日也，二曰既生霸，謂自八、九日以降至十四、五日也，三曰既望，謂十五、六以後，至二十二、三日，四曰既死霸，謂自二十三日以後，至于晦也。八、九日以降，月雖未滿而未盛之明則生已久，二十三日以降，月雖未晦，然始生之明固已死矣，蓋月受日先光處，雖同此一面，然自地觀之，則二十三日以後，月無光之處，正八日以前月有光之處，此即後世上弦下弦之所由分，以始生之明既死，故謂之既死霸，此生霸、死霸之確解，亦即古代一月四分之術也。若更欲明定其日，於是有哉生魄（原注：《書・康誥》及〈顧命〉），旁生霸（原注：《漢書・律歷志》引《古文尚書・武成》《逸周書・世俘解》，均作「既旁生霸」，既字疑衍），旁死霸（原注：《古文尚書・武成》及《周書・世俘解》）諸名，哉生魄之為二日或三日，

〔註125〕如薛《款識》〈公緘鼎〉曰「隹十又四月既死霸」，即其例證。

〔註126〕如〈己酉戌命彝〉曰「十九月隹王十祀」，〈兄癸卣〉蓋器兩銘均曰「十九月隹王九祀世昌」，即係此例。

〔註127〕如〈庚申父丁角〉曰「十六月惟王廿祀」，即此例。

〔註128〕如〈禦鼎〉曰「隹十月又一月丁亥」，此其例也。

〔註129〕如〈郘子鐘〉曰「隹正月初吉丁亥」，〈楚卲仲南和鐘〉曰「隹正月初吉丁亥」，〈伯碩父鼎〉曰「隹六年八月初吉乙亥」，〈大夫始鼎〉曰「隹三月初吉甲寅」，皆其例證。

〔註130〕如〈高克尊〉「隹十又六年十月既生霸」，〈師毛父敦〉曰「隹六月既生霸」，〈牧敦〉曰：「隹王十年十又三月既生霸」，即此例也。

〔註131〕如〈師𦭜敦〉曰「隹元年二月既望」，〈龍敦〉曰「隹元年既望」，〈伯姬鼎〉曰「隹廿又八年五月既望」，即其例證。

〔註132〕如〈公緘鼎〉曰「隹十又四月既死霸」，〈史懋壺〉曰「隹八月既死霸」，〈頌鼎〉曰「隹三年五月既死霸」，〈呂鼎〉曰「唯五月既死霸」，皆其顯例。

〔註133〕如〈大鼎〉曰「隹十又五年三月既霸丁亥」。

自漢已定說，旁者，溥也，義進於既，以古文〈武成〉差之，如既生霸爲八日，則旁生霸爲十日，既死霸爲二十三日，則旁死霸爲二十五日，事與義會，此其證矣。凡初吉、既生霸、既望、既死霸各有七日或八日，哉生魄、旁生霸，旁死霸，各有五日若六日，而第一日亦得專其名，書器於上諸名，有作公名用者，如〈顧命〉『惟四月哉生魄，王不懌，甲子，王乃洮頮水。』哉生魄不日，至甲子乃日者，明甲子乃哉生魄中之一日，而王之不懌，固前乎甲子也。〈靜敦〉云：『惟六月初吉，王在葊京，丁卯，王命靜司射。』〈宂彝〉云『惟六月初吉，王在鄭，丁亥，王格大室。』〈邘敦〉云：『惟二年正月初吉，王在周邵宮，丁亥，王格于宣榭。』初吉皆不日，至丁卯、丁亥乃日者，明丁卯、丁亥皆初吉中之一日，至王在葊、在鄭、在周邵宮，固前乎丁卯、丁亥也。更證之他器，則〈虢季子白盤〉云：『惟王十有二年正月初吉丁亥』，案宣王十二年正月乙酉朔，丁亥，乃十三日。〈吳尊〉云：『惟二月初吉丁亥』，末云，『惟王二祀』，案宣王二年二月癸未朔，則丁亥乃月五日。〈師兌敦〉云，『惟三年二月初吉丁亥』，案幽王三年二月庚辰朔，丁亥，乃月之八日，是一日至八日，均可謂之初吉也。〈師虎敦〉云：『惟元年六月既望甲戌』，案宣王元年六月丁巳朔，十八日得甲戌，是十八日可謂之既望也。〈兮伯吉父盤〉（原注：亦稱〈兮田盤〉）云：『唯五年三月既死霸庚寅』，此器有伯吉父之名，有伐玁狁之事，當即《詩・六月》之文武吉甫所作，必宣王時器，而宣王五年三月乙丑朔，二十六日得庚寅。又如〈頌鼎〉、〈頌敦〉、〈頌壺〉諸器皆云：『惟三年五月既死霸甲戌』，此諸器自其文字辭命觀之，皆屬、宣以降之器，而宣王三年六月乙亥朔，三十日得甲戌，是二十六日、三十日皆得謂之既死霸也。此爲用公名者也。其用爲專名者，如古文〈武成〉云：『惟一月壬辰旁死霸，若翌日癸巳』，又云：『粤若來二月，既死霸，粤五日甲子』，又云：『惟四月既旁生霸，粤五日庚戌』，〈召誥〉云：『惟二月既望，越六日乙未』，此皆以旁死霸、既死霸、既旁生霸、既望等專屬第一日，然皆不日，惟〈武成〉之旁死霸獨日，顧不云旁死霸壬辰，而云惟一月壬辰旁死霸者，亦謂旁死霸自壬辰始，而非壬

辰所得而專有也。故欲精紀其日,則先紀諸名之第一日,而又云:
粵幾日某某以定之,如〈武成〉、〈召誥〉是也,否則但舉初吉、
既生霸諸名,以使人得知是日在是月之第幾分,如〈顧命〉及諸
古器銘是也。苟由此說以攷書器所紀月日,皆四達而不悖。」(原
注:見《王觀堂全集》第一冊)

吾師高芛之先生曾著〈虢季子白盤考釋〉,於忠愨之說多所諟正,其言曰:

以王氏〈生霸死霸考〉之主張一月四分術,可得下表:

> 初　　吉　一日至七八日
>
> 既生霸　八、九日至十四、五日
>
> 既　　望　十五、六日至二十二、三日
>
> 既死霸　二十二三日至晦日
>
> 哉生魄　二日或三日
>
> 旁生霸　十日
>
> 旁死霸　二十五日

此表前四名為段,後三名為點,點既在段內,而命名之方式相混,
不合邏輯,先已不能令人置信。又《說文》「霸,月始生,霸然也,
承大月二日,承小月三日,從月䨣聲。」是霸為月之光體,承大
月二日者,即上月為大月,則本月二日(原注:即初二日)月始
生霸,承小月三日者,即上月為小月,則本月三日,月始生霸,
月始生霸故曰哉生霸,《爾雅》:「哉,始也。」漢人用同音通叚字
以「魄」代「霸」,故亦曰「哉生魄」,凡經籍經漢人寫定者,或
多改「霸」為「魄」,而周之金文,則概作「霸」,故「哉生霸」
與「哉生魄」異名而同實,均為月之初二,或初三蛾眉月之時,
既知「哉生霸」之為點,則「既生霸」亦必為點,「哉生霸」為月
光始生之時,「既生霸」為月光已生滿不能再生之時。「哉生霸」
為始點,「既生霸」為終點,「哉生霸」為月之初二三,「既生霸」
為月之十五,此可以顧名思義不待外求而得者也。既知「既生霸」
之為月光已生滿不能再生之時,則知「既死霸」必為月光已死去
不能再死之時。是「既生霸」為「望」,「既死霸」為「朔」,其義
甚明也,「望」之次日自為「既望」,「朔」之日,亦曰「初吉」,
吉者祭也,古有五禮:吉、凶、軍、賓、嘉,吉禮即祭禮。金文「初

吉」，亦作「月吉」（原注：見〈令彝〉），亦作月初吉（原注：見
〈徐諧尹鉦〉），吉之意皆爲祭，古有告朔之祭。告朔之祭，爲月
之初祭，則以朔日爲「初吉」，其命名之意有由來矣。是「初吉」、
「既生霸」、「既望」、「既死霸」，四名均爲點而非段，而《毛傳》
「初吉」爲「朔」之說，不可易也。（原注：見《大陸雜誌》二卷
二期高鴻縉〈虢季子白盤考釋〉一文）

　　斟酌兩家之說，則高師顯具卓見，較《觀堂集林》之言合理，如此金刻
紀日之例，所謂初吉、既生霸、既望、既死霸，於此可得一總解決矣。金刻
紀時者，有紀昧爽之例，〔註134〕有紀旦之例。〔註135〕

　　〈右軍戈〉：「廿四年邮陸□□□右軍工✶笑𡉈皇」：✶笑當爲市蔑二
字，工市即工師之省，謂作兵器之官，蔑即其名也。𡉈皇當即冶監
二字。〈攷工記〉，冶氏爲戈戟，冶監當爲監視鑄冶之義。古兵器物
勒工名，或恒例如是，故戈槍兩器皆以此二字殿末，漢器物銘多著
某官某甲省（原注：見薛《款識》），義正同工師、司寇司馬等，竝
監省官也。（《古籀餘論・上・右軍戈釋文》）

　　〈周安作公白辛彝〉：「𣄤從王女南𨕥貝酉使安用厶公日辛寶彝」，𣄤
王臣之名，𣄤既𨕥貝，乃使工作此彝，安蓋攻金工之名，〈月令〉所
謂「物勒工名，以考其成」者也。（《古籀拾遺・下・周安作公白辛
彝釋文》）

此古兵器物勒工名之例。

（六）其他雜例

　　〈召伯虎敦〉：此敦文字奇古，不能盡曉，《續古文苑》錄此銘，綴
以句讀，然諦審之，其義仍難通。（《古籀拾遺・中・召伯虎敦釋文》）

〔註134〕如〈周兝敦〉曰「隹十又二月初吉王在魯昧爽王格于大廟」，即其例。
〔註135〕如〈吳彝〉曰「隹二月初吉丁亥王在周成大室旦王格廟」，〈師艅敦蓋〉曰「隹
　　　　三年三月初吉甲戌王在周師彔宮旦王格大室」，皆其例證。

〈召伯虎敦〉（依據羅振玉《三代吉金文存》卷九重摹）

〈魯矦角〉：此銘字多奇詭難通。（《古籀餘論・上・魯侯角釋文》）

〈魯矦角〉（依據羅振玉《三代吉金文存》卷十六重摹）

以上爲金刻奇古不能盡識之例。

「」：當即甲冑二字，甲冑戰衣與干戈同錫，禮之所宜，古文湮滅，若之爲甲冑，蓋形義之炳然可說者。（《古籀拾遺・中・虡彝釋文》）

睪之金鎛銑鎛鑪：凡言睪金某某者，竝是金名，非器名。睪之金鎛

銳鏷鑪，言畢其金之未成器者，有銳鑪二種，合以鑄此匩也。(《古籀拾遺・中・張仲簠釋文》)

〈周父癸角〉「丙申王易南亞喪奚貝在魯用凵父癸彝」：奚貝蓋貝之名也，在魯言在魯地爲此器也。古金文紀錫與之物，或言數，或不言數，詳畧無定例。(《古籀拾遺・下・周父癸角釋文》)

　〈周父癸角〉(依據羅振玉《三代吉金文存》卷十六重摹)

「余其舍女臣十家」：此亦王命眾之語，舍與〈居後彝〉「君舍余三鍰戠二余一斤」舍字同義，即「賜予」予字叚借，余其賜予女以臣十家，古有錫臣僕之法，〈齊侯鎛鐘〉「余錫女車馬戠兵釐僕三百又五十家」，此云臣十家，猶彼云釐僕三百又五十家也。(《古籀拾遺・下・周大蒐鼎釋文》)

「易女秬鬯一卣玄袞衣幽夫赤㫄駒載畫斿𩅦爻虎幃冟□里幽□巤旂五旂彤弓彤矢旅弓旅矢」：其中駒、載二字，是證古王臣有錫駒之典。(《古籀拾遺・下・周韓矦白晨鼎釋文》)

「王省夒京王易小臣艅夒貝」：夒貝即謂在夒所得之貝，凡金文紀錫貝，多繫以所在地名，如〈天君鼎〉云：「丙午天君卿視酬在斥天君賈乃征人斥貝，用作父丁障彝。」在斥所錫曰斥貝，猶此在夒所錫曰夒貝也。(《古籀餘論・上・艅尊釋文》)

「易女赤環市䌛旂孫駍取遺五乎」：凡云若干鍰若干鋝者，竝主金言之，故直云取鐹五乎、卅乎，不箸金文。(《古籀餘論・中・揚敦釋

文》)

以上爲古金文言錫與之例。通觀金刻，古王臣之言錫與者，有錫貝之例，〔註136〕則得貝之由有曰錫貝者，有曰比貝者，有曰賞貝者，有曰取貝者。而東大貝，豐貝，奚貝，象貝，夒貝，皆言貝之產地。在升，在寒，指錫予之地也。其計數不計數無定，如計數多用朋，用孚者不經見。別有錫車馬衣物之例，〔註137〕有錫田里臣僕之例。〔註138〕有錫虎賁弓矢之例，〔註139〕亦有錫金之例，〔註140〕統觀金刻，則以金作器，有王錫臣僕以金，或鑄者自羃吉金，其他亦

〔註136〕如〈父乙鼎〉曰「賈貝用比父乙障」，〈己酉戍命彝〉曰「商貝朋」，〈丙寅卣〉曰「錫寶貝朋」，〈兄〉〈癸卣〉曰「錫爵兩八申貝在寒」，〈癸亥父己鬲鼎〉曰「王商比冊豐貝大子錫東大貝用比父乙寶鬲」，〈季娟鼎〉曰「錫貝」，〈師淮父卣〉曰：「錫貝卅孚」，〈文姬匜〉曰「錫貝」，〈敔敦〉曰「敔敔圭鬲幣貝五十朋」，〈商女婐彝〉曰「癸日商婐貝朋」，〈周父癸角〉曰「王錫南亞喪奚貝」，〈周安作公白辛彝〉曰「量從王女南比貝」，〈毛公鼎〉曰：「取圭貝卅孚錫女」，〈戊午爵〉曰「戊午子商象貝十朋」，〈小子射鼎〉曰「乙亥子錫小子射王商貝在升」，〈乙亥彝〉曰「乙亥王□畢公酉錫史舐貝十朋」，〈舲尊〉曰「王錫小臣舲夒貝」，〈史懋壺〉曰「王乎伊白錫懋貝」，〈乙亥方鼎〉曰「佳各商貝」。

〔註137〕如〈齊侯鎛鐘〉曰「錫女車馬」，〈宰辟父敦〉曰「錫女誇朱赤市玄衣黹屯斻鎜革」，〈寅簋〉曰「錫女父市赤舄駒載樂較朱虢卣鞁虎皂熏裏畫轉畫轙金甬馬三匹鎜勒」，〈吳彝〉曰「錫玄衣赤舄金車桒縢朱虢斻虎皂練裏桒車畫轉金甬馬三匹鎜勒」，〈宂簋〉曰「錫戠衣纁」，〈周宂敦〉曰「錫女赤環市」，〈周史頌敦〉曰「賚龕馬三匹」，〈周然睽敦〉曰「賚敏龍帛束」，〈周大鼎〉曰「令取鵮鵮卅匹錫大」，〈周韓侯白晨鼎〉曰「錫女玄袞衣幽夫赤旆駒載畫旂鞷攵虎幃冐」，〈周寶父鼎〉曰「易戠市同黃玄衣黹純」，〈毛公鼎〉曰「錫女金戠」，〈敔敦〉曰「易玄衣赤裏」，〈伯裕父鼎〉曰「王易赤環市玄衣，黹純纚斻」。

〔註138〕如〈齊侯鎛鐘〉曰「易女釐都霸彝其縣二百」，「易女釐僕二百又五十家」，〈敔敦〉曰「易田于敔五十田，于旱五十田」，〈周然睽敦〉曰「王召大易嗞睽里」，〈周大蒐鼎〉曰「余其舍女臣十家」，〈格伯敦〉曰「乃賓卅田」。

〔註139〕如〈晉姜鼎〉曰「我易鹵賣千兩」，〈宰辟父敦〉曰「王冊命周日錫女戈琱載彤矢」，〈虡彝〉曰「易甲冑干戈」，〈宂盉〉曰「易宂鹵百隉」，〈周韓矦白晨鼎〉曰「易女彤弓彤矢旅弓旅矢」，〈師湯父鼎〉曰「易盧弓象弭矢珏彤楯」。

〔註140〕〈陳侯彝〉曰「諸侯盨薦吉金用比孝武趠公祭器敦」，〈鉅仲簋〉曰「鉅作寶𢍰羃之金鏷允鏷鑪」，〈周鐘〉曰「璋羃其吉金自比穌鐘」，〈周居後彝〉曰「君舍余三鍰戠賣余一斤女錫賣余一斤絫賣余一斤赶舍余一斤余鑄此彝兒」。〈陳逆簋〉曰「余覃事齊侯懽卿宗家羃乃吉金以作乃元配季姜之祥器」，〈曾伯黍簋〉曰「余羃其吉金黃錯余用自作旅瑚」，〈鉅仲簋〉曰「鉅中作寶医𢍰乃金鏷鋁鏷鑪其勬其玄其黃」，〈周公華鐘〉曰「龜公華羃乃吉金玄鏐赤用鈴鑄乃穌鐘」，〈楚良臣余義鐘〉曰「余尋吉金鎛鋁以鑄味鐘」，〈師舲尊〉曰「易師舲金」，〈齊侯鎛鐘〉曰「敶羃吉金鈇鎬錇鋁用比鑄寶鎛」，〈羹鼎〉曰「羹攻戰無敵相刊及身孚戈用作寶尊彝」。

有舍金、貸金，甚而因戰俘戈，則毀戈以鑄器者，皆當分別識之也。至於王錫臣金，或以勛勞，或由戰功，其所錫之金曰鈇、曰鎬、曰鏻、曰鋁、曰鏷銑、曰鏷鑪、曰鏞、曰鏐、曰錯，其色曰勲、曰玄、曰黃、曰赤，足徵商周對銅器之重視，以及金工之精妙爲何如也。《周禮・考工記》謂金有六齊，其別如次：

> 六分其金而錫居其一，謂之鐘鼎之齊。五分其金而錫居其一，謂之斧斤之齊。四分其金而錫居其一，謂之戈戟之齊。三分其金而錫居其一，謂之大刃之齊。五分其金而錫居其二，謂之削殺矢之齊。金錫半，謂之鑒燧之齊。

可知古時鑄器，蓋以銅錫之合金爲之。至若冶鑄情狀，〈考工記〉亦有所載：

> 凡鑄金之狀，金與錫黑濁之氣竭，黃白次之。黃白之氣竭，青白次之。青白之氣竭，青氣次之。然後可鑄也。

銅器之鑄，必先作范，此即《墨子・耕柱篇》所謂「昔者夏合開使蜚廉採金於山川而陶鑄之昆吾」，陶鑄者即先作范而後鎔金也。〔註 141〕近日人近重眞澄氏就中國及日本古代銅器分析研究之結果，以爲自三代以至於唐，率爲銅錫之合金，亦或有銻、鈚、鋁、鎳、鐵等物質，銅器所發之光澤，復因原料成分之不同，以及火侯之優劣，致其精粗判然。〔註 142〕似此則金文器物之

〔註 141〕晚近論作范及鎔金之方法，首見于宋應星《天工開物》卷中〈冶鑄篇〉，次爲阮芸臺《研經室三集》三〈散氏敦郭銘拓本跋〉，再即容希白之《商周彝器通考》，在台者有蘇瑩輝先生曾參綜各家之說，著〈銅器鑄法及其品類用途〉一文畧云：「關於銅器之鑄法可分『土范』及『蠟模』數項。土范者：因晚近出土之物日豐，細自封泥泉范，大而鼎彝重器，靡不皆有。近年出土之銅器土范見於黃濬《鄴中片羽》著錄者有鼎、彝、尊、壺、觚、爵等土范，共達二十餘件，雖已破碎不全，但據容希白氏目睹，乃用合范之法，合數范而成一器，郭子衡氏嘗謂濬縣所出饕餮紋獸蓋方器之製法，即係四模合成，較晚之秦瓦量，則爲四字一范，合十字而成全文，總之，此類土范，實創于蠟模之先。蠟模者，古時鑄器，必先以蠟爲模，如此器樣，再加款識刻畫，然後用小桶加大而畧寬，納模於桶中，其桶底之縫，僅使有絲線漏處，以澄泥和水如薄糜，每日澆灌一次，候乾再澆，務使周圍塡足無罅隙，再解桶索，去桶板，急以細黃土，多用塩并紙筋，固濟於原澄泥之外，再加黃土二寸，留竅隙，中以銅汁瀉入，其事遂舉。但一鑄未必完成，故此類鑄器成品，甚爲稀貴。」原文見《大陸雜誌》第六卷第十二期

〔註 142〕近重眞澄云：「從分析所得察之，東方古銅器自三代以至於唐，率爲銅錫之合金，亦或有銻、鈚、鋁、鎳、鐵等物質，其有意參和之以爲用與？抑自然雜揉其間而不得出與？則必視其量之多寡與器物之用途以爲斷。自唐以降，加鋁愈多，又有易錫爲鋅之勢，惟鍊鋅術至近代而始精，若以三代秦漢之古器

研究，更與近代科學中之冶金學、化學分析，有密不可分之關係矣。

〈齊侯鎛鐘〉：自「德諫罰朕，庶民左右毋諱」以上，竝爲齊侯命叔
及語，〔註143〕以下則爲叔父答詞曰：「及不敢弗懃戒，虔卹乃死事」，
以答「不墜夙夜，宦執而政事」之命也，「毀龢三匍逃從，雩乃行師」，
所以答「政于三匍，肅成師旂之政」之命也，「嘼中乃罰」，所以答
「諫罰庶民，左右毋諱」之命也，銘詞之條理詳明蓋如此。（《古籀
拾遺·上·齊侯鎛鐘釋文》）

此金文條理詳明之例。金刻皆有法度，其文大半出太史手筆，故立言皆有史
法，〔註144〕茲不僅〈齊侯鎛鐘〉如此也，即〈不嬰敦蓋〉銘，或其他如〈散
氏盤〉、〈毛公鼎〉，亦莫不皆然，今姑以〈不嬰敦蓋〉爲例，依羅振玉《三代
吉金文存》重摹其銘，次附考釋，並簡言以求其法程。

〈不嬰敦蓋〉

釋文：唯九月初吉戊申，白（伯）氏曰：不嬰！駁方厰允（玁
狁），廣伐西俞，王令我羞追于西。余來歸獻禽，余

而遽有是，意乃有脣鼎乎。」見《石雅》下編葉十三引
〔註143〕　爲「夷」之誤，郭沫若《兩周金文辭大系考釋》已有諟正。
〔註144〕　見黃公渚《周秦金石文選·緒言》。

命女汝御追于嚣，女以我車宕伐厰允（玁狁）于高陵，女多折首嫛噝（絢），戎大同丞（從）追女，女彶（及）戎大辜戟，女休弗以我車臽（陷）于囏（艱），女多禽折首嫛噝。白（伯）氏曰：不嬰！女小子（二字合文），女肇誨（敏）于戎工，易（錫）女弓一矢束、臣五家、田十田，用丞（從）乃事。不嬰拜䭫手休，用乍朕皇且（祖）公白孟姬尊敦，用匄（多）福眉壽無彊，永屯需（靈）冬（終），子〃孫〃其永寶用亯（享）。

銘文段落：

全文共一百二十五字，綜究文義，實虢伯〔註 145〕奉王令伐玁狁，部將不嬰征戰有功，不嬰復因虢伯之休，而作此敦。〔註 146〕共分四段：自「隹九月初吉戊申」至「羞追于西」，爲第一段，敘王令虢伯伐玁狁之事。自「余來歸獻禽」至「女多禽折首嫛噝」，爲第二段，記虢伯命不嬰御追玁狁于洛多所斬獲之經過。自「伯氏曰」至「用丞乃事」，爲第三段，記不嬰因功受錫。自「不嬰拜䭫手休」至「永寶用亯」，爲第四段，述不嬰乍器亯孝先祖。至若文中王令虢伯與伯氏命不嬰，一用令字，一用命字，顯示命者受命者之關係，記伯氏不嬰一西征，一東伐，記西征僅「廣伐西俞」、「王令我羞追于西」，「余來歸獻禽」，三句而已。言東伐時，則將不嬰與玁狁艱苦奮戰之情，極力寫出，正見克敵致勝之不易，則不嬰受錫，實理所當然者。其法度之謹嚴，條理之分明，有如此者。

金刻之法式謹嚴，條理詳明，於此尤可得其梗概矣。

〈齊侯鎛鐘〉：前段錫邑及邍，言及（夷）設用拜䭫首，此段錫車馬戎兵，言及又設再拜䭫首，文例之精也。（《古籀拾遺・上・齊侯鎛鐘釋文》）

〔註 145〕見郭沫若《兩周金文辭大系攷釋》一〇六葉。

〔註 146〕仲容《古籀餘論》對此銘未作塙釋，王國維以爲伯氏來歸宗周，復命不嬰御而追于洛，郭沫若則以爲王合我羞追于西者，乃王在成周所命，是也。

此金文文例精審之例。

〈齊侯鎛鐘〉：〈齊侯鎛鐘〉與〈齊侯鐘〉同爲叔及（夷）一人所作，銘文亦同，惟此文殊異，此云「共于公所」，彼云「桓武靈公之所」，則桓武靈公即齊君可知，然《史記・齊世家》無武公，則又不合，竊謂桓武靈公即齊靈公也，桓武者，嘉美之稱，若衛人謂武公爲叡聖武公，即其例也。（《古籀拾遺・上・齊侯鎛鐘釋文》）

此金文有嘉美其君之例。

附：商周彝器銘文部位例略

綜金文之通例，六類二十八目，由文字之書寫，至行文之義例，表裏精粗，鉅細靡遺，其中惟於銘文部位之例，憾付闕如，近石璋如先生曾著〈商周彝器銘文部位例署〉，採李氏之分類，〔註147〕羅氏之銘文，〔註148〕容氏之器形，〔註149〕並參以其他圖錄寫成斯文，誠以銘文鑄刻於器物，某器物之銘文附於某處，似有一定部位，若其部位不明，亂事剔刷，不僅有損器物形制之美，間亦傷及銘文之刻劃，設若不在有銘文之處剔剔，則銘文終將埋沒於鏽蝕之下，殊爲可惜，故認識銘文部位，實乃研究彝器之首要之途。石氏就討論所及，勒成一表，並依表分類說明，錄之如次：

李氏分類	器名	例 器	《三代吉金文存》卷頁	《商周彝器通考》卷頁	羅 數	容 數	插圖號
圜底器	匕	昶仲匕	三 18：29	上三七二、四；下二一八、九二	二	七	一：C
	勺	叱叱勺	三 18：27	上四五七、七；下四三一、八一九	七	八	一：A
		大亞勺	三 18：28	上四五七、六；下四三一、八一八			一：B2

〔註147〕即李濟博士之器物分類。

〔註148〕即羅振玉《三代吉金文存》，書中分器物二十六類，四八三五器。

〔註149〕即容庚《商周彝器通考》，容氏以器物之用途作分類之標準，將彝器分爲食器（鼎、鬲、甗、簋、簠、盨、敦、豆、盧、鐀、俎七十二類一四三一器）、酒器（爵、角、斝、盉、鱓、尊、觚、觶、方彝、卣、觥、鳥獸尊、罍、鉼、鐪、缶、罅、卮、桸、禁、勺等二十二類四二七器）、水器及雜器（盤、匜、鑑、盂、盆、甑、枓、盌、鑸、皿、鐘、鉼、區、行燈、不知名等十五類一一五器）及樂器（鉦、句鑃、鐸、鈴、鐘、鐘鉤、鐸于、鼓等八類八五器）等四種，五十七類，一千零三十一器，且逐一解說，有照片之器物，計有一〇二七器（禁及楚器以每件算）。

器類	器屬	器名	出處	參見	甲	乙	編號
	枓	伹吏枓	三 18:27（鎍）	上四七七、二；下四六六、八八五	三	三	一：E
	鈡	左關鈡	三 18:17（鎍）	上四八二、一；下四八○、九一三	一	一	一：D
平底器	盤	楚王盦忎盤	三 17:16	上四六五、二九；下四四七、八四八	六三	三二	二：L
	鎗	犀氏鎗	三 18:17	上三七一、一：下二一五、四○五	一	一	二：C
	甗	晉公甗	三 18:14	上四七五、一：圖三八	二	四	二：F
	盆	曾大保盆	三 18:13	上四七四、一：下四六七、八八七		四	二：D
	釜	右里釜	三 18:24	上四七八、一：下四六七、八八七	二	一	二：H
	鑑	攻吳王夫差鑑	三 18:24	上四七○、一：下四五九、八七二			二：M
	匜	蔡子匜		上四六八、一一：下四五四、八六二			二：G
	鉼	孟城鉼	三 18:24	上四五二、七：下二二二、八○一	三	八	二：I
	鎗	國差鎗	三 18:17－18	上四五四、一：下二五、八○六	一	二	二：A
	罍	伯嬰父罍	三 18:15－16（中義）	上四五二、一：圖三三	四	一	二：E
	梧	甘斿梧		上四五五、一：下二七、八一○			二：J
	瓳	宙角瓳		上四八○、一五：下四七四、九○二		未繪	
	鑵	中鑵	三 18:19	上四八二、一：下四七九、九一○			二：B
	缶	口光缶		上四五三、一：下二三、八○三			二：K
圈足器	盤	散盤	三 17:20－22	上六一、一六：下四四一、八三六	六三	三二	三：A
	尊	父癸告己尊	三 11:15	上三九五、二一：下二六九、五一二	二七一	六七	四：J
	瓠	干止瓠	三 14:21	上四○二、五：下二九三、五六一	二二四	一三	四：I
	鑑	車馬獵紋鑑		上四七○、四：下四六一、八七五	三	八	三：H
	盂	伯盂	三 18:12	上四七三、四：圖三六			四：E
	盂	財女方盂		上四七二、一：圖三五		一	四：F
	盧	嬰次盧	三 18:25	上三七一、一：下二一四、四○四	一	一六○	三：J

	簋	象簋	三 10：40 −41	上三三九、八一：下一五〇、二七八	八	一五	四：C
	簠	鑄子簠	三 10：13	上三五七、二：下一八七、三五二	九一	一三	三：I
	盨	杜白盨	三 10：41	上三六二、三：下一九五、三六八			四：D
	舷	貯舷		上四二七、四：下三五二、六七六			四：B
	方彝	令方彝	三 6：57	上四〇九、一二：下三一四、六〇三		一六	三：K
	豆	厚氏元豆	三 10：4	上三七〇、五：下二一二、三九九	一二	八	三：D
	瓴	侯瓴	三 18：19	上四八〇、一三：下四七三、九〇〇	三	二〇	三：F
	盂	邵工盂	三 14：11	上三九〇、二六：下五七、四八八			四：A
	觶	觶	三 14：33	上四〇六、二二：下二九九、五七七	二五六	二三	三：B
	卣	告亞卣	三 12：43	上四一六、二〇：下三二六、六二六	三三八	七一	三：E
	壺	禺邗王壺		上四四二、四二：下三九三、七四三	一三	八二	四：G
	罍	门父丁罍	三 11：40	上四五〇、九：下四一八、七九二	二六	一二	三：G
	皿	廿七年皿	三 18：15	上四八一、一一：下四七七、九〇八			三：C
	區	儆安君區	三 18：15	上四八三、四：下四八二、九一八			四：H
三足器	鼎	父丁鼎	三 2：21	上二九〇、二五：下二五、二五	八三三	一四九	五：F
		獸蓋鼎		上二八八、一二：下一六、一二			五：B
		堇鼎	三 3：12	上三〇五、一二二：下六九、一一八			五：E
		子‧陝口之孫鼎	三 3：14	上三〇二、九八：下五八、九五			五：C
		楚王酓肯鉈鼎	三 3：25	上三〇二、一〇一：下五九、九八			五：I
		楚王酓忑鼎	三 4：17	上三〇二、一〇二：下六〇、九九			五：H
	甗	父己甗		上三一六、一：下九九、一七六	七二		六：B
	鬲	爻父丁鬲		上三一二、五：下八五、一五〇			五：G
		仲姞鬲	三 5：17	上三一二、一四：下九〇、一五九			五：H

	爵	鳥卵爵	三15:36	上三七五、四：下二二二、四一八			五：D
		有蓋爵		上三七七、一八：下二二九、四三二			五：G
	角	邉從角	三16:42	上三七九、六：下二三七、四四八	七三		五：A
	罍	饕餮紋罍		上三八二、三：下二四○、四五四	五二		六：A
	盉	爻盉	三14:1	上三八六、三：下二四六、四六六	六三	二六	六：C
	簋	齹簋		上三五○、一三六：下一七四、三二六			六：D
	盤	楚嬴盤		上四六四、二三：下四四四、八四二			六：F
	敦	陳侯午敦		上三六五、一：下一九九、三七五			六：E
	犧尊	鳥形尊		上四三一、八：下三六五、六九一			六：I
四足器	鼎	田告方鼎	三3:3	上三○六、一二六：下七一、一二二			七：A
	甗	叔碩父甗	三5:9	上三一九、二一：下一○八、一九五			七：G
	爵	者同爵	三16:40	上三七七、二四：下二三二、四三八			七：C
	盉	召伯盉	三14:9	上三八八、一四：下二五一、四七七			七：D
	鬲	季貞鬲	三5:15	上三一四、二九：下九七、一七四			七：F
	卣	戈卣	三12:37	上四一九、四五：下三三七、六四八			七：B
	匜	楚嬴匜	三17:37	上四六七、五：下四五一、八五六			七：E
鐘形器	鉦	𠂇鉦	三18:9	上四八六、一：下四八六、九二五			八：E
	句鑃	其龍句鑃	三18:1	上四八八、一：下四九一、九三六			八：G
	鐸	外卒鐸		上四八九、一：下四九二、九三七			八：A
	鈴	王成周鈴	三17:11	上四八九、一：下四九四、九四一			八：D
	鐘	𣪊鐘		上四九七、六：下四八八、九四八			八：C・B
	鐘鉤	芮公鐘鉤	三18:1	上五一○、一：下五五二、九七六			八：E

　　圜底器：凡器物下部聚成一尖，或凸出或形成球面之一部，若置器物於
平面之上，則難以停留於穩定狀態，曰圜底器。〔註150〕

　　（一）匕形器　形如羹匙，其銘文部位（1）在體內：若〈祖仲匕〉，銘
　　　　　　「昶仲無龍」兩行四字，左行在體內（圖一C：1）。（2）兩面滿身：
　　　　　　如山西渾源出土之〈魚鼎匕〉，銘「□日徤又蚨人，墜王魚鼎，日
　　　　　　欽哉出斿，水口口蟲，下民無智，參之蚩蚘，命帛命入欷，耤入
　　　　　　耤出，毋處其所」十行四十字（圖一C：2）。

　　（二）勺形器　形似煙斗，其出土之處所，每在卣內或觥內，〔註151〕其銘
　　　　　　文部位（1）在柄外中上：如〈肶勺〉，銘「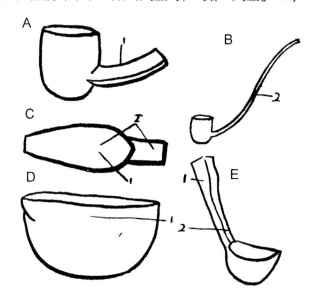」一字（圖一A：1）。
　　　　　　（2）在柄外中下，如〈大亞勺〉，銘「大亞」二字（圖一B：2）。

　　　　　　　　　　　　插圖一　圜底器

　　（三）枓形器　形制似勺，惟金石學家以勺用於魁酒，枓用於魁水，銘
　　　　　　文部位（1）在柄中上面：如〈史枓〉，銘「史」一字（圖一E：2）。
　　　　　　（2）在柄右側面：如〈但吏枓〉，銘「但吏秦苟脟為之」七字（圖
　　　　　　一E：1）。

　　（四）鉼形器　形如半球而有流，此器罕見，銘文部位在腹外，如〈左

〔註150〕見李濟博士〈記小屯出土之青銅器〉8頁。
〔註151〕見容氏《商周彝器通考》上45頁。

關鉨〉，銘「左關之鉨」四字兩行，如一方印（圖一D：1）。

平底器：以下部形態作平面之容器為限，如放置另一平面可保持平衡者。

〔註152〕

（一）盤形器，皆有圈足，而銘文部位多在腹內，或有在唇及腹外者，
如〈楚王盦忎盤〉，銘「楚王盦忎獲兵銅，正月吉日，窐鑄少盤，
以共歲棠」二十字在唇上，又銘「佢師紹夅差陳共為之」九字在
腹外（圖二：L）

（二）鎬形器又曰敦蓋，行世之器甚少，僅一見，即〈厚氏鎬〉，銘文部
位在腹內底部，銘「厚氏詹，作膳鎬」兩行六字（圖二：C）。

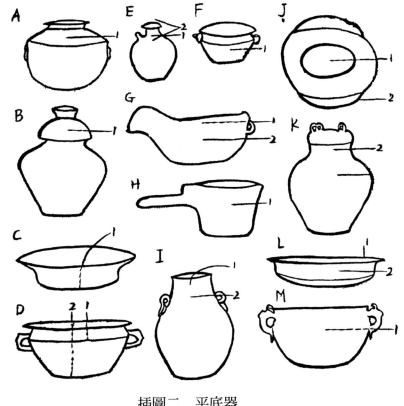

插圖二　平底器

（三）甌形器　如盆，《三代吉金》稱盦，數量亦僅二器，銘文部位（1）
在腹內側，如〈晉公甌〉，銘「唯王正月初吉丁亥，晉公曰，我皇

〔註152〕見李濟博士〈記小屯出土之青銅器〉9頁。

且唐公膚受大命，左右武王，□□百蠻，廣司四方，至於□廷，莫不事□，□命□公，□它京師，□□□□邦，我刺考□公，……虩虩在位，……晉邦，公曰，余雖今小子，敢帥刑先王，秉德□□，□燮萬邦，□莫不日頖龓。余咸畜胤士，作□左右，保辥王國，頼農□復□□虩否。作元女……賸盨……盟□卿貿□百□。雖今小小，整辥爾家，宗婦楚邦。鳥□萬年，晉邦唯□，永康寶」二十四行，可辨一百一十餘字（圖二：F）。（2）在蓋內或蓋器對銘：如〈司料甂〉，銘「司料𤔲所寺」五字。

（四）盆形器　數亦不多，可盛水，盛血，炊具，量用、樂用，器均有耳，銘文部位（1）在腹旁，如〈曾大保盆〉，銘「曾大保雙𦥑叔甌用其吉金，自作旅盆，子〃孫〃永用之」三行二十二字（圖二：D）。（2）在腹內：如〈子叔嬴內君盆〉，銘「子叔嬴內君作寶器，子孫永用」三行十二字。

（五）鎣形器　形如熨斗，體似盆狀，後有一柄，銘文部位在腹外，似一方印，如〈右里啟鎣〉，銘「右里啟鎣」，兩行四字（圖二：H）。

（六）鑑形器　本多圈足，而亦有平底者，可用盛水，或沐浴，銘文部位在腹內，如〈攻吳王夫差鑑〉，銘「攻吳王夫差擇厥吉金，自作御鑑」三行十三字（圖二：M）。

（七）匜形器　狀如瓢，前有流，其後有柄，銘文部位（1）在腹內；如〈蔡子匜〉，銘作「蔡子夊自作會𢍰」兩行七字（圖二G：1）。（2）在腹外：如〈鑄容匜〉，銘作「鑄客為御𨓹為之」一行七字（圖二G：2）。

（八）缾形器　有方有圓，有有蓋者、有無蓋者，其用為汲水兼盛酒，銘文部位（1）在口內：如〈酉瓶〉狀似罍，銘「酉」一字（圖二I：1）。（2）在口外：如〈孟城瓶〉，肩有兩耳并有環，銘「□□孟城、作為行缾，其眉壽無疆，子〃孫〃永寶用之」五行二十一字（圖二I：2）。

（九）罉形器　為小口矮體大腹之罐，銘文部位在腹外，如〈齊國差罉〉，上有四耳獸面銜環，銘「國差立事歲咸丁亥攻師僖鑄西郭罉四秉，用實旨酒，侯氏受福眉壽，俾旨俾瀞，侯氏母瘩母肩，齊邦貞静安寧，子〃孫〃永寶用之」十行五十二字，另一「徵」字在唇上

（圖二：A）。

（十）罍形器　大腹小口頸有雙耳，銘文部位（1）在腹外肩上，如〈伯嬰父罍〉，銘「伯嬰父作畢姬尊霝，其萬年子〃孫〃永寶用」十八字（圖二：E：1）。（2）在蓋及肩上，如〈中義父罍〉，蓋銘「中義父作旅霝，其萬年子〃孫〃永寶用」五行十六字（圖二：E：2）。

（十一）桮形器　如漢代通行之舟杯，銘文部位（1）在外底，如〈甘斿桮〉，銘「甘斿」二字，刻於外底（圖二 J：1）。（2）在耳下，如〈囗十六桮〉，銘「囗十六桮」一行四字（圖二 J：2）。

（十二）瓴形器　圈足者多，平底者少，形制如鼓腹歛口，銘文部位在口內，如〈妻觶瓴〉，銘「唯击觶妻于金，自作寶囗，其萬年子孫永寶用享」八行十九字。

（十三）鑵形器　平底、鼓腹、歛口、有蓋，銘文部位在蓋上，如〈中鑵器蓋〉，銘「仲作旅鑵」四字，在腹內（圖二 B：1）。

（十四）缶形器　鼓腹歛口如罐，有有蓋者，亦有無蓋者，蓋上有四環，腹上亦有四環，其銘文部位在器外（1）在口外，如〈鑄客缶〉，銘「鑄客為王句六室為之」九字橫寫一行（圖二 K：2）。（2）在腹外：如〈囗兄缶〉，銘「正月季春元日己丑，囗畜孫囗兄歔（擇）其吉金，以攵（作）鑄銓，以祭我皇祖，虘（余）以斾（祈）眉壽，繼囗之孫，萬葉是寶」五行四十字，左行，上自口起，下至腹中，行約八字（圖二 K：1）。

圈足器：下部為一圈形足，附於器底，而圈足之形隨器身之方圓而方圓〔註153〕

（一）盤形器　大口淺腹，有有耳，有無耳者，銘文部位（1）在腹內正中：此類器物銘長者如〈散氏盤〉，銘短者如〈魚從盤〉，十餘字者居多，如〈師奐父盤〉，銘「師奐父作季姬盤，其萬年子〃孫〃永寶用」三行十七字。（2）在腹內與紋相混者，如〈蟠龍紋盤〉，在龍首左耳有一「舟」字（圖三A：1，及圖三 A：2）。

案：盤銘長在五百五十七字，九十字以上者計有〈走馬休盤〉、〈寰盤〉、〈虢季子白盤〉、〈兮甲盤〉及〈散氏盤〉等五器。

〔註153〕見李濟博士〈記小屯出土之青銅器〉9 至 10 葉。

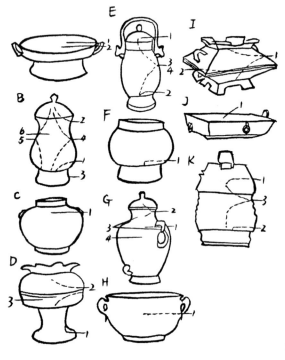

插圖三　圈足器（一）

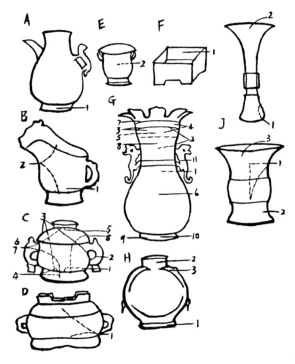

插圖四　圈足器（二）

（二）尊形器　侈口鼓腹，下有圈足，有圓有方，又有口腹圓而足方者，
其銘文部位（1）在腹內：銘長在充滿壁底，銘少者在正中底上，
如〈矢尊〉，銘「唯八月，辰在甲申，王命周公子保尹三事四方，
受卿事寮，丁亥命矢告于周公宮，公命岵同卿事寮，唯十月吉癸
未，明公朝至于成周，岵命舍三事命，眾卿事寮，眾諸尹，眾里
君，眾百工，眾諸侯，侯，旬，男，金四方命，既咸成，甲申，
明公用牲于京宮，乙酉，用牲于康宮，咸既，用牲于王，明公歸
自王，明公錫太師鬯金小牛，曰用禱，錫命鬯金小牛，曰用禱，
迺命曰，今我唯命女二人太眾矢爽左右于乃寮，以乃友事，作
冊令敢揚明公尹人官，用作父丁寶尊彝，敢追明公賞于父丁，用
光父丁，鳥冊」十行一百八十七字。（圖四 J：1）。
按：〈矢尊〉民國 17 年出土於洛陽。

　　（2）在足內側；如〈鼎尊〉，銘「鼎」一字，又〈皮父乙尊〉，銘
「皮父乙」三字（圖四 J：2）（3）在內口：如〈戟作父丁尊〉，銘
「戟作父丁寶尊彝」兩行七字（圖四 J：3）。

（三）觚形器　似尊而小，方圓皆有，時人常與觚觶相混，其銘文部位
　　（1）在足內側：如〈魚從觚〉，銘「魚從」二字，如〈卿作父乙
觚〉，銘「卿作父乙寶尊彝」兩行七字（圖四 I：1）。（2）在口上，
如〈干圖觚〉，銘「干圖」二字，如〈虯日乙觚〉，銘長達十三字
（圖四 I：2）。

（四）鑑形器　侈口兩耳或四耳，行世之器甚多，但有銘文者甚少，其
銘文部位在腹內，如〈智君子鑑〉，銘「智君子之弄鑑」六字（圖
三 H：1）。

（五）盂形器　此器有方有圓，方者如彝而無蓋，圓者如盆稍高而有耳，
其銘文部位（1）在腹內近口處：如〈射女方盂〉，銘「射女揀」
三字（圖四 F：1）。（2）在腹內：如〈伯盂〉，銘「伯作寶尊盂，
其萬年孫〃子〃永寶用享」兩行十六字（圖四 E：2）。（3）在蓋內：
如安陽信家泉西北岡出土之〈小室盂〉，銘「寢小室盂」四字。

（六）盧形器　行世者僅一件，即新鄭出土之〈嬰次盧〉，銘在口內側，
「王子嬰之痰盧」七字（圖三 J：1）。

（七）簋形器：金石學家將敦、簋、彝三者混而為一，但三者之形制均

侈口淺腹圈足，其銘文部位（1）在腹內底部：如〈爻父丁簋〉，銘「爻父丁」三字（圖四C：1）。（2）在兩耳內：如〈來父巳簋〉，銘「來父巳」三字（圖四C：2）。（3）在腹內及兩耳：如〈洹秦簋〉，銘「洹秦作且乙寶簋，其萬年子孫寶用舟」，另在耳內有一「舟」字（圖四C：3）。（4）在腹內及腳內底上者：如〈農簋〉，銘「農作寶尊彝」兩行五字（圖四C：4）。（5）在蓋內者：如〈芮公簋〉：銘「芮公作鑄從簋永寶用」三行九字（圖四C：5）。（6）蓋器異銘者，如〈師嫠簋〉，蓋銘：「唯十又一年九月初吉丁亥，王在周，各于大室即位，宰琱生內右師嫠，王呼尹氏冊命師嫠，王曰師嫠，在先王小學女女敏可使，既命更乃祖考司今余唯龤豪乃命，命女司乃祖舊官小輔鼓鐘，錫女叔市，金黃，赤舄，攸勒用事，夙夜勿廢朕命，師嫠拜手頴首對揚天子休，用作朕皇考輔伯尊簋，嫠其萬年，子孫永寶用」，十二行一百二十五字。器銘：「師龢父𢦶嫠叔市，摯告于王，唯十又一年九月初吉丁亥一王在周，各于大室即位，宰琱生內右師嫠，王呼尹氏冊命師嫠，王若曰：師嫠在昔先王小學女，女敏可使，既命女更乃祖考司小輔，今余雖龤膏乃命，命女司乃祖舊官小輔眾鼓鐘，錫女叔市，金黃，赤舄，攸勒，用事。敬夙夜勿廢朕命，師嫠拜手頴首敢對揚天子休，用作朕皇考輔伯尊簋，嫠其萬年，子〃孫〃永寶用」十行一百四十二字，銘文及字數均有出入（圖四C：6）。（7）蓋器同銘者：如〈彔簋〉，銘「伯雍父來自獸，蔑彔曆，錫赤金，對揚伯休，作用文祖辛公寶鼒簋，其子〃孫〃永寶」五行三十二字，蓋器同銘（圖四C：7）。（8）蓋器銘相銜接者：如〈秦公簋〉，蓋銘：「秦公曰丕顯朕皇祖受天命，鼎宅禹蹟，十有二公，在帝之坏，嚴巽彙天命，保□厥秦虢事蠻夏，余雖小子，穆〃帥秉明德，剌〃趄〃萬民是敕」十行五十三字。器銘：「咸畜胤士，𧈧〃文武，鎮靜不廷，虔敬朕祀，作孟宗彝，以卻皇祖，嬰嚴微各，以受純魯多釐，眉壽無疆，畯疐在天，高弘有慶，竈囿四方宜。」五行五十一字，又蓋外刻「西一斗七升大半升蓋」九字（圖四C：8）。

（八）簠形器 為長方形，其銘文部位（1）在腹內，每蓋器對銘，如〈鑄子叔黑臣簠〉，銘「鑄子叔黑臣肇作寶簠，其萬年眉壽永寶用」，

蓋器各四行十七字（圖三 I：1）。（2）在口上緣：如〈楚王酓肯簠〉，
銘「楚王酓肯作鑄金簠，以共歲棠」，十二字在口上，腹外底有一
「乙」字，係器之紀數字，銘短者一字，長者亦有九十餘字者，
如〈曾伯𤔲簠〉（圖三 I：2）。

（九）盨形器　口部長方而圓角，介於簋簠之間，其銘文部位在腹內，
如〈杜卣盨〉，銘「杜伯作寶盨，其用享孝于皇申祖考，于好朋友，
用孝壽匃永命，其萬年永寶用」各四行三十字（圖四 D：1）。

（十）觥形器　係指匜之有蓋者而言，且蓋作獸首形，銘文部位（1）在
器內：如〈矴觥〉，銘「矴」一字（圖四 B：1）。（2）蓋器對銘：
如〈守宮作父辛觥〉：銘「守宮作父辛尊彝，其永寶」兩行十字（圖
四 B：2）。

（十一）方彝形器　此器外形似建築物，安陽人稱爲小廟者，其銘文部
位：（1）在蓋內：如〈大亞方彝〉，銘「大亞」二字（圖三 K：
1）。（2）在器內：如〈鴟鴞方彝〉：銘三字不可識（圖三 K：2）。
（3）蓋器對銘：如〈令方彝〉：銘「唯八月辰在甲申，王命周
公子明明保尹三事四方，受卿事寮。丁亥，命矢告于周公官，
公命誥同卿事寮，眾諸尹，眾里君，眾百工，眾諸侯，侯、甸、
男、舍、四方命，既咸命，甲申，明公用牲于京宮，乙酉，用
牲于康宮，咸既，用牲于王，明公歸自王，明公錫太師鬯金小
牛，曰用禚，錫令鬯金小牛，曰用禚，迺命曰，今我唯命女二
人太眾矢爽左右于乃寮，以乃父事。作冊令敢揚明公尹人宦，
用作父丁寶尊彝，敢追明公賞子父丁，用光父丁，鳥冊」十四
行一百八十七字（圖三 K：3）。

（十二）豆形器　此器早期者豆淺盤無蓋，晚期之豆盤深有蓋，其銘文
部位（1）在足內者：如〈父丁豆〉，銘「車邊父丁」兩行四字
（圖三 D：1）。（2）在器蓋之腹內：如〈厚氏元豆銘〉「魯大司
徒厚氏元作膳圃，其眉壽萬年無疆，子〃孫〃永寶用之」四行
二十五字，蓋器對銘（圖三 D：2）。（3）在器外口邊：如〈鑄
客豆〉：銘「鑄客爲王句六室爲之」九字（圖三 D：3）。

（十三）瓿形器　圈足鼓腹歛口，銘文部位在腹內：如〈医瓿〉，銘只一
字（圖三 F：1）。

（十四）盉形器　形如今之茶壺，銘文部位在足外，如〈邵工盉〉；銘「邵宮和，宮四斗少半斗」三行九字，在中、豎列，又「和工〃感」四字在左，橫列「二十三斤十五十兩」七字在右，橫行（圖四 A：1）。

（十五）觶形器　似尊而小有蓋，其銘文部位（1）在腹內：如〈觀女觶〉：銘「觀女」二字（圖三 B：1）。（2）在蓋內：如〈丙父辛觶〉：銘「𠁁父辛」三字（圖三 B：2）。（3）在足內側：如〈癸觶〉：銘「癸」字（圖三 B：3）。（4）蓋器對銘：如〈亞微觶〉，銘蓋器各亞形中一「微」字（圖三 B：4）。（5）蓋在腹內器在足內：如〈𤔲觶〉，銘一「𤔲」字（圖三 B：5）。（6）在腹外：如〈邾王義楚觶〉：銘「義楚之祭耑」五字（圖三 B：6）

（十六）卣形器　圈足小口鼓腹，有提梁或貫耳有蓋等，有圓、橢圓、方三形，其銘文部位（1）在蓋內：如〈子雨卣〉：銘「子雨」二字（圖三 E：1）。（2）在器內：如〈告亞卣〉：銘「告亞」二字（圖三 E：2）。（3）蓋器異銘，如〈告田父卣〉：蓋銘「亞啓父乙」兩行四字，器銘「鳥父乙女告田」兩行六字（圖三 E：3）。（4）蓋器對銘，如〈𢦏作父乙卣〉，蓋器各銘「審史錫𢦏，𢦏體，弗敢沮，用作父乙寶尊彝」三行十七字（圖三 E：3）。

（十七）壺形器　殷壺多圓形或橢圓形，春秋戰國時代之壺多方形，其銘文部位（1）在腹內，如〈𤔲壺〉，銘一「𤔲」字（圖四 G：1）。（2）在蓋器腹內，如〈龏壺〉；蓋器各銘「龏作寶彝」兩行四字（圖四 G：2）。（3）蓋在口外器在口內，如〈頌壺〉，銘「唯三年五月既死霸甲戌，王在周康邵宮，旦，五格大室即位，宰弘右頌入門立中廷，尹氏受王命書。王呼史虢生冊命頌，王曰頌，命女官司成周貯廿家，監司新造貯用宮御，錫女玄衣黹純，赤市朱黃，䜌旂攸勒用事，頌拜頜首受命冊佩以出，反入覲章，頌敢對揚天子丕顯魯休，用作朕皇考龏叔，皇母龏姒寶尊壺，用追孝祈匄康𤔲屯右通祿永命，頌其萬年眉壽，畯臣天子霝終，子〃孫〃寶用」一百五十二字，在蓋外者三十七行，腹內近口者二十一行（圖四 G：3）。（4）在蓋外或蓋口外器口內者，如〈曾伯壺〉：銘「唯曾伯陭迺用吉金鎛鋚，用自作醴壺，用卿賓

客，爲德無遐，用孝用亯，用賜眉壽，子〃孫〃用受吳福無疆」
四十一字（圖四 G：4）。（5）在口內：如〈洹子孟姜壺〉，銘「齊
侯女雷□喪其□，齊侯命大子乘□來敬宗伯，聽命於天子，日
晉在爾格，余不其事，女受□遄，□□御，爾其遵受御，齊侯
拜嘉命，於上天子用璧玉備一司，於大無司折，於大司命用璧
兩壺八鼎，於南宮子用璧二備玉二司，鼓鐘一肆，齊侯既遭，
洹子孟姜喪其人民都邑，堇宴無，用從爾大樂，用鑄爾羞鉼，
用御天子之事，洹子孟姜用乞嘉命，用祈眉壽萬年無疆，用御
爾事」十九行一百四十四字（圖四 G：5）。（6）在腹外，如〈庚
壺〉，銘「□□□□吉□□□□□□之子□□日庚擇其吉
金，以鑄其□壺，齊三軍圍□，冉子執鼓，庚大□之執者獻於
靈公之所。公日甬〃，賞之以□司衣裘車馬，□□□之□，庚
率二百□□□□□□以□□□□□□其□□□□□者□□□□
□□□□□□□□□□□□□□□□歸獻□□公之所，賞之□
□□車馬，庚□□寅其王駟□方□臟相乘馬，□□□其王乘馬，
用以□□辝□哉其兵執□□□之於□公□□，公日甬〃，□□
□□余以賜女□□□□多□□□□□□女（下缺）」，可辨
者二十七行，行七字（圖四 G：6）。（7）在蓋外，如〈禺邘王
壺〉；銘「禺邘王於黃池，爲趙孟夼邘王之錫金，以爲祠器」十
九字（圖四 G：7）。（8）在項外：如〈令狐君嗣子壺〉，銘「唯
十年四月吉日，令狐嗣子作鑄尊壺，東東嬰嬰，康樂我家，厚
〃康鎈承受純德斿無疆，至於億萬年，子之子，孫之孫，其永
用之」二十三行五十字（圖四 G：8）。（9）在足內：如〈陳侯
壺〉，銘「陳侯作壺，用祈眉壽無疆，子〃孫〃永寶是尚」四行
十八字（圖四 G：9）。（10）在足外：如〈陳㷍方壺〉，銘「唯
王五年鄭□陳旻再立事歲，孟冬戊辰，大臧□□，子陳羯內伐
匽□邦之穫」三十字（圖四 G：10）。（11）在帶紋上：如〈杕
氏壺〉，銘「杕氏福□，歲賢鮮於，可是金契，廬以爲弄壺。自
頌既好，多寡不訐，廬以匽飲，盱我室家，㠱□毋後，寘在我
車」四十一字（圖四 G：11）。（12）在蓋外項中（圖四 G：12）。
（十八）罍形器　有圓有方有蓋與無蓋之別，其銘文部位（1）在器腹內，

如〈亠父丁罍〉，銘三字（圖三 G：1）。(2) 蓋器對銘，如〈田父甲罍〉，蓋器各三字（圖三 G：2）。(3) 在口內或耳內，如〈玄婦罍〉，銘「玄婦」二字（圖三 G：3）(4) 在器外，如〈鑄客罍〉，銘長九字（圖三 G：4）。

(十九) 皿形器　圈足鼓腹小口，肩有兩耳，耳內銜環，其銘文部位在肩上，如〈審皿〉：銘「廿年審爲鈿」六字，橫列一行（圖三 C：1）。

(二十) 區形器　口圓腹扁足方，兩旁獸面銜環，其銘文部位 (1) 在足外，如〈紋思君區〉，銘「緻思君六鋆式宰」七字橫列，口下有一「桼」字，右肩有一「▽」字（圖四 H：1）。

三足器：容器底部，下具三足，底形有圓、曲、凸各形，足呈錐狀、舌狀、圓柱狀、袋狀、半空者與半卷者，此器最夥，常見者曰鼎曰甗，曰鬲，曰爵，曰斝，曰角，曰盉，曰匜，其他盤、卣亦有作三足者，繁不備列。

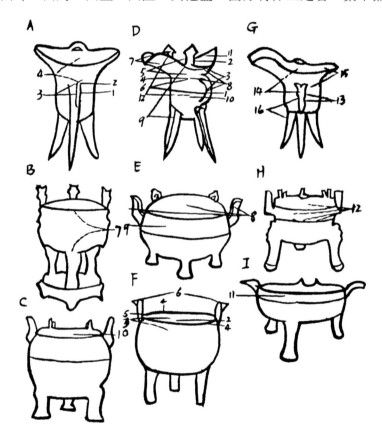

插圖五　三足器（一）

（一）鼎形器　三足兩耳，爲食器，其銘文部位（1）在腹內正中底部，如〈𦥑鼎〉（圖五 F：1）。（2）在腹內近口處，如〈𣄰父丁鼎〉，銘「𣄰父丁」三字（圖五 F：2）。（3）在口內前後相對：如〈𣆟𠄎鼎〉，銘前後各一字（圖五 F：3）。（4）在脣上，如〈邿伯鼎〉，銘「邿伯肇作盂妊膳鼎，其萬年眉壽，子〃孫〃永寶用」二十字（圖五 F：4）。（5）在一耳，如〈史次鼎〉（圖五 F：5）。（6）在兩耳，如〈𣄰鼎〉（圖五 F：6）。（7）蓋器同銘，如〈獸蓋饕餮紋鼎〉，蓋器銘各一字（圖五 B：7）。（8）在兩耳及蓋：如〈莫鼎〉，蓋銘一「莫」字，右耳四字，左耳四字，均不可識（圖五 F：8）。（9）在腹外：如〈上樂鼎〉，銘「上樂床𦥑𦥑」五字橫列（圖五 E：9）。（10）在蓋之四周，如〈子陜□之孫鼎〉，銘「子陜□之孫□□□□行𨛜」十一字（圖五 C：10）。（11）在口緣，如〈楚王盦肯鉈鼎〉：銘「楚王盦肯作鉈鼎，以共歲棠」十二字橫列（圖五 I：11）（12）在器蓋內外，如〈楚王盦忎鼎〉，蓋緣銘「楚王盦忎戰穫兵銅，正月吉日窀鑄鐈鼎之蓋，以共歲棠」二十二字，蓋內銘「𠈂市吏秦差苛胳爲之」及「郗胋」十一字，器口緣銘「楚王盦忎戰穫兵銅，正月吉日，窀鑄鐈鼎，以共歲棠」二十字，腹帶上銘「𠈂市盤楚差秦忎爲之」九字，口緣內銘「郗胋」二字，腹內銘「三楚」二字，凡六十六字（圖五 H：12）。

（二）甗形器　上段似鼎，下段似鬲三款足，其銘文部位（1）在腹內近口處，如〈戈𢆶甗〉，銘「戈𢆶」二字（圖六 B：1）。（2）在口內及箅而同銘者，如〈𣄰父癸甗〉（圖六 B：2）。（3）在口內及箅而異銘者，如〈父庚甗〉，器銘「作父庚寶彝」兩行五字，箅上一「𠂤」字（圖六 B：3）。

（三）鬲形器　其形如鼎，但爲款足，銘文部位（1）在腹內側，如〈罘父己鬲〉，銘三字（圖六 G：1）。（2）在口上，如〈邾伯鬲〉，銘「邾伯作塍鬲，其萬年子〃孫〃永寶用」十五字（圖六 H：3）。（3）在口內，如〈隋子子鄭伯鬲〉，銘「隋子子鄭伯作尊鬲，其眉壽萬無疆，子〃孫〃永寶用」二十二字（圖六 H：3）

（四）爵形器　其形三足，有流、有尾、有鋬、有柱，雙柱者多，一柱者少，銘文部位（1）在鋬內，如〈爻父己爵〉（圖五 D：1）。（2）在柱上，如〈矢父丁爵〉（圖五 D：2）。（3）在鋬及柱：如〈天豕父丁

爵〉（圖五 D：3）。（4）在腹外，如〈佳壺爵〉，銘「長佳壺」三字（圖五 D：4）。（5）在柱及腹外，如〈癸罗作考爵〉，銘五字（圖五 D：5）。（6）在鋬及腹外，如〈嗣公丁爵〉，銘二字在腹外，「丁」字在鋬（圖五 D：6）。（7）在流及柱，如〈父戊舟爵〉，銘「父戊舟」三字在流，「作彝」二字在柱（圖五 D：7）。（8）在柱及腹及鋬：如〈門徍父庚爵〉，銘「門徍」在柱，「父庚」在腹外，「寶彝」在鋬（圖五 D：8）。（9）在柱及足：如〈鞏父己爵〉（圖五 D：9）。（10）在腹內：如〈呂仲僕爵〉，銘兩行十字（圖五 D：10）。（11）在尾內：如〈右父戊爵〉，銘「古作父戊」四字（圖五 D：11）。（12）在腹內及柱：如〈畫父辛爵〉，銘「畫」在腹內，「父辛」在柱（圖五 D：12）。（13）在腹內及鋬：如〈貝佳錫爵〉，銘「貝佳錫」三字在腹內，另二字在鋬（圖五 G：13）。（14）在蓋及鋬：如〈亞醜父丙爵〉，銘三字（圖五 G：14）。（15）在尾及腹內：如〈魯侯爵〉，銘兩行十字（圖五 G：15）。（16）在鋬及足：如〈母丙逐爵〉：銘「母丙逐」三字在鋬，「枡子孫」一行在足（圖五 G：16）。

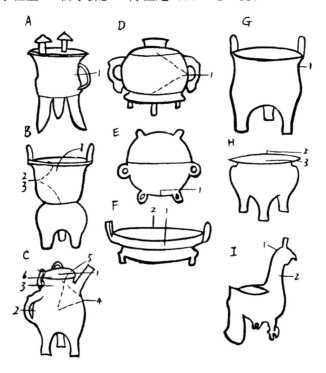

插圖六　三足器（二）

（五）角形器　似爵而無柱，無流，口兩端成角尖形，多有蓋，其銘文部位（1）在鋬內，如〈父己冊角〉，銘三字（圖五 A：1）。（2）在腹內：如〈父辛角〉，銘「丁未[illegible]高征貝用作父辛彝亞[illegible]」三行十三字（圖五 A：2）。（3）在腹內及鋬，如〈宰椃角〉，銘「庚申王在東閒（二字合文），王格宰椃从錫貝五朋，用作父丁尊彝，在六月，惟王廿祀，昱又五。」五行三十字，又「庚冊」二字在鋬內（圖五 A：3）。（4）蓋器同銘：如〈遽從角〉，銘各二字，蓋在腹內，器在鋬內（圖五 A：4）

（六）斝形器　圓口無流，多爲平底，其銘文部位多在鋬內，如〈小臣斝〉，銘「癸子王錫小臣（二字合文）邑貝十朋，用作母癸尊彝，隹五六祀亖日在五月[illegible]」兩行十六字（圖六 A：2）。

（七）盉形器　似茶壺有三足，其銘文部位（1）在蓋內，如〈父乙飤盉〉，銘三字（圖六 C：1）。（2）在鋬內，如〈爻蓋〉，銘一字（圖六 C：2）。（3）在口內，如〈季良盉〉，銘「季良父作敔始寶盉，其萬年子〃孫〃永寶用」十八字，一行在口內（圖六 C：3）。（4）蓋器對銘，如〈戈罟器蓋〉，銘「戈罟作厥」四字，蓋在腹內，器在鋬內，銘同（圖六 C：4）。（5）蓋器合銘，如〈亞夫盉〉，蓋銘亞中「夫」字，器銘作「作從彝」三字（圖六 C：5）。（6）在蓋外：如〈王中皇父盉〉，銘十九字（圖六 C：6）。

（八）簋形器　圈足，亦有於圈足之下附以三足者，其銘文部位在蓋及器腹內，如〈𩰫簋〉，蓋器對銘各七行五十八字（圖六 D：1）。

（九）盤形器　以圈足居多，但亦有四足者，或圓底三足者，其銘文部位（1）在腹內，如〈免盤〉，銘「唯五月初吉，王在周，令作冊內史錫免鹵百陾，免蔑靜女王休，用作盤盉，其萬年寶用」三行三十三字（圖六 F：1）。（2）在口上，如〈鑄盤〉，銘「鑄客爲郚醻爲之」七字（圖六 F：2）。

（十）敦形器　容氏以爲敦形器三足兩耳，蓋器各爲半環，合之則成球形，亦有作卵形者。其銘文部位在器內，如〈陳侯午敦〉，銘「唯十有四年，陳侯午以羣諸侯獻金，作皇妣孝大妃祭器錸錞，以登以賞，保有齊邦，永世無忘」八行三十六字（圖六 E：1）。

（十一）鳥獸尊形器　係作鳥形或獸形之器，其銘文部位（1）在頭頂，

如〈子作弄鳥尊〉，銘「子作弄鳥」四字（圖六 I：1）。（2）在項上，如〈守宮鳥尊〉，銘「守宮揚王休，作父辛尊彝其永寶」，兩行十三字（圖六 I：2）。

四足器：四足之器多與三足器重複，惟四足器身多方形，如〈方鼎〉、〈方爵〉、〈方鬲〉、〈方斝〉、〈觥〉、〈盉〉、〈卣〉等。

（一）方鼎形器　器口呈長方形，有兩耳四足，亦有呈橢圓形有蓋者，其銘文部位（1）在腹內近口處，如〈作父辛方鼎〉，銘「作父辛寶尊彝」兩行六字（圖七 A：1）。（2）在蓋及器內，如〈田告方鼎〉，銘「田告作母辛尊」兩行六字（圖七A：2）。（3）在腹內正中底部，如〈牛鼎〉、〈鹿鼎〉，銘文似牛或鹿形（圖七A：3）。（4）在腹壁及底，如〈無蓋方鼎〉，銘在腹壁內側。如〈呂方鼎〉，銘在內底，銘「唯五月既死霸，辰在壬戌，王饗，大室，呂征于大室，王錫呂矩鬯三卣，貝卅朋，對揚王休，用作寶彝，其子〃孫〃永用」五行四十四字（圖七A：4）。

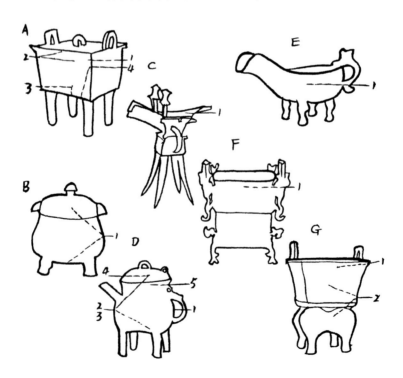

插圖七　四足器

（二）方甗形器　其器上下相連，亦可上下分開者，銘文部位（1）上下兩節相連者，銘在上節腹內近口處，如〈叔碩父方甗〉，銘「叔碩父作旅甗，子〃孫〃永寶用」，兩行十三字（圖七 G：1）。（2）上下兩節分開者，上下同銘，如〈口子作父辛方甗〉，銘「口子作父辛寶尊彝[illegible]冊」兩行十字（圖七 G：2）。

（三）方爵形器　如〈諸姛方爵〉銘之部位在尾上，銘亞中「䰧」及「諸姛以大子隮彝」兩行八字（圖七 C：1）。

（四）方盉形器　呈圓形者多，呈方形者少，其銘文部位（1）在鋬內，如〈子祖壬盉〉，銘「子祖壬」三字（圖七 D：1）。（2）蓋器對銘：如〈伯定盉〉，銘同爲「伯定作寶彝」五字（圖七 D：2）。（3）蓋器異銘：如〈臣辰盉〉，蓋銘「唯王大禴於宗周，徃饔莽京，年在五月既望辛酉，王令士上眔史寅馭于成周，替百姓豚，眔賞卣鬯貝，用作父癸寶隮彝。臣辰冊先」六行五十字在蓋內，器銘「臣辰冊先」四字在鋬內（圖七 D：3）。（4）在蓋內，如〈伯衛父盉〉，銘「伯衛父作嬴𩰫彝，孫〃子〃萬年永寶」兩行十三字（圖七 D：4）。（5）在口內：如〈麥盉〉，銘「邢侯光，麥庸于麥宮，侯錫麥金乍盉，用從邢矦征事，用旅走夙夕庸御事」十五行三十字（圖七 D：5）。

（五）方鬲形器　上有兩耳，下有四足，上截爲容器，下截內納火，有門可開關，四面有方孔通氣。銘在口內，如〈季貞方鬲〉，銘「季貞作尊鬲」五字（圖七 F：1）。

（六）四足卣形器　形如鳥獸，如〈戈卣〉，銘在蓋器腹內，各一戈字（圖七 B：1）。

（七）匜形器　此器形體雜亂，平底、圈足、三足、四足者不定，其銘文部位均在腹內，如〈楚嬴匜〉，銘「隹王正月初吉庚午，楚嬴鑄其盄，其萬年子孫永用亯」四行二十一字（圖七 E：1）。

蓋鐘形器：蓋與鐘形制相似，此類器中計鉦、句鑃、鐸、鈴、鐘等，即金石學家所謂之樂器也。

（一）鉦形器　形若仰蓋，下有一柄可執，中空可實以木，銘文部位（1）在柄外：如〈中鉦〉，銘在柄之一面，如〈姒鉦〉，銘在柄之兩面（圖八 F：1）。（2）在腹內側，如〈蠆父巳鉦〉，銘亞形中「蠆」

及「父巳」三字（圖八 F：2）。（3）在腹內頂者，如〈 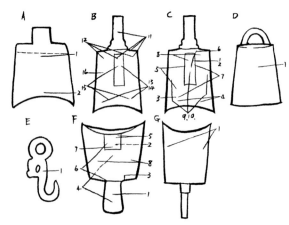 鉦〉，銘「 」兩字（圖八F：3）。（4）在柄及腹內側，如〈 鉦〉，銘「 」在柄外，亞形中「 」在腹內（圖八 F：4）。（5）在口內側及口前後，如〈 鉦〉一，銘「 」一字在口前後，「 」在口內側（圖八F：5）。（6）在腹內之頂及口前後，如〈介鉦〉二，銘「介」在口前後，「取」字在頂之一端（圖八 F：6）。（7）在腹之兩面，如〈南疆鉦〉，銘「隹正月初吉丁亥，□□□之子□擇其吉金，自作鉦鋅，以□□船其舶□□□大□□□□阝其□□盂，余以行曰師，余以政曰徒，余以□□，余以伐郗□子孫，余鑄此鉦鋅，汝勿喪勿敗，余處此南疆萬枼之外，子〃孫〃□坍作以□□」，十八行九十二字（圖八 F：7）。（8）在腹之兩旁，如〈徐𧽛尹鉦〉，銘「正月初吉日在庚郗醘尹□故□自作征埜□者父兄敿至鑮兵□萬字孫眉壽無疆皿皮吉人臺士余是尚」五行四十二字（圖八 F：8）。

（二）句鑃　形似鉦，惟身畧長，據銘所知，鐸用於軍旅，句鑃用於祭祀賓客，銘文部位在兩旁，如〈𢀜句鑃〉，銘「隹正初吉丁亥其龍擇其吉金鑄句鑃，以臺以孝，用蘄萬壽子〃孫〃永寶用之」，兩行三十一字皆反文（圖八 G：1）。

（三）鐸　形與鉦同，有有舌者，有無舌者，其銘文部位（1）在鉦及樂，如〈外卒鐸〉，「□外卒鐸」四字在鉦上鑄款，「重金□」三字在樂上鑿款（圖八 A：1）。（2）在口上，如〈□郢率鐸〉，銘「□郢率鐸」四字（圖八 A：2）。

插圖八　蓋鐘形器

（四）鈴形器　似鐸而較大，且鐸爲手持，鈴爲空懸。其銘文部位在腹
外兩面，如〈🔔鈴〉，銘一字（圖八 D：1）。

（五）鐘形器　頂有甬及鈕二種，其銘文部位（1）在鉦之一面者：如
〈楚公鐘〉，銘「楚公豪自鑄鷹鐘，孫〃子〃其永寶」兩行十四
字（圖八 C：1）。（2）在鉦之兩面者：如〈鳳羌鐘〉，銘「鳳氏
之鐘」，兩行四字（圖八 C：2）。（3）在鼓左者，如〈紀侯鐘〉：
銘「紀侯愧作寶鐘」三行六字（圖八 C：3）。（4）在鼓右及鼓左
者：如〈邵鐘〉，銘「佳王正月初吉丁亥，邵肇曰，余畢公之孫，
邵公之子，余頡岡事君，余嚚叚武，作爲余鐘，玄鏐鑪鋁，大鐘
八肆，其竈四堵，喬〃其龍，既壽邕虞，大鐘既縣，五鑽雩鼓，
余不敢爲喬，我以享孝，樂我先祖，以祈眉壽，世〃子孫，永以
爲寶。」共八十六字，鼓右四行，鼓左五行（圖八 C：4）。（5）
從鉦起及鼓左者，如〈虢叔鐘〉，銘「虢叔旅曰，丕顯皇考叀叔，
穆〃秉元明德，御于厥辟，得純亡敃，旅敢啓帥刑皇考威儀，龡
御于天子，迴天子（鉦至此）多錫旅休，旅對揚天子魯休，用作
朕皇考叀叔大蕃龢鐘，皇考嚴在上，翼在下，龖〃熊〃降旅多福，
旅其萬年子〃孫〃永寶用享」，鉦四行，鼓左六行，共九十一字
（圖八 C：5）。（6）鉦及兩鼓之間，如〈𩰬鐘〉，銘「王肇遹省
文武，勤疆土，南國及孳敢屾處我土，王敦伐其至，戕伐厥都，
及孳迺遣間來迎邵王，南夷東夷具見廿又六邦，唯皇上神百神保
余小子，朕猷有成亡競，我唯司配皇天，王對作宗周寶鐘，倉〃
恩〃，煌〃雍〃，用邵格丕顯祖考先王，先王其嚴在上，熊〃龖
〃，降余多福，福余沴福，參壽爲利其萬年，畯保三國」，鉦間
四行，鼓左八行，鼓右五行，共一百二十二字（圖八 C：7）。（7）
篆及鉦：如〈盧鐘〉：銘「佳正月初吉丁亥，盧作寶鐘，用追孝
于己伯，用享大宗，用濼好賓，盧眾蔡姬永寶，用邵大宗」，頂
篆一行，鉦三行共三十五字（圖八 C：6）。（8）鉦及左右欒鼓，
如〈公孫班鐘〉，銘「唯王正月辰在丁亥，黽公孫班，擇其吉金，
爲其龢鎛，用喜於其先祖，其萬年眉壽，□□是□霝命無其，子
〃孫〃永保用之」，右欒一行，鼓右三行，鼓左三行，左欒一行，
鉦兩行，共十行四十七字（圖八 C：9）。（9）鉦及兩欒：如〈邾

君求鐘〉，銘「邾君求吉金，用自作其龢鐘鈴用處大□」存十六
字（圖八 C：8）。（10）鉦及左右欒鼓：如〈邾叔子伯鐘〉（圖八
C：10）。（11）欒篆鉦甬：如〈虩編鐘〉（圖八 B：11）。（12）四
欒兩鉦：如〈子龢鐘〉，銘「邾太宰□子龢自作（右欒止此一行）
其從鐘（鉦三字一行止此）□□吉金元呂，□用（左欒一行止此）
祈眉壽多福，萬（後右欒一行止此）年無疆（後鉦一行三字止此），
子〃孫〃永保用享」三十六字（圖八 B：12）。（13）兩鉦四鼓正
繞者：如〈王孫鐘〉：銘「隹正月初吉丁亥，王孫遺者擇其吉金，
自作龢鐘，中□虩𤾈元（前鉦止此四行）鳴孔皇，用喜以孝，于
我皇祖父考，用𤴴眉壽，余（鼓左止此三行）圅䅌䨋辟畏婁趩〃，
肅悊聖武，惠于政德，惄于威（鼓右止此三行）儀，誨猷不飤，
闌龢鐘，用匽以喜，用樂喜賓父兄及我朋友，余𢝶（後鉦止此四
行）台心，延永余德，龢□民人，余專旬于國，𢾭〃趄〃，萬（鼓
右止此三行）年無諆，枼萬孫子永保鼓之」，前後鉦各四行，前
鼓兩行，餘均三行，行約六字，文長一百十六字（圖八 B：13）。
（14）兩鉦四鼓反繞者，如〈齊𨜘氏鐘〉，銘「唯正月初吉丁亥，
齊𨜘氏（前鉦止此二行）孫□擇其吉金自作（鼓右止此二行）龢
鐘卑□及好，用喜（後鼓右止此二行）以孝，于台皇祖父考用匽
（後鉦止此二行）用喜，用樂嘉賓，及我（後鼓右止此二行）□
□子孫永保□之」，每處二行，在鉦者每行五字，在于者每行四
字，共十二行五十二字（圖八 B：14）。（15）一鉦四鼓，由鉦起
而鼓左，繞至後面之鼓右，而鼓左繞至前面之鼓右，如〈子璋鐘〉，
銘「隹正十月初吉丁亥，羣孫斦子（鉦止此二行）璋擇其吉金自
作龢鐘，用匽以喜，用樂（後鼓右止此二行）父兄諸士，其眉壽
無基，子〃孫〃永保鼓之（後鼓左止三行）」，在鉦行約六字，於
于行約五字，共八行四十二字（圖八 B：15）。（16）在欒上：如
〈天尹鐘〉，銘「天尹作元弄」一行五字，在左欒（圖八 B：16）。
（六）鐘鉤　狀如龍，有者似獸，上端為環，下端為鉤，其銘文部位在
兩面，如〈芮公鐘鉤〉，銘「芮公作鑄，從鐘之句」，面背各四字
（圖八 E：1）。

綜如上述，則銘文部位與器物形制及時代先後關係至鉅，就器形而言：

（一）圓底器銘文之基本部位多在器內、器外或柄上。

（二）平底器銘文之部位多在器內、蓋上、器外腹上。

（三）圈足器銘文之部位多在蓋內、腹內、足內及腹外，在耳內、鋬內、口緣、蓋上者爲少數。

（四）三足器銘文之部位多在腹內、蓋內、鋬內、柄上，其在腹外，足上者數較少。

（五）四足器銘文之部位多在腹內及蓋內。

（六）鐘形器銘文之部位多在鉦、鼓左右、欒、篆等，亦有在口緣、腹內頂上及柄者。鐘、鐸、鉤鑃、鈴，銘多在腹外，鉦則內外兼有。

就時代而言：早期銘文多在腹內，且爲鑄款；晚期銘文多在腹外，且爲刻款。

七、孫氏附述古書之例

本節爲孫氏附述古書之例，或出書名或不出書名，要皆與金石文字有直接或間接之關係，而足相證印者也，故仲容於考訂金石之際，亦連帶及之，至足寶也。茲徵引於後：

（一）曰古書多稱伊尹爲小臣之例

𠂤小臣：伊小臣者，伊尹也。古書多偁伊尹爲小臣，《墨子・尚賢下》：「湯有小臣。」《楚辭・天問》：「成湯東巡，有莘爰極，何乞彼小臣，而吉妃是得。」王逸注：「小臣：伊尹也。」《呂氏春秋・尊師篇》：「湯師小臣。」高誘注：「小臣謂伊尹。」（《古籀拾遺・上・齊侯鎛鐘釋文》）

（二）曰古書凡言孫者亦爲遠孫之通偁之例

丕顯穆公之孫：穆公，謂宋穆公也，叔及（夷）之族，蓋出於穆公，其父即穆公之遠孫。古書凡言孫者，亦爲遠孫之通稱。《詩・閟宮》云：「后稷之孫，實維大王。」又云：「周公之孫，莊公之子。」是也。知叔及（夷）非即穆公之曾孫者。（《古籀拾遺・上・齊侯鎛鐘釋文》）

（三）凡古書雙聲叠韵連語之字竝以兩字聯屬爲文，不以他字參廁其間之例

薂曆：阮文達以「黽勉」之例釋之，仲容以爲凡古書雙聲叠韵連語之字，竝以兩字聯屬爲文，不以他字參廁其間。如云黽勉，不云黽某勉，云蠹沒，

不云𧓍某沒，云密勿，不云密某勿也。金刻蔑曆兩字連文者固多，然間有作蔑某曆者。(《古籀拾遺・中・敃尊釋文》)

（四）凡古書言卹者多訓為慎之例

卹乃死事：凡古書之言卹者，多訓爲愼，《左》襄二十七年傳引《詩》：「假以溢我作，何以恤我。」《爾雅・釋詁》：「溢，愼也。」恤、卹古通用。詳王引之〈經義述聞〉。(《古籀拾遺・中・追敦釋文》)

（五）古經典國名字例正叚錯出，故其見於金文者多殊異之例

〈周遺小子敦拓本跋〉：古經典國名字例，正叚錯出，故其見於金文者多殊異。如邾作鼄，唐作𩰫，燕作匽，召作𩁹，畢作𩰤，玁狁作厰允，亦作厰𩊚，皆古字書、地志所未聞。(《籀膏述林》卷七)

〈周唐中多壺拓本跋〉：凡三代國邑名字，經典正叚錯出，往往舛互。(《籀膏述林》卷七)

（六）《左傳》多用古文之例

僕土田：，此當即庸字，僕古與附通，僕庸即附庸，僕庸土田，猶《詩・魯頌・閟宮》云：「土田附庸。」《左》定四年傳說成王封伯禽云：「分之土田陪敦。」陪敦，亦即附庸之叚借，因古文庸作𩫏，故或作敦，《左傳》本多古文也。(《古籀餘論・中・召伯虎敦第二器釋文》)

（七）曰周時經籍，凡云若干鍰若干鋝者，竝主金言之之例

取遺五爰：爰，徐讀爲鋝，則以爲寽字，于形亦似較合，寽（鋝）爰（鍰）並金分之名，蓋謂饋金也。周時經籍，凡云若干鍰若干鋝者，竝主金言之，故直云取饋五寽、卅寽，不箸金文。(《古籀餘論・中・揚敦釋文》)

（八）凡許書云，象某形者，皆不成字之例

：从虍从，當即虡字，《說文・虍部》：「虡，鐘鼓之柎也，飾爲猛獸，从虍異，象形，其下足。」篆文作虡。此下作，正象猛獸四足之形。凡許書云象某形者，皆不成字。(《籀膏述林》卷七〈邵鐘拓本跋〉)

（九）曰《石經》凡校異文，皆撮舉數字，不錄全句之例

〈書南昌府學本漢石經殘字後〉：如「求善賈而沽諸」，沽，《魯論》作賈，《石經》校語止舉賈諸二字，是其例也。(《籀膏述林》卷八)

（十）曰《石經》所記諸家有無不同之說，例先舉《魯論》正文而後箸盇、毛、包、周諸本之異之例（《籀膏述林》卷八〈書南昌府學本漢石經殘字後〉）

八、後　記

　　仲容致力於古籀文字之學，用力最勤，成就亦最大，〔註154〕積四十年之學驗，目二千種彝器款識，故其發憤述作，足資信賴而傳世不朽也，劉恭冕譽其爲鴻通之儒，〔註155〕洵爲塙論。

　　余綜覽其所著，知仲容之所以粲溢今古者，得三助力焉：一曰內在興趣之衝動：故能登金山，訪〈遂啓諆大鼎〉，至焦山，觀〈無更鼎〉，〔註156〕於河南項城道次，尙審定〈周要君盂〉，〔註157〕隨侍壽州官齋，介友人易上百戶銅印，〔註158〕朝夕鑽研，彌習彌精，一旦宣於詞章，自能鍼膏肓發墨守，而收振弊起廢之效矣。二曰友朋之切磋：與仲容過從最早而至密者，厥爲德清戴子高，〔註

〔註154〕《古籀拾遺‧敘》云：「端居諷字，頗涉薛、阮、吳三家之書讀之，展卷思誤，每滋疑憓，間用字書及它刻，互相斠覈，略有所寤。」《古籀餘論‧後敘》云：「甄錄金文之書，自錢唐薛氏書外，近代唯儀徵阮氏、南海吳氏最爲精富，倉籀遺跡，粲然可尋，固懸諸日月而不刊者也，余前箸《拾遺》，於三家書畧有補正，近又得海豐吳子苾侍郎《攈古錄金文》九卷，搜錄尤閎博，新出諸器，大半箸錄，釋文亦殊精審，儀徵、南海，信堪鼎足，攬涉之餘，間獲新義，又有足正余舊說之疏繆者，并錄爲二卷，蓋非弟偶存札樸，抑亦自資砭策矣。」

〔註155〕見《古籀拾遺》劉恭冕〈跋〉。

〔註156〕《古籀餘論‧後敘》云：「猶憶同治間，余侍親江東，時海內方翹望中興，而東南通學，猶承乾嘉大師緒論，以稽古爲職志。余壯年氣盛，嘗乘扁舟溯江至京口，登金山，訪〈遂啓諆大鼎〉不得，迺至焦山海雲堂，觀〈無更鼎〉，手拓數十紙以歸。」

〔註157〕《籀膏述林》卷七〈周要君盂攷〉云：「光緒丙子，家大人以鄂藩入覲，詒讓侍行，得此於河南項城道次，因審定其文字之異者，以資攷覽。」

〔註158〕《籀膏述林》卷九〈記元管軍上百戶銅印〉云：「壽州官舍，掘地得殘骸，旁有古銅印一，蓋前代官吏之死於兵者，薶葬於此，印其所殉也。知州施照之幼子得之，以爲珍玩。同治甲子春，家大人攝分巡廬鳳，以襄喬撫軍營務，暫駐壽州。余隨侍官齋，介友人易得之。」

〔註159〕《古籀餘論‧後敘》云：「時德清戴子高茂才，亦客秣陵，與余有同嗜，朝夕過從，余輒出所得漢陽葉氏舊藏金文拓本二百種同讀之，君亦出舊藏〈季娟鼎〉，相與摩挲椎拓，竟日不倦。時余書方挍棄，而戴君羸病甚劇，然猶力疾手錄余說於《積古齋款識》冊耑，又嘗囑余爲〈毛公鼎〉釋文，其歿前數日，猶逐福不遺一字。蓋余治此學，唯君知之最早，亦愛之獨深，子雲奇字，見之伯松，歐公《集古》，每咨貢父，不是過也。」《籀膏述林》卷八〈新始建國銅鏡拓本跋〉云：「猶憶同治季年，余與莫戴兩君同客江寧，莫先生於詒讓爲父執，嘗得侍燕譚，而子高與余，同爲金石篆籀之學，踪跡尤密。始以此竟拓本見示，詫其奇古，而未及悉心審校。雲煙過眼，忽忽二紀，兩君宰木已拱，而余幸從鶴亭重觀此拓，得相與精釋其文字，惜不令兩君見之，俾同此愉快也。」

159〕繼爲吳縣潘文勤，濰縣陳壽卿，宗室盛伯熙，福山王文介，元和江建霞，陽湖費峐衷，以及同邑黃仲弢，彼等或臧彝器，或爲同癖，是以每有雅集，輒出所藏金文，辨證難字，緇塵京雒，萃斯古懽，致足樂也，〔註160〕三曰愛國心之驅迫：以世變彌亟，風尙日新，古文字例之學，殆成廢絀，然泰西學藝大昌，其所傳埃及巴比侖象形鐵椑古字，遠不及中土篆籀之精妙，而彼邦學者，捃摭於冢塔土甓之餘，猶攷讀庋儲，珍逾拱璧，顧我國學子略涉譯冊，輒鄙棄古籀如敝屣，政教之不競，學術亦隨之，斯固相因之理乎！〔註161〕惟仲容生於廢淸末葉，外敵擾邊，內政凌遲，瞻前惢後，而老成凋謝，後繼無人，古學將湮，前塵如夢，彼又何能無慨於心哉！是以述往思來，蘄倉籀遺文，必有愛護於不墜者，是爲記。

〔註160〕見《古籀餘論·後敘》。
〔註161〕見《古籀餘論·後敘》及〈名原敍錄〉。

第七章　孫詒讓之文字學

一、緒　言

　　我國之文字學，自漢迄今，代有著述，而皆囿於許氏說解，未敢遠圖，對於文字創造之程序，及其變遷之源流，絕少探索，字義之明，宜乎其難也。夫文字之興，非成一人之手，非爲一時之作，其始也蓋經歷無數之形變，約定俗成，乃成今日之所謂文字者。上古綿邈，史不足徵，中國古器物之發現雖夥，而欲求三代以上先民文字之邾形，仍不可得。是非旁蒐博攷各地所發掘之原始材料，實無以知我國文字迻易演進之跡。至於文字本身，由篆而隸，由隸而楷而行草，字形疊變，聲音代更，如僅株守許書，字義難明。是則當考之於金石甲骨諸文，以明其組成之原。乾嘉以來，學者於金石甲骨之文，雖多專著，但本之以成一有系統之文字學者，除瑞安孫徵君詒讓著《名原》兩卷外，其他尚邈無繼者。

> 唐蘭云：「夫爲古文字學者有二途焉：蒐集材料，從而比次之，此字彙也；溯其本原，考其流變，湮晦者發明之，譌誤者校正之，合之可以知社會之演化，析之可以考一字之歷史，此文字之學也。所謂字彙者，吳大澂《說文古籀補》，其類也；所謂文字學者，孫詒讓《名原》，其類也。此二途者，不可偏廢，然蒐集比次，尚易爲功，而發明考索，則甚難矣。」（孫海波《甲骨文存》唐蘭〈敍〉）

茲特就其所著，首揭孫氏對於文字學上之體認，次論《名原》一書，而尤重昌明其特質。繼而闡發《名原》之內容，以究兩卷七篇中之宏旨。末總結前言，並評述其立說之得失，此迺全篇之綱領，本文之舉要也。

二、孫氏對文字學之體認

（一）關於文字之變易

仲容云：「書契初興，形必至簡，迨其後，品物眾而情偽滋，簡將不周於用，則增益分析而漸繁。其最後文極而敝，苟趣急就，則彌務淆多，故復減損而反諸簡。其更迭嬗易之為，率本於自然，而或厭同耆異，或襲非成是，積久承用，皆為科律，故歷年益遠，則謁變益眾。」〔註1〕綜其所述，一則曰文字變易之迹乃由簡而繁因繁反簡。二則曰文字之變因厭同耆異或襲非成是，至歷年愈遠，則謁變愈多。其說參綜古今，最切時弊。

夫時有古今，地分南北，人有遷化，事分繁簡，文字者經藝之本，庶政之始，前人所以垂後，後人所以識古，然「於穆不祀」，音訛之異，「三豕渡河」，文變之謬，此士子愛奇，字多呸變，篆散為隸，真變為草，於是六書晦失，而古籀之本體不可得知矣。是以字體在目，而部居不能析，文義無由辨，自以為是者，反成穿鑿，妄希文雅之名，率多紕繆之實，故仲容深切痛詆之，以懲時俗之流失。而控馭文字之變易，其易從之道，端賴明六書、知小學。

（二）關於六書之通說

仲容之言六書，散見於《名原》各篇，茲綜理繁複，略得三則：

（1）六書體用兼備

一曰：六書體用兼備。在其〈與王子莊論段借書〉曰：「……夫執事之論段借，決其必不如舊說者，不過以班〈志〉謂六書皆為造字之本。若如舊說，則段借于六書中獨為文字之用，似不得為本，故毅然更張其說以求符合。不知六書雖分體用，而為造字之本則一。蓋天下之事無窮，造字之初，苟無段借一例，則將逐事而為之字。而字有不可勝造之數，此必窮之勢也，故依聲而託以事焉。」〔註2〕又〈與邃某書〉曰：「至於六書，指事、象形、龤聲、會意為體，轉注、段借為用，戴東原已隱論之矣。今誦來書，知精到之論，自然冥合也。」〔註3〕是知先生體用之說，本乎戴、段。

戴東原云：「大致造字之始無所馮依，宇宙事與形兩大端而已，指其事

〔註1〕見《名原》孫氏〈敘錄〉。
〔註2〕見《籀廎述林》卷十，仲容〈與王子莊論段借書〉。
〔註3〕見《籀廎遺文》卷下，〈與邃某書〉。

之實曰指事，一、二、上、下是也；象其形之大體曰象形，日、月、水、火是也；文字既立則聲寄於字，而字有可調之聲，意寄於字，而字有可通之意，是又文字兩大端也，因而博衍之取乎聲諧，曰諧聲；不諧而會合其意，曰會意；四者書之體止此矣。由是之於用，數字共一用者，如初、哉、首、基之皆爲始，卬、吾、台、予皆爲我，其義轉相爲注曰轉注；一字具數用者，依於義以引申，依於聲而旁寄，假此以施於彼，曰假借。所以用文字者，斯其兩大端也。」〔註4〕

段玉裁云：「六書者，文字、聲音、義理之總匯也，有指事、象形、形聲、會意，而字形盡於此矣。字各有音，而聲音盡於此矣。有轉注、叚借，而字義盡於此矣。異字同義曰轉注，異義同字曰叚借，有轉注而百字可一義也，有叚借而一字可數義也。字形、字音之書，若大史籀著大篆十五篇，殆其一耑乎；字義之書，若《爾雅》其最著者也。趙宋以後，言六書者，匈襟陋隘，不知轉注叚借所以包括詁訓之全，謂六書爲倉頡造字六法，說轉注多不可通。戴先生曰：『指事、象形、形聲、會意四者，字之體也；轉注、叚借二者，字之用也。』聖人復起，不易斯言矣。」〔註5〕

而推戴、段之意，六書兼言字形、字義。象形、指事、形聲、會意四者，言字形之構造，此造字之法也，名之曰體；轉注、叚借二者，言字義之異同，此詁訓之法也，名之曰用。仲容先生以六書「爲造字之本則一」，則其所謂體者，乃造字之基本法；所謂用者，乃造字之輔助法，雖同言體用，而與戴、段異矣。

（2）象形文與駢合文

其二曰：象形文與駢合文。仲容曰：「然六書大義，要有較然不紊者，如古象形文，其偏旁離析之，皆不能獨成一字，而凡駢合文，雖重纍複錯，形聲必有所取，此不易之達例也。」〔註6〕蓋古有六書之實，三代以下，始發明六書之名，是以六書雖不定名於造字之初，而字却隱合六書而造也，故仲容述古文以象形文皆不成字，駢合文其形聲必有所取，其所謂象形文，即許氏《說文·敘》中所指之指事、象形二書，所謂駢合文，即許氏《說文·敘》

〔註 4〕見戴東原〈答江慎修論小學書〉。
〔註 5〕見段注〈許慎說文解字敘〉。
〔註 6〕見《名原》下卷〈古籀撰異第四〉。

中所指之形聲、會意也。指事、象形多獨體之文，〔註7〕而獨體為文者，或隨體詰詘以象事物之形，或視其所指以見成文之意，是二則晃朗有異，不容混淆者。至於會意與形聲，均合體之字，〔註8〕合體之字者，或比類合誼以會其意，或取譬相成以表其聲，不僅此二則互異其趣，其與象形、指事亦迥然有別也。

仲容先生說轉注，從徐楚金《繫傳》說。認以《說文》部首說解「凡某之屬皆从某」釋之，其義最碻。蓋倉頡制字之初，為字尚尟，凡形名之屬，未有專字者，則依其聲義，於其文旁詁注以明之。其後遞相沿襲，遂成正字，此「孳乳浸多」之所由來也。〔註9〕

案：南唐徐鍇說轉注有：「轉注者，屬類成字，而復于偏旁加訓，博喻近譬，故曰轉注。人毛匕為老，耆者耋亦老，故以老字注之，受意于老，轉相傳注，義近于形聲而有異焉。形聲江河不同，灘濕各異，轉注考老實同，妙好無隔，此其分也。」又謂：「轉注者建類一首，同意相受，謂如老之別名，有耆、有耋、有耇、有耄，又孝子養老是也。此等字皆以老為首，而取類于老，則皆从老以轉注之。」〔註10〕

徐氏之意，以同部義同者為轉注，同部義不同者為形聲，故曰「江河不同，灘濕各異，考老實同，妙好無隔。」〔註11〕蓋以同部為「建類一首」，以義同為「同意相受」，猶可說也，至謂耆、耋、耇、耄皆老也，故以老字注之，此則似是而非者也。夫七十曰老，八十曰耋，九十曰耄，面黎若垢曰耇，善事父母曰孝，各有專名，雖同以老字注之，豈可謂之「同意相受」也。而仲容從之，蓋亦慮猶未周與。

至於叚借之為用，仲容詳析二徐以及江、段諸家之說，其〈答王子莊書〉云：「惟叚借一門，所論與前賢特異，詒讓再四籀繹，竊有不敢信者三，請謂執事陳之。許〈敘〉之言叚借曰：『本無其字，依聲託事，令、長是也。』蓋謂世所謂縣令、邑長者，本無正字，特依其聲類，借訓發號之『令』，訓久遠之『長』，以為名。自二徐以來，迄于近世江、段諸家，曾無異說。……是叚借者，所以救造字之窮，而通其變，即以為造字之本，亦奚不可乎。」〔註12〕夫叚借者補足文字之不足也。

〔註7〕　鄭樵〈六書略〉語。
〔註8〕　鄭樵〈六書略〉語。
〔註9〕　《名原》下卷，〈轉注楬櫫第五〉。
〔註10〕　《說文解字繫傳通釋》卷三十九。
〔註11〕　《說文》無妙字，祇有玅字，徐氏蓋誤舉也。
〔註12〕　《籀廎述林》卷十，〈與王子莊論叚借書〉。

吾師林景伊先生謂：「同一語根，引申而分類用之于各種不同之形容詞、名詞、動詞或感嘆詞中，有已構成形體爲文字者，或有未構成形體爲文字者，在記錄語言時，其未構成文字者，不能闕而不書，遂暫借一已構成形體之同一語根文字以代替之，而補其不足。」〔註13〕

蓋字非一人一時一地所造，故叚借之始，始於本無其字；及其後也，既有其字矣，而多爲叚借；又其後也，且至後代譌字亦得自冒於叚借。博綜古今，有此三變。〔註14〕仲容以叚借所以救字之窮而通其變，不亦宜乎。

（3）六書之沿革

其三曰：六書之沿革。仲容曰：「通校古文大小篆，大氏象形字與畫繢通，隨體詰詘，譌變最多。指事字次之，會意、形聲字則子母相檢，沿譌頗尠，而與轉注相互爲例，〔註15〕又至廣博，其字或秦篆所不具，或許氏偶失之，故不勝枚舉，而叚借依聲託事，則尤茫無涯涘矣。」〔註16〕

我國文字之演進情形，自甲骨文而金石文而小篆隸書，以至眞艸書體，其間雖有一貫之脈絡，但絲簡省變至鉅。茲姑就字數之增益言之，亦可以概見其一斑矣。

案：甲骨文字之研究，自孫仲容先生《契文舉例》倡其始，而字典之編輯，先後有王襄、商承祚、朱芳圃、孫海波、金祥恒、李孝定諸先生，其著述可說者析之如次：

王　襄	著《簠室殷契類纂》可識字數八七二	民國九年十二月出版
商承祚	著〈殷虛文字類編〉可識字數七八九	民國十二年七月出版
朱芳圃	著《甲骨學文字編》可識字數九五六	民國二十二年十二月出版
孫海波	《甲骨文編》可識字數一〇〇六	民國二十三年十月出版
金祥恒	《續甲骨文編》計字首二千五百餘文，共錄五萬多字	民國四十八年十月出版
李孝定	《甲骨文字集釋》計正文、重文及《說文》所無字共一七六四	民國五十四年五月出版
孫海波	《甲骨文編》再版，計正編一七二三字，附錄二九四九字	民國五十四年九月出版

四十年之間，其可識之字由原七八九增至一七六四，而箸錄之總字數亦高達四七六二字，較原先字數增加甚多。

〔註13〕《說文研究》，師大國文研究所講義。
〔註14〕《說文解字敍》段玉裁注，「叚借」條下語。
〔註15〕原注：轉注从徐鍇說。
〔註16〕原注：古文叚借至多，茲不遑論。見《名原》孫氏〈敍錄〉。

　　至於金文之著錄，如：吳大澂取古彝器文字，擇其顯而易明，視而可識者，得三千五百餘字，成《說文古籀補》。容庚《金文編》、《金文續編》集鐘鼎文字之大成，計〈正編〉收金文一萬八千餘，所據商、周銅器三千多件，另考釋可從與疑似者三千二百字為附錄，重文系列於各字之下。《續編》收秦、漢銅器及字數從略。可知商周金文，其字數已高達二萬有奇矣。

　　漢自《說文》以後，字數由後人依實際生活之需要而製者多有增加，如《說文解字》僅九千三百五十三字，唐《廣韵》已有二萬六千一百九十四字，清《康熙字典》共四萬七千三十五字，以《康熙字典》與《說文解字》相較，幾增五分之四，然所增之新字，純以聲義為主，其如象形、指事之純主形者蓋無一焉。由是觀之，中國文字舍形聲字以外，其餘象形、指事、會意三者，為數不過千餘。

第就象形字之譌變，略舉數例，以證仲容立說之可信。

牛半　　《說文・牛部》：「大牲也。牛，件也；件，事理也。象角頭三、封尾之形。」

車車　　《說文・車部》：「輿輪之總名，夏后氏奚仲所造，象形。」

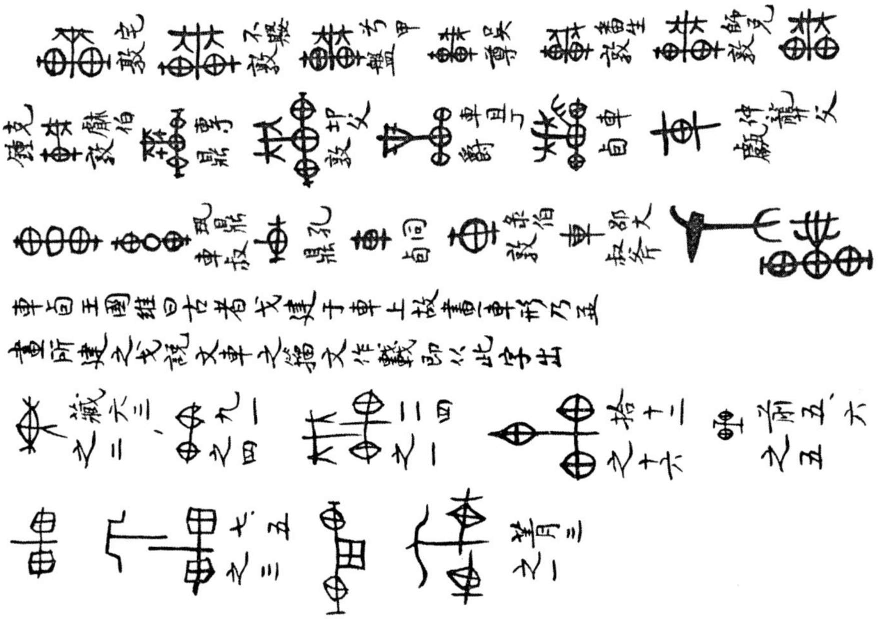

人　《說文・人部》:「天地之性最貴者也。此籀文。象臂脛之形。」

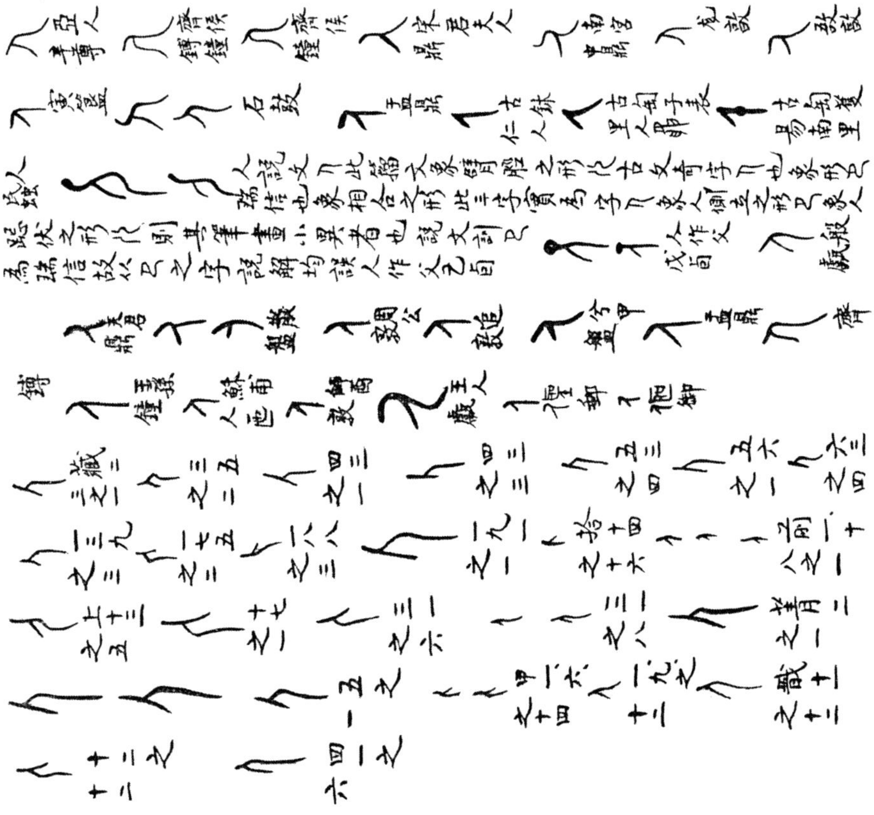

案以上拓摹先取《說文》小篆，次金文，次甲骨文。金文取自容庚《金文編》、徐文鏡《古籀彙編》，甲骨文取自孫海波《甲骨文編》。

（三）關於文字之厄運

仲容謂我國文字之演進，凡遘三大厄運，而以李斯之作小篆廢古籀，尤為三厄中之最大厄。仲容曰：「蓋秦漢間，諸儒傳讀經典，已不能精究古文，如古多叚『忞』為『文』，與『寍』相近，金文『文』多作『𤬃』，與『寍』作『𡨄』，絕相似。而《書‧大誥》曰『寍考』、『寍王』、『前寍人』、『寍武』，則皆『文』之譌也，略本吳清卿說。古文有『載』市，即《禮》之爵韠，又有『裁』字，當為爵帛本字。而《毛詩‧綠衣》曰：『載弁俅俅』，『載』則『載』、『裁』之叚也。『庸』古文作『𩫩』，與『敦』偏旁相涉，而《左傳》說成王賜魯土田倍敦，『倍敦』則『附庸』之譌也。《書》、《詩》傳自伏生、毛公，《左氏春秋》上於張蒼，大毛公當六國時，前於李斯，伏固秦博士，張則柱下史，咸逮見李斯者。三君所傳，尚不無舛駁，斯之學識，度未能遠過三君，而迺奮肊制作，徇俗蔑古，其違失倉、史之恉，寧足責邪。」〔註17〕案王國維言秦滅古文，史無明文，有之惟一文字與焚《詩》、《書》二事，《史記‧始皇本紀》二十六年〈琅邪臺刻石〉云：「普天之下，摶心揖志，器械一量，同書文字。日月所照，舟輿所載，皆終其命，莫不得意。」三十四年李斯上書云：「古者天下散亂，莫之能一，是以諸侯並作，語皆道古以害今，飾虛言以亂實，人善其所私學，以非上之所建立。今皇帝并有天下，別黑白而定一尊。私學而相與非法教，人聞令下，則各以其學議之，入則心非，出則巷議，夸主以為名，異取以為高，率群下以造謗。如此弗禁，則主勢降乎上，黨與成乎下。禁之便。臣請史官非秦記皆燒之。非博士官所職，天下敢有藏《詩》、《書》百家語者，悉詣守、尉雜燒之。有敢偶語《詩》、《書》者棄市。」《說文解字‧敘》云：「秦始皇帝初兼天下，丞相李斯乃奏同之，罷其不與秦文合者，斯作《倉頡篇》，中車府令趙高作《爰歷篇》，大史令胡毋敬作《博學篇》，皆取《史籀》大篆，或頗省改，所謂小篆者也。」王國維《觀堂集林》卷七〈戰國時秦用籀文六國用古文說〉云：「許叔重言：『秦始皇帝初兼天下，丞相李斯乃奏同文字，罷其不與秦文合者。斯作《倉頡篇》，中車府令趙高作《爰歷篇》，太史令胡毋敬作《博學篇》，皆取《史籀》大篆，或頗省改，所謂小篆者也。』是秦之小篆本出大篆，而《倉頡》三篇未出，大篆未省改以前，所謂秦文，即籀文也。司馬子長曰秦撥去古文，揚子雲曰秦剗滅古文，許叔重曰古文由秦絕，案秦滅古文，史無明文，有之惟一文字與焚《詩》《書》二事。六藝之書行於齊魯，爰

〔註17〕見《名原》孫氏〈敘錄〉。

及趙魏，而罕流布於秦（猶《史籀篇》之不行於東方諸國），其書皆以東方文字書之，漢人以其用以書六藝，謂之古文；而秦人所罷之文與所焚之書，皆此種文字，是六國文字即古文也。觀秦書八體中，有大篆無古文，而孔子壁中書與《春秋左氏傳》，凡東土之書，用古文不用大篆，是可識矣。故古文、籀文者，乃戰國時東西二土文字之異名，其源皆出於殷周古文。而秦居宗周故地，其文字猶有豐鎬之遺，故籀文與自籀文出之篆文，其去殷周古文，反較東方文字（即漢世所謂古文）爲近。自秦滅六國，席百戰之威，行嚴峻之法，以同一文字。凡六國文字之存於古籍者，已焚燒剗滅；而民間日用文字，又非秦文不得行用。觀傳世秦權量等，始皇二十六年詔後，多刻二世元年詔。雖亡國一二年中，而秦法之行如此，則當日同文字之效可知矣。故自秦滅六國，以至楚漢之際，十餘年間，六國文字遂過而不行。漢人以六藝之書皆用此種文字，又其文字爲當日所已廢，故謂之古文。此語承用既久，遂若六國之古文即殷周古文，而籀篆皆在其後，如許叔重《說文·序》所云者，蓋循名而失其實矣。」仲容循傳說之誤，以六國文字爲古文，並意六國古文前於篆籀，遂以李斯造小篆，違失倉、史之恉，觀《觀堂集林》之語，可以知其有承前之失矣。《說文》一書，實聚我國商周古文史籀之大成。段氏云：「云取史籀大篆或頗省改者，言史籀大篆則古文在其中，大篆既或改古文，小篆復或改古文大篆，或之云者，不盡省改也，不改者多，則許所列小篆，固皆古文大篆，其不云古文作某，籀文作某者，古文同小篆也。其既出小篆，又云古文作某、籀文作某者，則所謂或頗省改也。」〔註18〕王國維云：「許君《說文·敘》云：『今敘篆文合以古籀』，段君玉裁注之曰：『小篆因古籀而不變者多。』『其有小篆已改古籀，古籀異於小篆者，則以古籀附小篆之後，曰古文作某，籀文作某。此全書之通例也。其變例則先古籀後小篆。』又於『皆取《史籀》大篆或頗省改』下注曰：『許所列小篆，固皆古文大篆，其不云古文作某，籀文作某者，古籀同於小篆也；其既出小篆，又云古文作某，籀文作某者，則所謂或頗省改者也。』此數語可謂千古卓識，二千年來治《說文》者，未有能言之明白曉暢如是者也。」〔註19〕

　　則凡《說文》中引《詩》、《書》、《禮》、《春秋》、《論語》、《孝經》以說解者，皆爲古文。許愼《說文·敘》云：「其稱《易》孟氏、《書》孔氏、《禮·周官》、《春秋》左氏、《論語》、《孝經》皆古文也。」段注：「許書內多舉諸經以爲證，以爲明諭厥誼之助。」引《史篇》者，可知其爲籀文，王國維《史籀篇疏證·序》云：「《說文》於𠕋、缶、女三部，三引〈史篇〉，蓋存其字謂之籀文，舉其書謂之《史篇》，其實一也。」引杜林、司馬相如、揚雄說者，當出《倉頡》、《凡將》、《訓纂》諸篇，可知其爲篆文。王國

〔註18〕見《說文解字·敘》段氏注「皆取史籀大篆或頗省改」條下。
〔註19〕見《觀堂集林》卷七〈說文今敘篆文合以古籀說〉。

維《觀堂集林》卷七云：「其引《史篇》者，可知其為籀文；引杜林、司馬相如、揚雄說者，當出《蒼頡》、《凡將》、《訓纂》諸篇，可知其為篆文。雖《說文》諸字中有此標識者十不逮一，然可得其大略。昔人或以《說文》正字皆篆文，而古文、籀文惟見於重文中者，殆不然矣。」〔註20〕似此則秦用籀文，六國用古文，李斯奏同文字，罷其不與秦文合者，秦居西周故地，是籀文較六國文字尤近古，而李斯造小篆即以籀文為準，或頗省改而已。故許氏《說文》實乃匯古籀、篆文於一書，學者欲以今識古，追溯蒼、史之迹，舍此莫由也。

仲容又曰：「詒讓束髮受經，略識故訓，嘗慨獷秦燔書，別創小篆，倉沮舊文，浸用湮廢，漢人掇拾散亡，僅通四五，壁經復出，罕傳師讀，新莽居攝，甄豐校文，書崇奇字，而黜大篆。」〔註21〕則新莽居攝，甄豐校文，書崇奇字，而廢大篆，此二厄也。

許慎云：「孝平時，徵禮等百餘人，令說文字未央廷中，以禮為小學元士。黃門侍郎揚雄，悉以作《訓纂篇》。凡《倉頡》以下十四篇，凡五千三百四十字，羣書所載，略存之矣。及亡新居攝，使大司空甄豐等校文書之部，自以為應制作，頗改定古文。時有六書：一曰古文，孔子壁中書也。二曰奇字，即古文而異者也。三曰篆書，即小篆，秦始皇帝使下杜人程邈所作也。〔註22〕四曰左書，即秦隸書。五曰繆篆，所以摹印也。六曰鳥蟲書，所以書幡信也。」〔註23〕

王玉樹謂：「李斯刪籀而秦篆興，程邈造隸而古文廢，羣趨約易，漸失原流。故孝宣崇文，婁徵碩彥，揚雄應詔，亦箸鴻篇，而甄豐、曹喜之徒，頗多省改。爰自賈逵受命而後，而許氏《說文》之學，獨燦然明備矣。」（《說文拈字·序志》）

黎庶昌云：「據敘周宣王太史籀著《大篆》十五篇，與古文或異。秦兼天下，丞相李斯作《倉頡篇》，中車府令趙高作《爰歷篇》，太史令胡毋敬作《博學篇》。所謂小篆皆取史籀大篆或頗省改。秦又興隸書，以趨約易，而古文由此絕亡。新居攝，大司空甄豐等校文書之部，自以為應制作頗改定古文。經此數變，唐虞三代之逸文，至是而存者無幾矣。」（《廣說文答問疏證·序》）

桂馥云：「王莽時司空甄豐校文字部，改定古文，復有六書。」（〈說文解字附說〉）

段玉裁云：「自以為應制作頗改定古文。頗者，間見之詞，於古文間有改定。如疊字下亡新以為疊，从三日。大盛改為三田，是其一也。」「儿下云，古文奇字人也。无下云奇字无也，許書二見。蓋其所記古文中時有之，不獨此二字矣，〈揚雄傳〉云：『劉歆之子棻嘗从雄學奇字』，按不言大篆者，大篆即包於古文、奇字二者中矣。張懷瓘謂奇字即

〔註20〕引見同上註。
〔註21〕見孫詒讓《古籀拾遺·敘》。
〔註22〕段注：按此十三字當在下文「左書即秦隸書」之下。
〔註23〕《說文解字敘》。

籀文，其跡有石鼓文存，非是。」(《說文解字・敘》段注)

　　《漢書・王莽傳》云：「莽奏起明堂、辟雍、靈臺，爲學者築舍萬區，作市常滿倉，制度甚盛，立樂經，益博士員，經各五人，徵天下通一藝教授十一人以上，及有逸《禮》、《古書》、《毛詩》、《周官》、《爾雅》、天文、圖讖、鍾律、月令、兵法、史篇文字，通知其意者，皆詣公車。網羅天下異能之士，至者前後千數，皆令記說廷中，將令正乖繆、壹異說云。」(《漢書・王莽傳》第六十九上)

　　然倉沮舊文，後世莫可詳覽，中國文字之可考見者，當始于甲骨籀篆，即倉氏之遺迹存于商周者也，甲骨之文雖不見於載籍，而由殷虛出土之地下龜甲獸骨，經學者七十年來之鑽研，其文字之詳已斑斑可說。至于籀篆，《漢志》載《史籀》十五篇，自注云：「周宣王太史作〈大篆〉十五篇。「又「《史籀》者周時史官教學童之書也。」段玉裁《說文敘》注亦從之，許慎《說文・敘》云：「及宣王大史籀，著《大篆》十五篇，與古文或異。」段注：「大史，官名。籀，人名也。省言之曰史籀。《漢書・藝文志》云：『《史籀》十五篇』，自注：『周宣王大史作《大篆》十五篇』，又云：『《史籀篇》者，周時史官教學童書也。』然則其姓不詳，記傳中凡史官多言史某，而應劭、張懷瓘、顏師古、及封演《聞見記》、郭忠恕《汗簡》引《說文》皆作大史史籀。或疑大史而史姓，恐未足據。《大篆》十五篇亦曰《史籀篇》，亦曰《史篇》。〈王莽傳〉徵天下史篇文字，孟康云史籀所作十五篇古文書也。此古文二字，當易爲大篆，大篆與倉頡古文或異，見於許書十四篇中者備矣，凡云籀文作某者是也。或之云者，不爲盡異也，蓋多不改古文者矣。籀文字數不可知，尉律諷籀書九千字，乃得爲史，此籀字訓讀書，與宣王大史籀非可牽合，或因之謂籀文有九千字，誤矣。大篆之名，上別乎古文，下別乎小篆而爲言，曰「史篇」者，以官名之；曰籀篇、籀文者，以人名之。」惟近人王氏國維以爲籀讀也、抽繹也，即《史記》「紬石室金匱之書」之紬，籀書爲史之專職，昔人作字書者，其首句蓋云太史籀書，以目下文，後人因取首句史籀二字以名其篇，此劉向、班固等歷千數百年而不悟，至王氏始發伏辨疑。王國維云：「《史籀》十五篇，古之遺書，戰國以前未見稱述。爰逮秦世，李、趙、胡毋本之以作《蒼頡》諸篇。劉向校書，始著於錄。建武之世，云其六篇。章帝時，王育爲作解說。許慎纂《說文》，復據所存九篇存其異文，所謂『籀文』者是也。其書亦謂之《史篇》，即《史籀篇》之略稱。《說文》於皕、缶、女三部三引《史篇》，蓋存其字謂之籀文，舉其書謂之《史篇》，其實一也。《史篇》爲字書之祖，故《蒼頡》以下亦蒙其名，《漢書・平帝紀》：『徵天下通知小學史篇者』，〈王莽傳〉：『徵天下史篇文字』，〈揚雄傳〉：『史篇莫善於倉頡，作訓纂』，揚子《法言》：『或欲學《蒼頡》、《史篇》』，皆以《史篇》爲字書之通名，猶漢時閭里書師呼《爰歷》、《博學》二篇爲《蒼頡》，魏晉以後并呼揚雄、班固、賈魴之書爲《三蒼》，六朝以後呼《字林》爲《說文》也。然其名固自《史籀篇》出。唐元度謂此

篇廢於晉世，而自許君以後，馬、鄭諸儒即不復徵引。蓋自《三蒼》盛行，此書之微久矣。今就諸文所存遺字疏通證明之，而論其最要於篇首，覽者詳之。一，史籀爲人名之疑問也。自班《志》許〈序〉以史籀爲周宣王太史，其說蓋出劉向父子，而班、許從之，二千年來無異論。余顧竊有疑者。《說文》云：『籀，讀也。』（《方言》：『抽，讀也。』）又云：『讀，籀書也。』（《毛詩·鄘風》傳云：『讀，抽也。』）古籀、讀二字同音同義。又古者讀書皆史事，《周禮·春官》大史職：『大祭祀，戒及宿之日，與羣執事讀禮書而協事大喪，遣之日，讀誄。』小史職：『大祭祀，讀禮灋，史以書敍昭穆之俎篹。卿大夫之喪，賜謚，讀誄。』內史職：『凡命諸侯及公卿大夫，則冊命之（謂讀冊書）；凡四方之事書，內史讀之。』〈聘禮〉：『夕幣，史讀書展幣』，〈士喪禮〉：『主人之史讀賵，公史讀遣。』是古之書皆史讀之。《逸周書·世俘解》：『乃俾史佚繇書于天號』，〈嘗麥解〉：『作筴許諾，乃北向繇書於兩楹之間。』（作筴即《書·洛誥》之作冊，乃內史之異名也。）繇即籀字，《春秋左氏傳》之卜繇，《說文解字》引作卜籀，知《左氏》古文繇本作籀，《逸周書》之繇書亦當即籀書矣。籀書爲史之專職，昔人作字書者，其首句蓋云大史籀書，以目下文。後人因取首句史籀二字名其篇，（《詩》、《書》及周秦諸子大抵以首句二字名篇，此古代書名之通例，字書亦然。《蒼頡篇》首句雖不可考，然《流沙墜簡》卷二第十八簡上有漢人學書字，中有『蒼頡作』三字，疑是《蒼頡篇》首句中語，故學者書之，其全句當云『蒼頡作書』，句法正仿大史籀書，《爰歷》、《博學》、《凡將》諸篇，當亦以首二字名篇。今《急就篇》尚存，可證也。）大史籀書猶言太史讀書。〈太史公自序〉言紬石室金匱之書，猶用此語。劉、班諸氏不審，乃以史籀爲著此書之人。其官爲大史，其生當宣王之世，是亦不足怪。李斯作《蒼頡》，其時去漢甚近，學士大夫類能言之，然俗儒猶以爲古帝之所作，以《蒼頡篇》爲蒼頡所作，毋惑乎以《史籀篇》爲史籀所作矣。不知『太史籀書』乃周世之成語，以首句名篇又古者之通例，而猥云有大史名籀者作此書，此可疑者一也。〔註24〕是《史籀》十五篇，乃周時史官教學童之書也，則史籀《大篆》亦即蒼頡古文，固無所謂古文、大篆之分，故《呂氏春秋》云：「蒼頡造大篆」，孟康《漢書·王莽傳》注亦云：「史籀所作十五篇，古文書也。」且秦有八體，一曰大篆，而無古文，殆大篆可賅古文也。新有六書，一曰古文，二曰奇字，而無大篆，蓋古文、奇字可統大篆也。似此則新莽居攝，甄豐校文，書崇奇字，而大篆並未見廢。

　　案：姬周之末，七國紛立，語言歧異，文字異形。及秦兼并六國，統一天下，李斯乃奏同文字，罷其不與秦文合者。爰于始皇二十六年，書同文字；三十四年，燒《詩》、《書》百家語，復申其同文之令，使天下無以古而非今。〔註25〕當時李斯作《倉頡篇》七章，

〔註24〕見王國維〈史籀篇疏證序〉。
〔註25〕見《史記·始皇本紀》及〈李斯傳〉。

趙高作《爰歷篇》六章，胡母敬作《博學篇》七章，皆嬴秦當時通用之字，參以史籀而成，是爲小篆，亦曰秦篆。然小篆與史籀均爲姬周一代之古文，惟一當東周之末，一當西周之季，時代略有先後之分耳。蓋秦密邇西周之舊都，豐歧文化，流風未泯，是以所用之文字，與當時東方六國略異，而與《史籀》多同。但人事日繁，文字亦相沿而異，就《史籀》文字見於《說文》者二百二十餘字觀之，固有與殷周間古文同者，然其書法大抵左右均一，稍涉緐複，象形象事之意少，而規旋矩折之意多，推其體勢，實上承石鼓文，下啓秦刻石，〔註26〕與篆文極近。今賢戴君仁先生亦謂：籀文據王靜安考爲秦文字，且爲小篆之所從出，由籀文與《石鼓文》之比較，可知其系統一致，爲秦人使用之文字。秦承周制，文字不能無異，舉例而言，如其籀文作某，又作匿，牆字籀文作某又作某，〈石鼓文〉速字作某又作某，〈石鼓文〉之書法，亭勻整齊，近乎小篆，與西周金文不同，可證其爲晚期之文字。

籀文與石鼓文之比較

〔註26〕此據王國維說。

又石鼓文與〈虢季子白盤〉文之比較

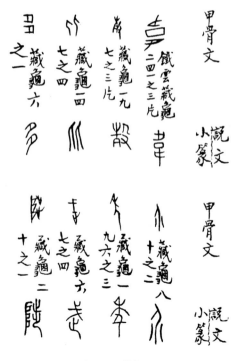

以上二拓片及所說依據，係採自《大陸雜誌》五卷七期，戴先生著之〈石鼓的時代文辭及其字體〉一文。

又據仲容先生《契文舉例》所考，甲文與小篆同者，如：

又甲骨文與《說文》古籀合者，如：

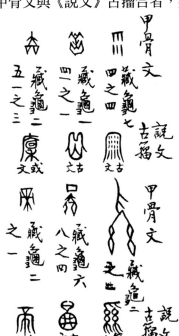

以上兩拓片均本之劉鶚《鐵雲藏龜》與許氏《說文解字》。說解均本之仲容先生，請與第五章「孫詒讓之甲骨學」合參。

羅叔言《增訂殷虛書契考釋》，證甲文與小篆同者尤夥。至于秦器之作于李斯以前者，如〈大良造鞅銅量〉秦孝公十八年作，〈大良造鞅戟〉、〈新郪虎符〉秦昭王五十四年以後作，〈相邦呂不韋戈〉秦始皇五年作；石刻如〈詛楚文〉秦惠王後十三年作，皆秦未併天下時器，其文字之什九與小篆相同，其什一與籀文同，〔註27〕是秦行籀篆，古文未廢，於焉可證。

　　至於《說文》奇字，據段玉裁所考，以爲許氏記古文中時有之，而究其所見有二：即儿下云，古文奇字人也；无下云，奇字兂也。〔註28〕況奇字不始于新莽，早見於載籍，甄豐校文，書崇奇字者，欲令奇字同古文并存，行古文而不廢奇字耳，似此則籀篆盡賅於古文奇字之中，又何廢乎云哉！

　　仲容復曰：「建武中興，《史籀》十五篇，書缺有間，魏《正始石經》，或以科斗之形以造古文，晉人校《汲冢書》以隸古定，多怪詭不合六書。」〔註29〕

〔註27〕此據王國維〈相鄉徐氏印譜序〉，《國學論叢》一卷一號。
〔註28〕見許氏《說文敘》段注。
〔註29〕見《古籀拾遺》孫氏〈自敘〉。

似此則晉人校書，以隸定古，致文多怪詭，不合六書，此我國文字之第三厄也。
顧隸書出於先秦，至下杜程邈始集其成。

許愼云：「是時秦燒滅經書，滌除舊典，大發吏卒，興戍役，官獄職務縣。初有隸書，
以趣約易，而古文由此絕矣。」又謂「自爾秦書有八體，……八曰隸書。」復謂「四曰
左書，即秦隸書」，秦始皇使下杜人程邈所作也。」（《說文解字·敘》）

江式云：「隸書者，始皇使下杜人程邈所作也。」（〈進文字源流表〉）

衞恆云：「下杜人程邈爲衙役隸，得罪始皇，幽繫雲陽十年，從獄中作大篆，少者增
益，多者損減，方者使圓，圓者使方，奏之始皇，始皇善之，出，以爲御史，使定書。
或曰程邈所定，乃隸書也。」（〈四體書勢〉）

李賢云：「篆書，謂小篆，秦始皇使程邈所作也，隸書亦程邈所獻。」（《後漢書·儒
林傳》注）

段玉裁云：「蔡邕〈聖皇篇〉云，程邈刪古，立隸文，而蔡剡、衞恆、羊欣、江式、
庾肩吾、王僧虔、酈道元、顏師古亦皆同辭，惟傳聞不一，或晉時許書已譌，是以衡巨
山疑而未定耳。下杜人程邈爲衙獄吏，得罪繫雲陽，增減大篆體，去其絲複，始皇善之，
出爲御史，名書曰隸書。下杜，江式、張懷瓘皆作下邽，庾肩吾《書品》作下邳。邈，《說
文》無此字，蓋古祇作藐。」又云：「左書，謂其法便捷，可以佐助篆所不逮。上文云，
初有隸書，以趣約易，不言誰作，故此補之曰：秦始皇帝使下杜人程邈所作也。」（《說
文解字敘》段注）

林罕云：「書之所興，莫定何代，隸之所起，始自秦時。篆者取蟲篆之形，隸書便徒
隸之用，篆雖一體，而隸變數般。篆隸既興，訛舛相錯，非究於篆無由曉隸。」（〈字原
偏旁小說·序〉）

顧藹吉云：「隸書者，秦下邽人程邈所作也，邈字元岑，始爲衙縣獄吏，得罪始皇，
幽繫雲陽獄中。覃思十年，益大小篆方圓而爲隸書三千字奏之，始皇善之，用爲御史。
以奏事絲多，篆字難成，乃用隸人佐書，故曰隸書。秦造隸書以赴急速，惟官司刑獄用
之，餘尙用小篆，漢亦因循。至和帝時，賈魴撰《滂喜篇》，以《倉頡》爲上篇，《訓纂》
爲中篇，《滂喜》爲下篇，所謂《三倉》也，皆用隸字寫之，隸法由茲而廣。按八分則小
篆之捷，隸亦八分之捷。漢陳遵善隸書，與人尺牘，主皆藏之以爲榮，此其開創隸書之
始也。嗣後鍾元常、王逸少各造其極焉。蔡邕《隸勢》曰：『鳥跡之變，乃惟佐隸，蠲彼
絲父，崇茲簡易。』成公綏《隸勢》曰：『籀篆既絲，草藁近僞，適乎中庸，莫尙乎隸。』
程邈即隸書祖也。」（《隸辨·隸八方考》）

觀各家說隸書之起源，皆參差異趣，要以秦代興戍役官，文趨約易，以左徒
隸而書寫公文，並漸次普及而成通行之字體。惟北魏酈道元《水經·穀水注》
載青州刺史傅弘仁之說，與顏之推《顏氏家訓》記開皇二年長安民掘地得秦
時鐵稱錘之事，以及〈大良造鞅戟〉秦昭王五十四年以後製，呂不韋〈戈〉秦始皇

五年作，石刻如〈詛楚文〉秦惠王後元十三年作，其中書勢半與隸合，足徵隸之
興也，周季已具其體。

　　酈道元云：「孫暢之嘗見青州刺史傅弘仁說，臨淄人發古冢，得銅棺，前板外隱起
為隸字，言齊太公六世孫胡公之棺也，惟三字是古，餘同今書。證知隸自出古，非始於
秦。」（《水經・穀水注》）

　　張懷瓘云：「酈道元《水經注》云，臨淄人發古冢得棺，前板外隱起為字，言齊太
公六世孫胡公棺也，惟三字是古，餘同今隸書。證知隸字出古，非始於秦時，若是則隸
法當先於大篆矣。按胡公者，齊哀公之弟胡靖公也，五世六公，計百有餘年，當周穆時
也。又二百餘歲至宣王之朝，大篆出矣，又五百餘載，至始皇之世，小篆出焉。不應隸
書而先大篆，程邈所造，書籍具傳，酈元之說，恐未能辨也。」（以上見顧藹吉《隸辨・
隸八分攷》一文所引）

　　杜光庭云：「隸書之興，興于周代。……當時未全行，猶與古文相參，自秦程邈以
來，乃廢古文，全行隸體。故程邈等擅其名，非創造也。」（《書苑菁華》二十卷）

夫篆變為隸，實我國文字變遷上之一大關鍵，隸體上承篆籀古文，下啟眞草
行書，隸興而世人不識古文矣。蓋隸書變圓為方，損多為少，不復留象形之
跡，六書之義遂因之而晦，嘉定錢大昭《說文統釋》，近人劉光漢〈小學發
微補〉，皆曾提舉實例，予以印證。

　　錢大昭云：「上古結繩，文明之端未啟，中古造字，書契之象聿宣，岣嶁瑂戈，紛
紜莫辨，蟲書鳥跡，茫昧難知，迨八體既分，而六書益盛，視犬畫狗而形舉，見禾中人
而字成。……古人制作具有精微，後學迂疏，漸滋謬誤，洎乎隸楷日興，以至篆籀失
講。……䣎國為郡（〈漢韓勒造禮器碑〉、〈武榮碑〉），秊為年，千歲為歲（竝見〈西嶽
華山廟碑〉），堯舜為舜，㳠朋為友，（〈費鳳碑〉）鳥用四灬而與馬不殊，林用二人則與
林莫辨，兪用刂則與刀無別，燚用火則與火相侵，㸒、㸔、㸕、㸖、㸗、㸘皆从夶，
艸屮芔介夭矢㐆之胥似大。……」。〔註30〕

　　劉光漢云：「蓋秦程邈改篆為隸，以便徒隸，而古文失眞者十之七八，此則中國文
字之一大厄也，如⊙原象太陽之形，隸變為日，方而不圓，形不象矣。鳥原象鳥形，隸
從小篆而變為方形，于是以小篆之匕作灬，二足變為四足，形不象矣。牛原象前面看
牛之狀，凵為雙角，隸變為牛，將雙角變為獨角，並切斷之，形不象矣。甘原為美味，
凵象口，一指食物，隸書作甘，以口字變為廿字，指事之義晦矣。卒原為皂隸之衣，
从衣象衣形，因隸人之衣有特別記號，故於衣下作一丿，以指其事，隸書作卒，變从
十字，不復見其記號，而指事之義晦矣。弔，《說文》云：『問終也。从人弓。古之葬者，
厚衣之以薪。』故人持弓，會敺禽也。弓蓋往復弔問之義，故弔字卜版文作弔，〈殷弔
尊〉作弔，〈殷弔冊〉作弔，从人持弓，隸變為弔，有弓無人，失弔之義，不復成會意

─────────────
〔註30〕《說文統釋》「此隸變之失也」一段。

矣。𧯡左从 𠙼 係貝字，𦣻亦倒貝，右作丿，爲刀，𢦏爲橫戈，二戈即戔也，戔訓賊也。隸書作賊，變爲从貝从戎，不見其會意形聲矣。然傳世之秦權量詔，猶以篆兼隸，無點畫俯仰之勢，所變于篆者尚少，且當時篆、隸各宜其用，始皇各處刻石概皆用篆，故隸之去篆也尚微，迨夫炎漢以興，因陋就簡，以秦代徒隸之字作爲正用，無論詔書、律令、歷史古書，皆以隸書之，于是由無點畫俯仰之秦隸，漸變而爲方折有挑法之漢隸，篆體既變，俗書日出，古文于焉漸滅矣。」（〈小學發微補〉，《國粹學報》十期，六頁）

由此可知以隸定古，篆體既變，俗書日出，益以漢人以隸寫經，晉人以隸定古，致文多怪誕，不合六書，仲容以此乃我國文字之第三厄者，是也。

然我國文字之厄劫，三則之外，更有二厄焉：一爲唐李陽冰之擅改《說文》，二乃後人之逞肊滋說亂增新字，誠以我國文字雖迭經三厄，幸許慎《說文解字》尚能博采通人，至於小大，敘其篆文，合以古籀，會最比附，以尋倉沮之跡，而唐李陽冰好以私意說文字，不守叔重之舊，是以徐鍇於《說文繫傳》著〈袪妄篇〉以駁其非。

> 徐鍇云：「《說文》之學久矣，其說有不可得而詳者，通識君子，所宜詳而論之，楚夏殊音，方俗異語，六書之內，形聲居多，其會意之字，學近傳寫，多妄加聲字，篤論之士，所宜隱括，而李陽冰隨而識之以爲己力，不亦誣乎！自《切韻》、《玉篇》之興，《說文》之學，湮廢泯沒，能省讀者不能二三，棄本逐末，乃至於此，沮誦逾遠，許慎不作，世之知者，有以振之可乎，前代學者，所讒文字，蓋亦有矣，中興書闕，不可得盡，此蓋作者之冠冕，而後來之妄，故略記所憶，作〈袪妄篇〉。」（《說文解字繫傳通釋・袪妄第三十六》）

徐氏之斥陽冰，可謂至矣，而陽冰之書久佚，據〈袪妄篇〉之所舉，誠多紕繆無根之談，如「更」爲墨斗，「率」爲車，此字義之妄也。「非」從兩手相背，「未」從上下，此字形之妄也。血從一聲，豐從丰聲，此聲音之妄也。

徐鍇《說文解字繫傳》卷三十六〈袪妄〉，即袪李陽冰之妄，茲由徐書中摘出陽冰之說，以見擅改竄亂之迹：

弋　陽冰曰：弋，貿也，天地既分，人生其間，皆形質已成，故一、二、三，皆從一。

毒　《說文》：「从屮每聲。」陽冰云：从屮。母出地之盛，从土，土可制毒，非取每聲。每，烏代切。

折　《說文》：斷艸，籀文从手。陽冰云：斷、折各異，斷自斷；折，人手折之。

路　《說文》：从足，各聲。陽冰云：非各聲，从足，䋈省。

龠　《說文》樂竹管以和眾聲，从品、侖。侖，理也。陽冰云：从亼、冊。亼，古集字。品象眾竅，蓋集眾管如冊之形而置竅爾。

叚　《說文》：从又、从叧𠬶闕。陽冰云：从𠤳。𠤳，予也。冂，器也。又，手也。手持器爲求之於人，人與之也。

雥 《說文》：鳥之短尾總名。陽冰云：鳥之總稱爾。雅長尾而从隹，知非短尾之稱。

叀 《說文》：叀，小謹也。从幺省。屮才見，屮亦聲。陽冰云：墨斗，中形象車軸頭叀墨之形，上書平行，不从屮也。

幺 《說文》：小也。象子初生之形。陽冰云：厶，不公也。重厶爲幺，蒙昧之象也，會意。〔註31〕

　　陽冰之說，雖不合許愼之本書，或文字之原始，但亦間有致疑而頓合學理者，如斷，爲自斷；折，人手折之；隹，以雅字从隹，知非短尾之稱；繩以六書之例，自應如是。惟宋王荆公晚年著《字說》一書，王安石〈進字說表〉曰：「抱痾負憂，久無所成，雖嘗有獻，大懼冒浼，退復自力，用忘疾憊，咨諏討論，博盡所疑，冀或涓塵，有助深崇，謹勒成《字說》二十四卷，隨上表以聞。」以己意說文字，昧於形聲之旨，其不可通者，必曲而爲之解，遂有勉強之意。葉適《石林燕語》云：「凡字不爲無義，但古之制字，不專主義，或聲或形，其類不一，王氏見字多有義，遂一槩以義取之，是以每至於穿鑿附會。」楊愼云：「王荆公好解字說，而不本《說文》，妄自杜撰。」今其書已佚，而散見於各筆記中者，如曰：人爲謂僞，位者人之所立，訟者言之於公，邑交曰郊，同田爲富，說無根據，且以政治勢力強人必習，鄧肅書字學云：「熙豐以來，專用王安石字學，士大夫師之，不敢誰何，蘇東坡尤切齒，時于文字中，以兒戲玩之。」雖被禁止，而影響實鉅，故與陽冰之書，同爲我國文字之厄也。

　　再以文字之創制，非一時一地一人之作，如觀甲骨文與金文，每一文字，其形體各殊，即可見也。鄭樵《通志‧六書略》有古今殊文、一代殊文、諸國殊文等圖，所收殊文，容有錯誤，而古來文字之殊異，則是事實也。所以然者，因文字創制日多，其勢遂不能不殊異，自秦罷其不同之後，而文字遂統一焉。但篆變爲隸，不僅隸體違異，而亦影響於篆。自許叔重著《說文》，總明古今文字之通例後，六書已成我國文字推陳創新之崇高準則，篆因楷變，雖未能盡合六書之條例，但創制新字，允宜以六書爲鵠的。夫以人事日縣，字亦代有所創，如「炅」、「昋」「炔」三字，乃秦博士桂眞之後，避地別居，各以爲姓所制之字。「奫」、「茵」、「霯」、「罘」、「𧪢」、「昷」、「寇」、「祦」八字，乃孫亮命子名所創之字。秦人以市買多得爲夃，始皇以皋似皇改而爲罪，對舊作對，漢文以言多非誠，故去口作對，隋舊作隨，文帝以周、齊不遑寧處，故去辵作隋。疊舊作疉，新莽以三日太盛，改爲三田，騧舊作騧，宋明以咼類禍，改而爲瓜，形影之影舊作景，葛稚川加彡於右，軍渾之渾舊作涷，王逸少去東用車，尼丘之山，三倉合而爲岠，章貢二水，後

〔註31〕徐氏《繫傳‧祛妄篇》摘陽冰之說約五十條，此處僅登錄九條，其詳請閱《繫傳通釋》卷三十六。

人合而爲贛，荒昬二義，元次山謚隋煬帝，合而爲甗，鄸本一名，漢光武分而爲高邑，鄭嫌近鄭，隑嫌近幽，唐明皇改鄭爲莫，改隑爲邟。惟唐武后別創新字，改易舊體，因簡而緐，大乖六書之義。

《唐書‧藝文志》云：「凡武后所著書，皆元萬頃、范履冰、苗神客、周思茂、胡楚賓、衛業等撰。」

王觀國《學林》，據《唐史》所載十二字曌（照）、兩（天）、埊（地）、○（日）、◑（月）、○（星）、唇（君）、忠（臣）、壳（吹）、熏（載）、乖（年）、击（正），又據《集韻》載圧（人）？（國）二字，與鄭樵《通志》略有出入。

更生案：如合鄭樵《通志略》卷五所載之十八新字，與王觀國《學林》、《集韻》中所錄之新字，去其複重，可得二十一字，爲武后所創。

由此觀之，後人之逞肊滋說，亂創新字，澌滅六書之大例，混淆學界之耳目，其爲我國文字之厄也必矣。

（四）關於研究之途徑

仲容云：「今略摭金文，多據原器拓本，未見拓本則以阮元、吳榮光、吳式芬三家橅本左之。宋薛尚功、王俅諸家所橅多誤，不足依據。唯今拓本所無之字，略有援證，餘悉不馮也。龜甲文，據丹徒劉氏撫本。石鼓文，據拓本及重橅天乙閣北宋拓本。貴州紅巖石刻，據撫本，此蓋古苗民遺迹，篆形奇譎難識，與古文字例不甚符合，鄒叔勣以爲殷高宗伐鬼方紀功石刻，肊說不足據也。與《說文》古籀互相勘校，楬其歧異以箸渻變之原，而會最比屬，以尋古文大小篆沿革之大例。」（見孫氏〈名原敘錄〉）又云：「許書古籀重文，傳寫舛互，後人不審所從，輒依形近字肊改之，以牽就篆法，此弊尤夥。……今更以金文、龜甲文校覈許書古籀，或舛誤昭然而沿襲莫辨，或義例兩通而意怡迥異，攷釋家未及詳者，更僕難數。」（見《名原》下〈古籀撰異第四〉）仲容意在總攬甲骨文、金文、石鼓以及紅巖石刻，爲有系統之研究，然後不僅可以正《說文》古籀傳寫之舛互，更由此可識我國文字沿革之大例。此法自仲容首倡以來，逮後若羅叔言、馬叔平、王觀堂、商錫永、容希白、林義光等，莫不踵事增華，多所發明。

羅振玉云：「予冠歲受小學，篤好金壇段氏注，顧疑當時吉金文字之學已昌盛，而段君於許書所載古籀文，未嘗援據吉金款識爲之考訂，以爲美猶有憾。」（《金文編‧敘一》）

馬衡云：「吾人苟欲研究此紛歧之文字，必先就同文異體者綜合之，剖析之，以求其相同相異之點，而後其所以紛歧之故，始可得而言焉。自古字書類皆取習用之字，編纂章句，取便諷誦，自《史籀篇》以下至於揚雄、班固之書皆是也。自許慎《說文解字》

出，分別部居，合以古籀，始一變昔日字書之例，使後之治文字學者，得以窺見文字制作之原，及其流變，不可謂非綜合之功也。惜其於異體之文，所收不廣，其所謂古文作某者，謂壁中所出諸經，及張蒼所獻《春秋左氏傳》，所謂籀文作某者，謂《史籀》所存之九篇。……敘中雖有郡國於山川得鼎彝之語，而篇中屢引秦刻石，不及鼎彝一字，吳大澂謂郡國所出鼎彝，許氏實未之見，非無因也。有宋一代研求金石文字之學，殆成專家，……晚清之際，吳大澂著《說文古籀補》，而後彝器文字始有輯錄之專書，此所謂綜合者也。其後孫詒讓著《名原》七篇，大抵皆取甲骨彝器等文，會最比屬，以相參證，此所謂剖析者也，故欲窺文字之源流，必自綜合始。」（《金文編·敘三》）

王國維云：「顧自周初迄今垂三千年，其訖秦、漢亦且千年。此千年中，文字之變化脈絡，不盡可尋，故古器文字有不可盡識者，勢也。古代文字叚借至多，自周至漢，音亦屢變，叚借之字不能一一求其本字，故古器文義有不可強通者，亦勢也。自來釋古器者，欲求無一字之不識，無一義之不通，而穿鑿附會之說以生。穿鑿附會者，非也，謂其字之不可識、義之不可通而遂置之者，亦非也。文無古今，未有不文從字順者。今日通行文字，人人能讀之，能解之，《詩》、《書》、彝器亦古之通行文字，今日所以難讀者，由今人之知古代不如知現代之深故也。苟考之史事與制度文物，以知其時代之情狀，本之《詩》、《書》，以求其文之義例，考之古音，以通其義之叚借，參之彝器，以驗其文字之變化。由此而之彼，即甲以推乙，則於字之不可釋、義之不可通者，必間有獲焉。然後闕其不可知者，以俟後之君子，則庶乎其近之矣。」（〈毛公鼎考釋序〉）

容庚云：「文字之變遷，其出於自然之趨勢乎？由古文而籀文，由籀文而小篆，皆以漸變而非頓成。《漢書·藝文志》曰：『《史籀篇》者，周時史官教學童書也，與孔氏壁中古文異體。《蒼頡》七章者，秦丞相李斯所作也；《爰歷》六章者，中車府令趙高所作也；《博學》七章者，太史令胡母敬所作也，文字多取《史籀篇》，而篆體復頗異，所謂秦篆者也。』是知《史籀篇》之作，亦猶《蒼頡》、《爰歷》、《博學》三篇。秦兼天下，李斯奏同文字，罷其不與秦文合者，今觀傳世之權、量、詔版，猶不能盡同。則籀文之異於古文，乃古文之自異，而非史官所獨創。況《說文解字·敘》云：『與古文或異。』則其不異者固多。或壁中古文幾經傳寫，遂為科斗之形，與籀文異體耳。今由《說文》而上溯金文，由金文而上溯甲骨文，則其沿革之迹，固昭然可考，而謂甲骨文以前，有所謂夏禹〈岣嶁碑〉，而商末有所謂〈比干銅盤銘〉者，吾不信也。」（《金文編·自序》）

林義光云：「余好古，幸其生之晚，值茲寶器咸覯，文字繼絕之時，爰就拓本所傳，去偽存真，參互校覈，自宋以來，考釋多謬，抉其理證，不敢雷同，觀爻象之變，掇采遺文，以定文字之本形，審六書，以窺制作之源，以定文字之義。然後古文可復，先聖述作之意，曉然可知，文化之盛，庶以不泯也。」（《文源·自敘》）

商承祚云：「承祚年未弱冠，即嗜古文字之學，顧見聞孤陋，惟抱許氏《說文》，薛氏《款識》諸書，以為文字之源盡於此矣。少長出游，始知近世彝器之出土者，數倍於宋時，又知有甲骨文字出於近二十年中。辛酉秋負笈於上虞羅叔言師之門，始得窺其圖

書彝器之富，又知甲骨之出土者半在師家……。」（《殷虛文字類編・自序》）

原以許慎《說文解字》實集我國文字之大成，並明定六書為體用之通例，久為後世學者說字解經之矩矱，二千年來無人敢明辨其譌誤者，惟先生挾其鴻通甲金篆籀之卓見，與博稽群經諸子之心得，參互校訂，自明小學之義例，而力覈許書之誤，獨排傳統繆悠之非。此風一啓，勢若疾風驟雨，掀起學界鑽研古文字學之狂熱，為今後醉心小學者闢一新途徑。受其影響者若羅叔言之於金石甲骨，如羅氏著《金石文字跋尾》四卷、《殷文存》二卷、《殷商貞卜文字考》一卷、《增訂殷虛書契考釋》三卷、《殷虛書契待問編》一卷、《石鼓文考釋》三卷等。王國維之於文字古史，如金石方面《宋代金文箸錄表》、《國朝金文著錄表》六卷，以及若干鐘鼎考釋。甲骨文方面有《戩壽堂所藏殷虛文字考釋》一卷。文字學方面有〈戰國時秦用籀文六國用古文說〉、〈史記所謂古文說〉、〈漢書所謂古文說〉、〈說文所謂古文說〉、〈說文今序篆文合以古籀說〉、〈科斗文字說〉，史地學方面有《古史新證》一卷、〈殷卜辭中所見先公先王考〉、〈殷周制度論〉、〈古本竹書紀年輯校〉、〈今本竹書紀年疏證〉、〈鬼方獫狁昆夷考〉、〈三代地理小記〉等。故吳其昌〈王觀堂先生學述〉云：「論先師之學，於清儒中以程易疇、劉端臨、吳清卿、孫仲容四人為最近。」朱芳圃之於甲骨，朱氏曾著《甲骨學文字編》、《孫詒讓年譜》。其他如程憬之於古代社會，劉盼遂之於廟制，著有〈甲骨文中殷商廟制徵〉。吳其昌之於祭祀，著有〈殷代人祭考〉。余永梁之於文字，著有〈殷虛文字考〉。周傳儒之於禮制，著有〈甲骨文字與殷商制度〉。均能追踪逸步，別闢蹊徑。尤以唐蘭《古文字學導論》出，系聯古文，箋正許書，唐氏《古文字學導論・自敍》云：「本書為唐氏七書中之一種，此七書即一《古文字學導論》，二《殷虛甲骨文字研究》，三《殷周古器文字研究》，四《六國文字研究》，五《秦漢篆研究》，六《名始》，七《說文解字箋正》。……先將每一系文字單獨研究，然後合併歸納，組成全部之歷史，即曰《名始》。再用《名始》中之體例著《古文字學導論》，置於全書之前。」又同書上編〈古文字學略史〉云：「莊述祖欲用彝器文字建設古籀系統，以代替《說文》之小篆系統，但終告失敗。吳大澂頗具卓見，但其所著字說，每雜私肊，不免為白圭之玷。孫詒讓最能運用六書條例，可謂許慎以後之第一人，其所著《古籀拾遺》、《古籀餘論》，一埽往日金文家肆意推測之惡習，而採偏旁分析之法。後又有《契文舉例》、《名原》之撰定，雖因甲骨材料之有限，致不免有誤，但其所懸『以商周文字展轉變易之迹，上推書契之目的』，實已獲部分之成功。」遵仲容之餘緒，而尤加恢廓。孫海波《古文聲系》，更以韵分聲，以聲系字，推本甲骨，妙契脣吻，繼仲容《名原》之後，又一佳構矣。孫海波《古文聲系・自敍》云：「余以顓固，粗識形體，乃者助頌齋師董理金文，因刺取其字上合卜辭，參其合而稽其不合者，獨體及諸

省變，或合體悉命象形，義自形衍曰假借，而音坿焉，注偏旁者謂之轉注，其用則爲形聲，雖借六書爲說，然彼此互諭，宛如符節，于是以韵分聲，以聲系字，晉象形居部首，象形兼有音符者次之，諧聲之字以類相從，庶文有常律，而無凌亂之患。」

三、《名原》與文字學

　　自來言文字學範圍者，多分廣、狹二種。廣義之文字學，包括形、音、義三部，狹義之文字學，即指研究文字之形者爲文字學，研究文字之聲者爲音韵學，研究文字之義者爲訓詁學。《說文》形書也，《廣韵》韵書也，《爾雅》義書也。綜上以觀，則孫仲容先生《名原》究屬何等之書乎？先生曰：「今略摭金文、龜甲文、石鼓文、貴州紅巖古刻，與《說文》古籀互相勘校，楬其岐異，以著渻變之原，而會最比屬，以尋古文大小篆沿革之大例。」似此祇著渻變之原，以尋沿革之例，則《名原》實形書。質言之，亦即文字學中之字形學。又後之學者治小學多本秦篆，以《說文解字》爲收歸，今仲容先生逆溯商、周，考鏡金石，參之以《說文》古籀，而不受許氏《說文》之所局，故《名原》復爲文字學中之歷史學。再文字演進之迹，雖可作歷史之追蹤，而字形分化之用，尤當作平面之剖解，今仲容考〈原始數名〉、〈古章原象〉，皆能類聚群分，據形系聯，推本厥初，以究萬原，故《名原》更可爲文字學中之解剖學。茲析而論之如次：

（一）《名原》爲文字學中之字形學

　　文字與繪畫同原，故書契之權輿本於圖象。觀今之甲骨、鐘鼎之卜辭與款識，可知文字愈古愈與繪畫相近。如甲骨文𣏾，〔註32〕象花蒂之形。示，〔註33〕象神主之形。𢼸，〔註34〕象人舉手懸足承諾巽順之狀。介，〔註35〕象人著介形。金文雞，〔註36〕象雞形，高冠修尾。山，〔註37〕象山雉尾長。自，〔註38〕象鼻形。𦋐，〔註39〕象泉見

〔註32〕《藏龜》二之一。
〔註33〕《藏龜》十之四。
〔註34〕《藏龜》六之二。
〔註35〕《藏龜》八十之二。
〔註36〕〈兄丁尊〉。
〔註37〕〈史喜鼎〉。
〔註38〕〈諆田鼎〉。
〔註39〕〈師遽敦〉。

之形。非但中國文字然也，即所傳古巴比侖、埃及之石刻文字亦莫不如此。如鵝，埃及文作，蛇作，系作，巴比倫文屋作，魚作，手作，日作。〔註 40〕是故仲容先生曰：「《說文》五百四十部首，象形幾居其太半。」「文字之初制，必如今所傳巴比侖埃及古石刻文，畫成其物，全如作繢也。」（見《名原上・象形原始第三》）。茲略舉數例，以實其說。

《說文・馬部》：「馬怒也。象馬頭髦尾四足之形。古文作，籀文作，與影同，有髦。」

仲容先生曰：「龜甲文有象形馬字云：『□𥿑繫』，此文有首尾蹏髦，於形最完備。又云：『曰丁卯，□似御字半泐車下半泐』，此甲闕，僅存獸首與前正同。而以「車馬」連屬爲文，尤可塙定其爲馬字，要皆原始象形字也。」（《名原》上，第六葉）

更生案：先生兩引甲文，前者見《藏龜》二之一，原刻作「取馬□〔註 41〕𥿑」。後者見《藏龜》百十四之一，原刻作「丁卯□車」車下闕文疑㲋字。

《說文・鹿部》：「，獸也，象頭角四足之形，鳥鹿足相比，从比。」

仲容先生曰：「金文〈貉子卣〉鹿作，〈石鼓文〉鹿作，麇作，麀作，三文角形，或緐或省，竝與小篆異，龜甲文鹿字作，又有二字，亦鹿之省。卣文上从，鼓文上从，角形最備，疑原始象形字。」（《名原》上第九葉）

更生案：先生引，實爲麑字。〔註 42〕

《說文・火部》：「火，焜也。南方之行。炎而上，象形。」

仲容先生曰：「此唯象其炎上之形，而下足岐出，無義可說。金文从火之字亦多與小篆同。其異文有作（〈曶鼎〉、〈白淮父敦〉㚇字偏旁），作（〈麥鼎〉㚇字偏旁），作（〈白晨鼎〉㚇字偏旁），或省作（〈堇白彝〉、〈臤𠕒鼎〉㲋字偏旁，又〈㸋虎敦〉㸋字偏旁，亦似䠢字），不審孰爲正字也。龜甲文从火之字則皆作，如云『癸丑卜亘貞又子□□不□。』，此㚇字與〈曶鼎〉同。（《名原》

〔註 40〕均見近人華學涑〈華埃文字比較表〉，及〈巴比倫文與華古文比較表〉。
〔註 41〕疑「燕」字。
〔註 42〕見孫海波《甲骨文編》十卷三頁上、李孝定《甲骨文字集釋》第十、三〇六三頁。

上，第四葉）

　　更生案：先生引甲文見於《藏龜》十之二，原刻作「癸丑卜曰￼貞又￼子其利不￼」，
　　交下从￼。

￼　　《說文‧止部》：「￼，下基也。象艸木出有阯，故以止爲足。」

　　仲容先生曰：「依許說則止本象草木之有阯，而假借爲足止。金文有
　　足跡形，如〈母卣〉作￼，〈審夫鼎〉作￼，皆無文義可推，或即與
　　止同字。龜甲文則凡止皆作￼，如云『□□其雨庚￼』，又云『占
　　曰雨隹多￼』，又云『雨克￼』，是也。因之从止字偏旁，亦皆如是
　　作。」（《名原》上，第十六葉）

　　更生案：先生引甲文見《藏龜》十六之四、七十四之三，與二百三十八之三。原刻作
　　「□其雨□庚￼」，「癸未卜爭貞乎見其菁雨克五月」，無雨克止。「固口雨隹多￼」
　　皆作￼￼不作￼￼。

　　文字之起源既是圖畫，而圖畫之功能，在隨體詰詘，表實物而有餘，申
虛象有所不足。且實物有時或窮，意象隨生活發展而縣複，欲以有窮應無涯，
則文字因語言之需要而演化，殆不可避免者。仲容先生之《名原》於探討文
字初形之同時，尤注意其演進之軌迹。故以下進而申明《名原》在文字學中
之次一特質。

（二）《名原》爲文字學中之歷史學

　　《名原》固在精究字例，示人研究文字之途轍，而其又由甲骨金石推倉
後籀前文字之初制，繼從秦篆漢隸以察其分化、引申、叚借之關係，似此則
《名原》爲文字學中之文字史，殆無可疑，先生曰：「竊思以商周文字展轉變
易之迹，上推書契之初軌，沈思博覽，時獲塙證。最栝論之，書契初興，形
必至簡，逮其後，品物眾而情僞滋，簡將不周於用，則增益分析而漸縣。其
最後文極而敝，苟趨急就，則彌務渻多，故復減損而反諸簡。」〔註 43〕以下
本諸先生此說，譔錄書中說字之條，而昌其端緒焉。

￼

　　仲容先生曰：『金文中〈虢父盤〉云：『中虢父￼婦姬尊般泰梁來麥
　　用飤￼中氏頾』，￼字右从食从又，左从￼當爲缶。〈齊國差〉『甔』

字从缶作𦉢，〈大鼎〉『𦉢』字从𦉢，正同。當為𦉢之異文。从又者，𦉢絳文也。《集韵》四十四有飽或作𩜱，《呂氏春秋·辨士篇》云：『為其唯厚而及𩜱也』，明古飽字有作𩜱者，故呂不韋得用之。此古文之存於先秦古子者，金文與彼正合，《說文》失載，亦許君之疏也。《說文·食部》：「飽。古文作𩜬，从釆聲。」〈爪部〉：孚，古文作𤓈，云：『从采。釆，古文保也。』保亦聲。古孚、缶聲多通用。如《春秋》莊六年經：『齊人歸衛俘』，《公羊》、《穀梁》俘作寶，《說文宀部》寶从缶聲。是其例也。若然，飽之作𩜱與作𩜬，聲義本通，無足異矣。（《名原》下，第二十一葉）

𨏮　《說文·車部》：「車，籀文作𨏮，从二車、二戈。」

仲容先生曰：「《說文》籀文釋車「於形聲皆無所取，且與戟車字掍，而二徐以來，未有知其誤者。近珍斅莊氏、毋山王氏始據金文車字作𨏮以正之，其說塙矣。今攷金文車本象駟馬車之全形，其義至精，不徒可正《說文》之譌，且可攷正古駟馬車制。今略釋之。蓋金文車字如〈吳彝〉、〈毛公鼎〉、〈不𡥚敦〉竝作𨏮（薛尚功《鐘鼎款識》亦有此字，而傳橅失其本形，故并據今所見金文拓本論之。）諦審其形，左兩中，象兩輪，旁兩畫，象轂軎之鍵，而軸貫之，其中畫特長，夾於兩輪，與軸午交者，輈也。輈曲為梁形，前出而連於衡，故右為𢆶形，長畫與輈午交者，衡也，兩旁短畫下岐如半月者，軏與軶也。……頃見湯陰羑里出土古龜甲文，亦有車字，作𤴦，〔註44〕與金文同，唯中畫上下分岐，不相聯貫，則契刻偶錯異耳。竊疑黃帝時車制已詳備，象其形而制字，倉頡初文，本已如是作，而《籀篇》因之，作車者轉繫後來省變，許書古文出於掇拾，吉金龜甲多未出土，故未能得其根柢也。」（《籀膏述林》卷三，〈籀文車字說〉）

𪋐　《說文·鹿部》：「麗，旅行也。鹿之性，見食急則必旅行，从鹿丽聲，古文作𠀣，篆文作𪋐。」

仲容先生曰：「依許說則古文先有丽字、𪋐字，而麗則後來孳益字也。然丽𪋐兩文之象義，許氏亦無說。攷金文〈陳丽戈〉，丽作𠀣，與𪋐字形近。又〈取慮子商盤〉有𪋐姸字，當即麗之古文，蓋下從

鹿省，上从❖，即丽字也。《説文・比部》：比，古文作❖，又〈入
部〉：『从，二入也，兩從此，闕。』以金文麗偏旁❖校之，古文丽
蓋从比从从會意，取兩兩相比，與旅行之義正合（《大戴禮記・虞戴
德篇》云：『天事曰明，地事曰昌，人事曰比兩以慶』，即比从之義）。
陳❖戈則从二八駢列，與比从義亦相通。後人以鹿性喜旅行，又
增鹿爲麗，而❖❖字罕用，傳寫譌變爲❖❖，違失本形，其象義
遂無可推繹。許君蓋亦不得其説，故以附屬麗字爲重文，非金文有
此兩字，幾不辨古文爲何形矣。」（《名原》下，第五葉）

❖❖

仲容先生曰：「金文〈盂鼎〉云：『不顯❖王受天有大命在❖王嗣❖作
邦。』又云「曆于❖王正德若❖王令二三正。」此文、武二字，並
从王，古無其字，蓋因文、武爲先王謚，權注王以示別異，亦創例
也（近人多舉《説文・玉部》玎爲齊玎公謚，以證此❖❖字，不知
玎字从玉不从王，彼本有玎字，而叚借用之，與此迥異。《説文》自
有玟字，與此亦不相涉也）。（《名原》下，第十三葉）

綜上四例，先生以甲骨、金文證文字之原始，最後歸本於《説文》，皆能
櫽括就繩墨，絕無牽強附會之弊。如説❖爲鑪之異文，證又爲絲繒，缶孑通
用，以明飽之作鑪。説車，以甲金初形證《説文》釋車，於形聲均無所取，
兼明黄帝立國，車制已備。説麗，由偏旁分析，知其原始初文當爲❖❖，傳
寫譌變爲❖❖，違失本形，許氏蓋亦不得其説。其上考下求，將一字形變之
大勢，歷敍本末，如指諸掌，是謂文字之史者宜也。

　　第以文字之變，自是由簡趨緐，因緐反簡，而緐簡相生必有至理。先生
於此雖未明言，然默察《名原》之爲訓，不外三種因素，即「形之分化」、「義
之引申」與「聲之叚借」。先生就此三者旁推交通，發伏摘疑，以成《名原》
於文字學中之又一特質。

（三）《名原》爲文字學中之解剖學

　　《名原》於文字學，即如解剖之於生理學。生理學中之有解剖，則物體
組織構造之情狀可得而明，文字學中得《名原》一書，則字體之蛻變，或由
形或由聲或由義，如庖丁解牛，批卻導窾，其腠理謋然可知也。今舉數例，
以示一斑。

毌

《說文·毌部》:「毌,穿物持之也。从一橫貫,象寶貨之形。」仲容先生曰:「依許說則以一貫⊞,於象義不甚密切。攷龜甲文有毌字,當即毌之原始象形文。又有作⊞者,則毌之省變也。蓋回為寶貨有空好之形,以丨貫之,從橫小異,而於貫穿寶貨之義,則尤明皛。又《毛詩·大雅·皇矣》:『串夷載路。』串亦即毌字之異文。蓋因古文毌本从兩口,大小相圅,變之為兩口直列,則成串字,因其流變以推其原始本形,亦可知初文之必從兩口也。薛氏《鐘鼎款識·晉姜鼎》毌通,毌字作䩉,則从兩毌,從橫午毌形。攷金文〈子荷貝父丁鼎〉作形,又〈子荷貝父乙彝〉作形,左右各為直毌兩貝,與〈晉鼎〉䩉字可互證。又古以五貝為朋,古文作⺀,亦即直貫多貝之形。若然,䩉本兩形直毌,省為一形直毌,後又變為橫毌,要不及作直毌之近古矣(《說文·玉部》:「王,象三玉之連,丨其貫也。」義亦通於此)。毌之為串或本作毌,而變為兩口分列,或本作䩉,而省其兩橫,皆未可定。要必在秦漢以前。患字即从串聲。《說文·心部》:『患,憂也。从心,上貫⊞⊞,⊞⊞亦聲。』古文作㤮,今審患當从串得聲,古文从串,即重毌形,故《詩》串夷,《釋文》一本作患。今篆文似涉毌字而誤,許君不知串即毌之變體,故有上貫⊞⊞之說,其實非也。

《說文·毌部》:『貫,錢貝之貫也。从毌貝。』金文〈南宮中鼎〉作䚋,字从兩貝而丨貫之,與䩉同意。蓋古穿寶貨之毌作毌,从兩口穿貝之毌作䚋,从兩貝,其字形異而例同,後省變作貫,則參合兩文為之,兼寶貨與貝為一字,而毌字變直為橫,遂與貝字不得相貫,遠不及古文字例之精。《說文·攴部》:敗,籀文作䚁,即从重貝形,而〈齊侯鎛鐘〉敗字作䚁(薛氏《款識》),即變員為貫,此亦貫員同字之證也。

《說文·宀部》:『實,富也。从宀、貫,貫為貨物。』金文〈齊侯鎛〉實作䨪,〈散氏盤〉作䨪,其偏旁貫字从田田,並毌之省變,貫又有作貟者,如〈兮田盤〉云:『淮尸(夷)舊我貟晦人』,又〈師寰敦〉云:『淮尸謫(敵)我貟晦臣』,兩文同,當即貫之異文。上並从㠯,蓋毌之省變,貫晦即毌畝,古音近字通,《詩》之『串夷』,

《尚書大傳》作『旼夷』，其塙證也。」（《名原》上，第二十八葉）

戶

仲容先生曰：「金文〈㷗伯敦〉說金車之飾有金戶（金車即《周禮·巾車》之金路，同姓以封者也），〈毛公鼎〉云：右戶，亦同。戶當為軶原始象形字。蓋古乘車兵車並以靰持衡，衡著兩軶，以扼兩服馬頸，戶上从一以象衡，中从㔾以象軏，下从几以象軶，其義甚精。《說文·車部》云：『軶，轅耑也，从車厄聲。』則變為形聲字，而無古文戶。蓋許君未見此字，故不免遺漏也。

《說文·車部》：『軏，車轅耑持衡者』，《論語》作軏。蓋軏為衡間之關鍵，以直木上縛著衡，下縛箸軶，相繫以為固，故為丨形。其中有穿者，蓋象繫繩之紐。古文象形車字偏旁从屮，即象一靰一衡，繫兩耑兩軶形（金文、龜甲文，車字並如此），軶古文作戶，可與彼互證。

金戶，《詩·大雅·韓奕》作金厄，《說文·㔾部》：『厄，科厄，木㔾也，从㔾，厂聲。』與車軶義異，以金文證之，《詩》文當亦作戶，與厄形近而誤。學者不知古文自有戶字，遂以厄為軶之借字矣。」
（《名原》上，第二十七葉）

山

《說文·山部》：「山有石而高。象形。」仲容先生曰：「金文〈父戊觶〉作山。山〈且丁爵〉作山，龜甲文則作山，當是原始象形字，與金文略同。但彼象實體，此為匡郭（與金文「丁」作·龜甲文作口同），微有差異耳。

古文象形字，凡同物者，形多相遍。如屬山者，形並當與山略同是也。《說文·北部》：『丘，土之高也，非人所為也。从北、从一。一，地也。人居在丘南，故从北，中邦之尻，在崑崙東南。一曰：四方高，中央下，為丘，象形。』古文作坔，从土。依許後說則丘亦象形字，故金文〈子禾子釜〉作丘，與北不相類。甲文有丘字，以金文證之，當即丘之原始象形字。蓋象山而小，猶自為阜之小者也。許說「四方高，中央下」，正是丘形之說解。而人居在丘南，从北之義，殆後起皮傅之說爾。

《說文·山部》：嶽，古文作山，云『象高形。』甲文岳字婁見，

作🔲，又作🔲、作🔲，下即從古文山，而上則象其高峻巖陗，與丘形相邇。蓋於山上更爲Ⅱ山，再成重絫之形，正以形容其高。許書古文亦即此字，而變𐎚爲𐎚，有類橫弓，則失其本形矣。

《說文·阜部》：『🔲，大陸也。山無石者。象形。』古文作🔲。又《自部》：『🔲，小𨸏也。象形。』攷《釋名》云：『土山曰阜。』則阜亦山也。𨸏、自蓋象土山陂陀衺側之形，與山、Ⅱ字從橫相變，甲文、石鼓文从𨸏字偏旁，並與小篆略同。金文〈散氏盤〉陟降字𡍿从🔲，則正以🔲形直書之。〈父乙角〉陸字从🔲，則猶🔲之爲🔲也。以是推之，自古文亦當作🔲。〈亞形立旂彝〉有🔲字，當即自之正字。甲文多作🔲尚不相遠，金文〈盂鼎〉自字作🔲，則與小篆略同，乃其變體，要以山、Ⅱ、𨸏、自四文互校，可得其通例也。」（《名原》上，第十九葉）

　　先生因「毌」之從橫，以爲縱者成串成𢍛，橫者成毌成貫，更推其偏旁，引而申之，如患、實、貱，皆从毌得聲與取義。又由𠂆之初文，知即軛之本字，後之學者不知古文，遂以𠂆即厄，更誤厄爲軛之借字，先生復歷敍甲骨、金文，以山、丘、𨸏、自四文互校，而得出文字分化之通例。其因甲骨、金石，以說字例，容或由於所見摹本拓片有限，不無推敲之餘地，然其鎔鑄今古，陶鍊經史，合上下數千年之文字於一爐而冶之，成空前未有之奇觀，爲古文字學別啓新境界，孟子曰：「先覺覺後覺。」先生可謂天民之先覺者也。

　　茲將先生說文字之演進與字形之分化，歸而納之，以成下表：並作本節之結束。

文字形態之變遷（採朱芳圃之說）

古文字分化表（採唐蘭《古文字學導論》說）

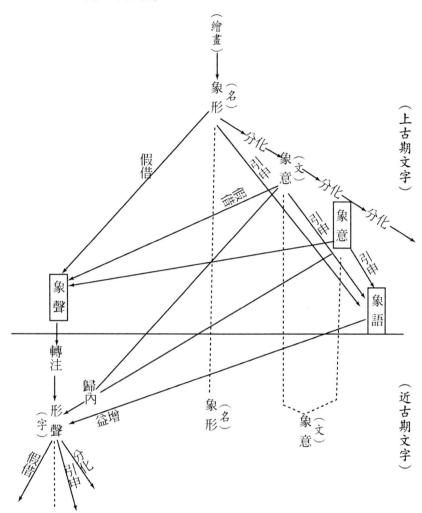

四、《名原》內容之分析

（一）概說：兩卷七篇究旨

　　《名原》內容共分兩卷七篇。卷上三篇，計「原始數名第一，古章原象第二，象形原始第三」。卷下四篇，計「古籀撰異第四，轉注楬櫫第五，奇字發微第六，說文補闕第七。」七篇之中，卷上與卷下又各自不同，卷上三篇為原始初文之考校，卷下四篇之前三篇明文字形體之演化，後一篇補許氏《說

文》之闕，雖皆由原始初文上立說，但前者重演繹，後者尙歸納。至於仲容先生著《名原》之動機，其〈敘錄〉自云：「汝南許君云：『倉頡之初作書，蓋依類象形，故謂之文。其後形聲相益，即謂之字。』是文字之初，固以象形爲本，無形可象，則指事爲之。邐後孳乳寖多，而六書大備。今《說文》九千文，則以秦篆爲正，其所錄古文，蓋捃拾漆書經典，及鼎彝款識爲之。籀文則出於《史篇》，要皆周以後文字也。倉沮舊文，雖襍廁其間，而叵復識別。況自黃帝以迄於秦，更歷八代，積年數千，王者之興，必有所因於故名，亦必有所作於新名，新故相襲，變易孳益，巧厤不能計，又孰從而稽覈之乎！」

夫時更八代，積年數千，新故相襲，變易孳益，而許氏《說文》以秦篆爲正，難識倉沮舊文之大體，是以稽古覈今而著《名原》，踵召陵許氏之後，別闢蹊徑。其言著述之目的，〈敘錄〉又云：「今略摭金文、龜甲文、石鼓文、貴州紅巖古刻，與《說文》古籀互相勘校，楬其岐異，以著渻變之原，而會最比屬，以尋古文大小篆沿革之大例。」先生爰徵名勒，旁綜龜書，摭彼殊文，通其兆朕，意在探文字制作之原，及其流變之故。書雖瑕瑜互見，是非錯出，然剖析研究之端，不能不推此也。

先生此書撰於光緒三十一年十一月，身經甲午開釁，庚子賠款，風雨暮年，成此名山之業，將以傳之於同好，而目睹世變日亟，茲學幾絕，故不能不以之興感，竝有待於未來也。〈敘錄〉復云：「世變方亟，茲學幾絕，所覬金石瑑刻，日出不窮，倉沮舊跡，倘重見於人間，後之治古文奇字者，執吾說以求之，其於造作書契之微恉，或得冥符於萬一耳！」夫古學將湮，前塵若夢，跂予望之，情溢乎詞矣。

（二）各篇內容舉要

1、〈原始數名〉第一

《說文解字》五百四十部，託始於一，其說解云：「惟初太極，道立於一；造分天地，化成萬物。蓋文字生於形，而書契之作，上原卦畫，下代結繩。

案：《淮南子‧本經訓》謂：「昔者倉頡作書，而天雨粟，鬼夜哭。」其意以我國文字爲倉頡所造，並具神祕之威力。《易‧繫傳》下云：「上古結繩而治，後世聖人，易之以書契。」偽〈孔安國尙書序〉云：「古者伏羲氏之王天下也，始畫八卦，造書契，以代結繩之政，由是文籍生焉。」許慎《說文‧敘》亦云：「黃帝之史倉頡，見鳥獸蹄迒之迹，知分理之可相別異也，初造書契。」是公認倉頡造書契，以代結繩之治。近人章太炎先生《檢論》，言造字緣起，更推本《荀子‧解蔽篇》之說，以爲在倉頡之前已有文字，如謂：

「《荀子・解蔽篇》曰：『好書者眾矣，而倉頡獨傳者，壹也；好稼者眾矣，而后稷獨傳者，壹也；好樂者眾矣，而夔獨傳者，壹也；好義者眾矣，而舜獨傳者，壹也。』依此是倉頡以前，已有造書者，亦猶后稷以前，神農已務稼穡，后夔以前，伶倫已作律呂也。夫人具四肢官骸，常動持莛畫地，便已縱橫成形，用為符號，百姓與能，自不待倉頡也。《呂覽》曰：『未有蚩尤以前，民固剝林木以戰矣。』固知未有倉頡之前，民亦畫地成形，自為徽契，非獨八卦始作為文字造耑而已。今之俚人，亦有符號，家為典型，部為徽識，而彼此不能相通。〈匈奴傳〉言無文書，以言語為約束。中行說始教單于左右疏記，以計識其人眾畜牧。然前此已有日上戊己課校人畜，宜亦自有記數符號。夫倉頡以前亦如是矣。一、二、三諸文，橫之縱之本無定也。馬、牛、魚、鳥諸形，勢則以起飛伏，皆可則象也。體則鱗羽毛髦，皆可增減也。字各異形，則不足以合契。倉頡者蓋始整齊畫一，下筆不容增損，由是率爾箸形之符號，始為約定俗成之書契。」似此倉頡以前已有以書契代結繩之實，則八卦更屬何物乎？許慎《說文解字・敘》云：「古者庖犧氏之王天下也，仰則觀象於天，俯則觀法於地，視鳥獸之文與地之宜，近取諸身，遠取諸物，於是始作易八卦，以垂憲象。及神農氏結繩為治而統其事。」似乎結繩之前，又有八卦，並為伏犧所作者。《周易正義》引《易緯》云：「卦者，挂也。言懸掛物象以示於人，故謂之卦。」卦从卜，卜時以火灼龜，視其裂兆，與「懸掛物象」之說絕少關係。以今日卦畫觀之，其為上古初民記事之符號，殆無可疑。

又以紀數為尤重，合形數以紀物，由一而孳為萬。一者，象數之權輿，而書名之原始也。」故先博綜古文，知原始數名，約有三變，以下分別舉例言之：

（1）數名形最簡易而義實通貫

先生曰：「形學之始，由微點引而成線，故古文自一至三，咸以積畫成形，鄭君《六藝論》云：「伏犧垂十言之教」，十言即八卦消息，為書契之初祖，亦積畫也。皆為平行線。」五至十，或為古文本字，或為古文之變，或為後定古文，「實立形數之原，總分理之要，造字之微恉，可審繹而知者也。」例曰：

一　二　三　三　五　八　七　八　九　|

自一至三皆為平行線，至五為天地之中數，則从二，而午交其中，然亦四直線也。至六則龜甲文皆作八，又由躲而反於簡，故由平行線變為弧曲線，穹隆下覆，略為半圓之形，此殆倉沮初制，最簡古文之僅存者。至七，甲文作七，則以平線與曲線互相拘絞，實承五而小變之。八之為八，則以曲線分列為二，又承六而小變之。九，金文作九〈盂鼎〉，或作九〈散氏盤〉。甲文作九，略同。則以兩曲線詰詘糾互，又承七而小變之。蓋六之與八、七之與九，皆閒一數，相對為形遞數究於九，進而為十，甲文皆作|，金文同，或作十，則中多一點。

則又以平線直書之，與後世籌式同，亦與一始終縱橫相對。

《說文·四部》：「四，陰數也。象四分之形。」古文作𠎣，籀文作三。攷金文、甲文皆作三，惟〈邵鐘〉作四，〈梁司寇鼎〉作四，蓋小篆之權輿。然許君四分之說，於形義並未切。𠎣與𠎣相近，則又似从𠃉从八，例亦難通。要以積畫爲最近古，金文甲文未必皆出《史籀》後，竊疑三當爲古文本字，𠎣或當爲籀文，許書傳寫多誤，容互易耳。

《說文·五部》：「五，五行也，从二。陰陽在天地間交午也。」古文作✕。然金文、龜甲文皆同作五，無作✕者，唯金文〈梁司寇鼎〉「梁廿有五年」，五作十，則與篆文十同，許書古文蓋與彼相類。〈丁子尊〉云，又五彡日，因重五字別作彡，積畫與三同，亦古文之變也。

《說文·六部》：「六，《易》之數，陰變於六，正於八，从入、八。」金文〈師奎父鼎〉作介，〈師虎敦〉作介，與許說从入、八義合，而形微異。唯甲文云□申卜貝貞今六月，至六字作八，最爲簡省。竊謂古文紀數字皆獨體，不宜唯六爲駢合體。且依許說則制字時當先有八字，而後合入以成六，於理亦有難通。甲文八字婁見，而絕無介字，疑爲後定古文。小篆作六，尤失其形。（《名原》上，葉一）

案：數名解說者代有其人，唯以近人爲獨多。丁山先生於民國十七年中研院《集刊》著〈數名古誼〉一文，所說較可信，更生於本書第五章〈孫詒讓之甲骨學·（三）契刻與說文古籀合〉中已全錄該文。仲容先生言〈原始數名〉，引甲骨文以證，其中以九爲七，觀《鐵雲藏龜》五之三「十七」即七旬，十二之二「十七」即七月，則甲文七並作十，絕無作𠂤者。先生誤九爲七，或限於龜甲材料過少，難以比勘，致有此失也。

（2）紀數之字古多趨簡而亦有改簡為縣者

紀數之字，古多趨簡易，後以人事日縣，飾僞萌生，爲資防範，故亦有改簡就縣者，如：

古文弌弍弎，字竝从弋，《說文》一、二、三部。則彌縣矣。又或叚借壹貳曡爲之。金文〈召白虎敦〉云：「公宕其曡，女則宕其貳，公宕其貳，女則宕其一。」貳字作𢎤，偏旁式，从戌从二，又斧文云：「邵大未𢎤車之斧。」以文義校之，𢎤當即貳字，舊釋爲貞，未塙。則又从

戈從貝而省二，咸與《說文》不同。又〈曶鼎〉云：「母母卑偉𢦏于所質」，以敦文互證，𢦏當即式字，舊釋為越，非是，從戍亦與彼敦貳字同。又〈緻安君瓶〉，有式字作𢧜，則亦從戈。諸文皆不從弋，未審其義。據敦文則周時已有用貳疊紀數者，經典中借用者尤多，斯皆後世薄籍，紀數用大字之濫觴，亦一變例也。（《名原》上，葉二）

（3）後世算艸起於王莽金布

觀乎金文，六國雖有以算艸紀數之例，而究其倡行，蓋在王莽之世。先生曰：

宋元人算艸六、七、八、九，有作丅、丌、丌、丌者，象籌策縱橫分列。新莽金布文正如是作。六之為丅，與原始古文作𠔼，反正弧直適相變。《左傳》襄公卅年傳，史趙曰：「亥有二首六身，下二如身，是其日數也。」孔顨軒以算式釋之，甚塙。今攷金文〈陳侯鼎〉亥字作𠫼，上為二首，下為丄者一，丅者二，所謂六身者三，以首從身，依算式列之為𦚞，是為二萬六千六百六十日，亦即古射禮釋獲橫縮相變之法也。金文〈宗周彝〉云，「隹八月甲申，公中才在宗周，易錫𢦗貝五朋。」𢦗即弓字，右作丅者二，即二六也，與籌策從橫列數正同，亦古文紀數之變例。蓋錫弓十有二，與貝五朋文正相儷也。《淮南子‧氾論訓》：「訟而不勝者，出一束矢。」高誘注云：「箭十二為束。」若然，錫弓以十二為數，猶出矢以十二為束與！（《名原》上，葉二）

2、〈古章原象〉第二

《說文‧敘》云：「《書》曰：『予欲觀古人之象』，言必遵修舊文而不穿鑿。」段注云：「《尚書》日月星辰山龍華蟲作會，宗彝藻火粉米黼黻希繡，以五采彰施于五色作服，日月以下像其物者，實皆依古人之像為之。古人之像，即倉頡古文是也。像形、像事、像意、像聲，無非像也，故曰古人之像。文字起於像形，日月星辰山龍華蟲宗彝藻火粉米黼黻，皆像其物形，即皆古像形字。古畫圖與文字非有二事，帝舜始取倉頡依類像形之文，用諸衣裳以治天下，故知文字之用大矣。處羲、倉頡觀於天地人物之形，而畫卦造書契，帝舜法伏羲、倉頡之像形，以為旗章衣服之飾，大舜之智，猶修舊不敢穿鑿，況智不如舜者乎。」漢《尚書》家說服十二章，亦原始象形文字也。《後漢書‧明帝紀》：「永平二年春正月辛未，宗祀光武皇帝於明堂，帝及公卿列侯始服冠冕、衣裳、玉佩、絇屨以行事。」王先謙《集解》云：「《漢官儀》曰：『天子冠通天，諸侯王冠遠遊，三公、諸侯冠進賢三梁，卿、大夫、尚書、

二千石、博士冠兩梁，二千石已下至小吏冠一梁。天子、公、卿、特進、諸侯祀天地明堂，皆冠平冕，天子十二旒，三公、九卿、諸侯七，其纓各如其綬色，玄衣纁裳。』《周禮》曰：『王祀昊天上帝則服大裘而冕，祀五帝亦如之。』《三禮圖》曰：『冕以三十升布染而爲之，廣八寸，長尺六寸，前圓後方，前下後高，有俛伏之形，故謂之冕。欲人之位彌高而志彌下，故以名焉。』董巴《輿服志》曰：『顯宗初服冕衣裳以祀天地。衣裳以玄上纁下，乘輿備文日月星辰十二章，三公、諸侯用山龍九章，卿以下用華蟲七章，皆五色采。乘輿刺繡，公卿以下皆織成。陳留襄邑獻之。』」而今之篆文，唯日月原文尚可見，其他或皆變易失體。先生綜考甲骨金文，比附古章原象，以窺古文與畫繪同原之眞。於此又可歸納爲二則說明之。

（1）古文字與畫繪同原

先生說古文字與畫繪同原，以爲愈早之象形字及象意字，愈與繪畫相近。誠以象形字所表徵者爲實物，隨體詰詘，求其形類，即達成文字之目的矣。古章中之火字，即其顯例。如：

⚶ 《說文・火部》：「火，㷔也。南方之行。炎而上，象形。」此唯象其炎上之形，而下足岐出，無義可說。金文从火文字，亦多與小篆同，其異文有作⚶，〈曶鼎〉、〈伯淮父敦〉炎字偏旁。作⚶，〈麥鼎〉炎字偏旁，作⚶〈伯晨鼎〉炎字偏旁。或省作⚶〈盠伯彝〉、〈毆羴鼎〉盠字偏旁。又〈焂虎敦〉焂字偏旁，亦似膌字。不審孰爲正字也。

龜甲文从火字則皆作⚶，如云：「癸丑卜亘貞又⚶子□□不□」，此炎字與〈曶鼎〉同。

金文〈母辛高〉有⚶字，〈木鼎〉有⚶字，下从⚶，亦古文火也。其字又見〈癸亥父己鼎〉作⚶，下从⚶。三字並从火，从束、从鬲省，高文又从米，與〈陳公子甗〉㸑字作㸑相近，疑是鬻字。舊皆釋爲鼎，或爲高，未塙。或釋爲盂，尤非。

〈考工記〉：「畫繪之事，火以圜。」鄭康成注云：「形如半環。」然此經說繪事與服章相應，而火之以圜，何以爲半環形，自來無能通其象義者。今據古文火字作⚶，亦半圜形，迺知古服章畫火，本如是作，此實〈考工〉之塙詁。而古原始象形字與繪畫同出一原，其義證亦顯較可徵。後人變爲⚶，則爲平橫形，三寫成火，則爲岐足形，於字例皆不甚密切。而周經漢詁，義亦莫能通矣。

《說文・丶部》：「丶，有所絕止，丶而識之也。」「主，鐙中火主也。

生，象形。从 ↑，↑ 亦聲。」主爲火主字今作炷，上作 ↳，與 ↓ 相近。〈毛公鼎〉耿字偏旁从 ↓，亦與主形可互證。蓋凡然火，其主皆上鐵而下圓，故畫火象之作 ↓，旁注多點者，光燄旁出，其主不一也。古文字績畫體物致精，此亦其一隅。(《名原》上，葉四)

（2）說服十二章即原始象形文字

十二章即日、月、星、辰、山、龍、華蟲、宗彝、藻、火、粉米、黼黻，《書・益稷篇》謂：「予欲觀古人之象，日月星辰山龍華蟲作會，宗彝藻火粉米，黼黻絺繡，以五采彰施於五色作服汝明。」宋綿初集《書》、《禮》傳注，著《釋服》二卷，以爲十二章章各有義：「日月星辰，取其照臨也。山，人所仰也。龍，取其變化也。華蟲，取其文明也。皆繪五采而施之於衣。宗彝、虎蜼取其孝也。藻，取其潔也。火，取其明也。粉米，取其養也。黼爲斧形，取其斷也。黻爲兩已相背，取其辨也。皆緐五采而繡之於裳。」先生以爲十二章皆象形文字，篆文中唯日月尚可見；金文中山、龍、藻諸形，存有遺象，其他究之甲金古籀，亦可粗考大端。如：

　　古章黼黻相儷，黻金文作 形，其文恒見，宋人多釋爲亞字。《說文・亞部》作 亞，與 形別。凡金文考釋家誤釋者，略著一二，不復駁論也。阮文達定爲古文黻。據《漢書・韋賢傳》顏師古注云：「紱畫爲 文， ，古弗字也。」謂亞當爲 字。古畫黻作 ，形爲兩弓相背，正《爾雅》孫炎、郭璞注，《書・益稷》僞孔安國傳兩已相背之誤，其義至塙。蓋 即所謂兩弓相背者，璆畫相屬，象弓體之往來，非眞畫爲弓形也。至 字縱橫視之，各自成兩弓相背形，實則含有四弓形，詘曲相聯屬，此原始象形黻字。與十二章繪畫之形正同者也。(《名原》上，葉三)

　　金文又有 字，亦恒見。或省作 ，又省作 ，宋人多釋爲析字，蓋據《說文・鼎部》鼎字說解。然古字書無此字，今審之，實四斧相背文也。《爾雅》孫炎注云：「黼，文如斧形，蓋半白半黑，似斧刃白而身黑。」郭注及《書》僞孔傳說并略同。蓋黻爲兩弓相背，黼爲四斧相背，其例正合。金文之 ，即黼形也。凡斧皆一刃，旁出而爲銎以著於柯，今古銅斧有存者，尚可見其大略。詳程瑤田《通藝錄》。古畫斧之形，蓋當爲 ，〈虢季子白盤〉戊字作 ，〈𡰥戊卣〉戊形作 ，

> 龜甲文戉字作，斧戉形略同，可以互證。篆文約略寫之，則爲，或趣便省之則爲，更省之則爲，是其曲畫上下出者，即刄也，直畫旁豎者，即柯也，者上下各一斧，同柯連理，左右相背，合而成，則成四斧，猶之字左右二弓，直列相背，上下兩弓，横列亦相背，是雖云兩弓，而縱横通共，僢而同柢，亦可謂之四弓。爲四斧亦然，兩文比例正同。古尊、彝、盤、盂之屬，外容突爲雩文，亦多爲是兩形盤屈互，迻遣滿體，今謂之蟠螭雲回形。諦審之，内實函無數、文，足以證義。後世通行黼、黻字，而原始象形文遂不可復識矣。(《名原》上，葉三)

> 　十二章之一爲粉米，从鄭康成義。《說文・米部》:「米，粟實也。象禾黍之形。」又〈糸部〉:「絑，繡文如聚細米也。从糸、米。米亦聲。」此即《書》粉米字也。龜甲文有米字作，金文無米字，而从米字則恒見。如〈曾伯霥簠〉粱字作，〈陳公子甗〉稻字作，〈陳侯敦〉侎字作，石鼓文麋字作，諸文偏旁米字與甲文大致略同。以此推之，古章畫繢疑當作，小篆作，則聯屬整齊之，與古文微異矣。(《名原》上，葉五)

3、〈象形原始〉第三

文字之流變，唯象形爲緐雜，《說文》五百四十部首，象形幾居其太半，劉申叔徵英儒斯賓塞之言云:「有語言然後有文字，文字與繪畫無二理也。」〔註 45〕蓋上古之時，字皆象形，此非獨中國爲然，即墨西哥之古文，埃及之古碑，莫不皆然，是知凡象形之字，即古圖畫之變體也。如許叔重之敘《說文》:「象形者，畫成其物，隨體詰詘，日月是也。」字出於畫，此其明驗。蓋自古文放失，小篆獨行之後，最初原始象形字，今不得見，金文唯魚、隹字多象形，它復罕覯；甲骨文象形字殊夥，惜其文多省約漫漶，而不易通讀，今欲尋古人制字之初規，勢不得不博綜金、(一) 古、籀，參互鉤覈，而窺倉、史之大體。先生特著〈象形原始〉，樹立科條，稽合異同，以推其先後流變之迹。

(1) 書契權輿本於圖象

凡人之所意想者皆謂之象，蓋形者有實狀可指，而象者以虛形擬之也。

〔註 45〕見《小學發微補》，頁 16。

故有日圓月缺之形，古人即圖日、月之象。有雲气流動，雨點淋漓之形，古人即圖雲、雨之象。有峰巒聳出，水紋綿長之形，古人即圖山、水之象。則書契權輿，本乎圖象，實乃不爭之論。先生於此雖未發揮，然綜其凡例，有象人身體者，有象其他動物或靜物者，亦有象工具者，特錄其顯例，以徵先生說之可信。

象身體：除 🔸🔸🔸🔸 象人之全體外，尚有象其他部位者。

🔸　見《殷虛書契前編》六卷七葉一片。按當是首形。

🔸　見〈欽鼎〉，象足形。甲骨作🔸同。按當是疋字。

🔸　見〈耳卣〉。按當是耳形。

🔸　見《龜甲獸骨文字》一卷十一頁十七片。按當是鼻形。

象動物、植物、山川、河流：

🔸　《前編》四卷四四頁五片。按當是虎形。

🔸　見〈己觚〉。按乃鼠形。

🔸　見〈象且辛鼎〉。按此形顯爲象字之象形。

🔸　見《鐵雲藏龜》一九三葉三片。按即鹿之象形。

🔸　見〈龍爵〉。按爲龍之象形，但已非原始形式。

🔸　《後編》上二十八葉六片。按即鼂形。

🔸　〈萬爵〉。按象蠆形。

🔸　〈弔龜段〉。按當即龜形。

🔸　《鐵雲藏龜》六頁四片、十六頁四片。按象雨水下霝之形。

🔸　〈父乙罍〉。按即山峯之形。

🔸　此乃甲骨文中習見之字。按當是石岸之形。

象各種工具之形：

🔸　見〈鼎鼎〉。按象鼎形。

🔸　見〈父癸卣〉。按當爵之象形。

🔸　《鐵雲藏龜》二百六十九頁二片。按象斧戊之形。

🔸　《鐵雲藏龜》七十五頁二片。按即帚之象形，亦有作🔸者。

🔸　《鐵雲藏龜》百十四頁之一片。按是車之象形。〈毛公鼎〉車字亦作🔸形。〈吳彝〉作🔸形。

🔸　《鐵雲藏龜》四十頁之二片。按即弓之象形文。

（2）象形文字演進之三形態

許氏《說文・敘》云：「倉頡之初作書，蓋依類象形，故謂之文，其後形聲相益即謂之字。文者，物象之本；字者，言孳乳而浸多也。」文既爲物象之本，則畫成其物，全如作繢，此原始象形字也。但形詰詘奇詭，不便書寫，又不能斠若畫一，於是省易之；或改文就質，微具匡郭；或刪緐成簡，牾寫大意；或舉偏晐全，略規一體，此省變象形字也。最後整齊之，以就篆引之體，而後文字之與圖畫，其界乃截然別異，此後定象形字也。今《說文》所載，大略如是。博綜古今，象形文字之演進有此三形態。茲就先生所舉之例尤明析者，錄其數則，以見大凡。

　　　《説文・牛部》：「半，事也，理也。象角頭三封尾之形也。」此約略象其形體。龜甲文有云「貝貞之于女□，半三、羊三、兀尾闕□，當爲三字卯下文闕」，此文蓋以大牢貞卜於女□，上半當爲牛字，形與豕略同，唯前有封後有尾，於象形亦合。下牲形則豕之壞字。牛三、羊三、豕三，則是三大牢也。甲文別有三大牢之文，與此可互證。此三牲，唯羊爲後定象形字，半蓋原始象形牛字之省，故文尤簡也。

甲文亦多作半字，〔註46〕金文則〈師寰敦〉作半，〈卯敦〉作半，竝與小篆同。此後定象形牛字，與原始象形字絕異，然其由來古矣。（《名原》上，葉七）

　　　《説文・隹部》：「隹，鳥之短尾總名也。象形。」又〈鳥部〉：「鳥，長尾禽總名也。象形。」鳥之足似七，故从七。攷金文隹字最多，若〈乙亥方鼎〉作隹，〈麥鼎〉作隹，爲尤茂密，雖未必原始象形字，而形最近古。蓋目喙羽足無不完備。金文〈隹公觶〉隹作隹，偏旁隹作隹，亦略同。凡古文馬、鹿諸文，首皆象目形，隹、鳥亦然，其通例可推也。〈盂鼎〉作隹，則篆勢微變，三變成隹，皆以目與羽相連毋，此後定整齊象形字也。

金文又有象鳥形者，如〈集咎彝〉，集作隹，〈矢伯隻卣〉隻作隹，則亦隹字也。又〈母戊彝〉有隹，則似雔字，舊釋爲雙爵形，未塙。此或即原始象形字，而隹其後變之緐縟文與！

甲文隹作隹，鳥作隹。蓋从原始象形而微省，其鳥上从尸，象鳥首，

〔註46〕如《藏龜》三之三片、十二之四片、四四之四片。

與佳同。而下象兩胈，作 ⺆⺆ 形，則特絲縟。蓋鳥之胈較佳大而文
尤蔚，二文本不甚相遠，而足皆作 ⺀，則兩形所同。小篆沿襲省變，
佳、鳥始判然不同。而許以尾之長、短爲佳、鳥之別，殆非其本悟。
其謂「鳥足似匕，从匕」，則尤沿附會近似字之謬説，不知象形本不
成字也。石鼓文佳字作 ，鳥則 字偏旁作 ，竝已與小篆同。皆後
定象形文字也。（《名原》上，葉十）

燕　《説文・燕部》：「燕，玄鳥也，籋口，布胈，枝尾。象形。」
攷龜甲文有 字，當即原始象形燕字。蓋上从 象籋口，下从 象
布胈，从 ，象枝尾，與甲文佳、鳥字胈形相近。於形最精。胈上
箸口者，象其身也。後定象形字變爲从廿、口、北、火，皆以近似
之字易之，此篆書整齊之通弊也。
金文〈盂鼎〉亦有燕字作 ，布胈枝尾，形亦尚近古，唯口身略有
闕筆，與甲文及小篆皆不甚合，蓋省變象形字也。（《名原》上，葉
十二）

魚　《説文・魚部》：「魚，水蟲也。象形。魚尾與燕尾相似。」又〈角
部〉云：「角與刀、魚相似。」許君竝據小篆爲説，與古文實不相應。
攷金文魚字象形致多，綜合參校，約有四變：
其最完備者如〈魚尊〉作 ，〈白罰卣〉作 ，〈白魚敦〉作 ，〈白魚
彝〉作 ，〈魚父癸壺〉作 ，〈又鼎〉作 ，諸文皆首有喙目，身有
鱗甲，又有脊鬐一，腹鬐二，尾如丙字，《爾雅・釋魚》：「魚尾謂之丙。」
郭璞注謂似篆書字。金文〈魚父癸爵〉丙作 ，與古文魚字正同。蓋原始象形
文與圖繢最近者也。又有〈魚父丁觶〉作 ，則省其鱗甲文，餘並
同。
其次變略簡省，如〈魚爵〉作 ，〈父癸魚卣〉作 ，〈魚父己尊〉
作 ，則變爲左右各兩鬐，不辨脊腹，此省變象形文。又有〈犀白
魚鼎〉作 ，則省其喙目與尾文，〈魚父丙爵〉作 ，則省其鬐，略
存璆畫，餘亦與初文同。
其三變則尤簡省，如〈毛公鼎〉作 ，則左右各爲一鬐，與身鱗文
正等，又變尾爲火形，〈石鼓〉又作 ，則又省鱗文。此亦省變象形，
與圖繢較遠矣。

其四變則為今小篆，作🐟，鱗鬐不辨，首類角，尾類燕，皆以近似之字配合整齊以就篆體，與初文制若天閒矣。

龜甲文亦有象形魚字，作🐟🐟諸形，首尾亦具，而左右各為一鬐，不分脊腹，唯首著八形，不知何義。又有漁字作🐟🐟諸形，則尤簡省，皆不若金文之詳備也。（《名原》上，葉十四）

🌧　《說文·雨部》：「雨，水從雲下也。一象天，冂象雲，水霝其間也。古文作𩁼。」金文〈楚公鐘〉雨作𩂯，與小篆略同，此後定象形字也。

《說文》雨字古文形極縣密，其古文偏旁从雨，則皆作雨，形較簡，而皆不从一。龜甲文雨字恒見，皆作🌧，與許書古文雨形近，而琢畫尤省。蓋冂象穹隆下覆之形，天象已晐於其中，不必更从一。古文義實允協，殆原始象形字也。（《名原》上，葉十八）

🐂　《說文·牛部》：「牢，閑，養牛馬圈也。从牛冬省。取其四周帀。」據《說文·仌部》，古文冬字，依文則牢从𠆧，即古文冬，不必云省。依說解云四周帀，則自是象形，與古文冬字形義復不相涉，兩義牴牾不合。金文〈井人鐘〉云永冬，〈頌鼎〉、〈頌敦〉皆云霝冬，並借冬為終也，其字皆作𠆧作𠆤，則古文冬字下畫亦不相連屬，小篆乃變為一橫畫連屬之，此猶廿字金文作𠦝𠦝，篆文亦變作廿，皆失其本形者也。竊疑當以許君後一義為正。金文〈貉子卣〉，牢字作🐂，無下橫畫，即其證也。

龜甲文牢字亦多作🐂，與〈貉子卣〉同，蓋原始象形文如此。又多作🐂，或作🐑、作🐑，則變从牛為从羊，蓋閑養牲獸之圈，通得稱牢，不定屬牛也。从∪者，∩之反對形，以此推之，則𠆧止象周帀形，實非从古文冬字，若果為古文冬，則不宜倒作∪矣。（《名原》上，葉二十二）

4、〈古籀撰異〉第四

先生以為「古文為李斯所變亂，漢時已無完書，《籀篇》復闕於建武之際，故其形聲義例，許君已不能盡釋，《說文》所載漢人說，亦多皮傳之論，如「對」字，古文本从士不从口，而許以為漢文帝所改。「易」字，下引祕書日月為易。「禿」下引王育謂倉頡出，見禿人伏於禾中之類，均其例。去古益遠，無從考正；然六書大義，要有較然不紊者。如古象形文其偏旁離析之皆不能獨成一字；而凡駢合文，雖重

縈複錯，形聲必有所取；此不易之達例也。自屢經改竄，失其本恉，而後定象形字，強變詘曲為整齊，或依傍他字以易其原形，蓋始於晚周，而秦篆為尤甚。」至於《說文》古籀、重文，傳鈔舛互，後人不審所從，輒依形近之字臆改之，以牽就篆法，此弊尤夥。如籀文車作𨏉，而《說文》誤作𨏖，則以其偏旁與戔相近也。古文射作𨥈，而篆文改作射，則以其偏旁與身寸相近也。鬥本從兩𢼗，而許君以為兩士相對，則以𢼗從丰，與士相近也。遷本從象聲，而篆文譌作遷，則以象與彔相近也。若茲之類，可謂不勝枚舉。故先生著〈古籀撰異〉，欲以金文、龜甲文校覈許書古籀，使其舛誤昭然，而沿襲莫辨者，得由此而逆溯其原始大較也。以下就其所述，分為兩類，並捃摭數名，以發疑辨惑。

（1）以原始舊文以正俗體舛啎

𦈐畫　《說文·女部》：「婚，婦家也。禮：娶婦以昏時。婦人陰也，故曰婚。从女、昏。昏亦聲。」籀文作𡞳。又〈車部〉：「𨏎，車伏兔下革也。从車，𡞵聲，𡞵，古文婚字，讀若閔。」二文並與𡞵相類，其形義皆無可說。

攷金文婚字甚多，如〈乂季良父壺〉婚顜字作𦈐，〈多父盤〉婚冓字作𦈐，顜冓並媾之借字，又〈毛公鼎〉云：「余非憲又有𦈐。」又云：「無唯正𦈐。」字並略同。又有畫轊字作𦈐，〈彔白敦〉畫𡞵字作𦈐，亦借用古文婚字。諸文並與《說文》籀篆不同。諦審之，下從女甚明，上當是從𤮻省。《說文·𤮻部》：「𤮻，禮器也。象𤮻之形，中有鬯酒。又，持之也。所以飲酒象雀者，取其鳴節節足足也。」古文作𤮻，象形。金文婚上從𨾴即𨾴，所謂象雀形也。唯右咸從𦥑，當是耳字，下則咸從女。疑古文婚本從娶省，蓋取娶女醮酒之義，與小篆從昏，取昏時之義絕異也。薛氏《款識》亦有婚字，傳橅不精，瑑畫錯異，今不復詳校。

古文婚從𤮻省，唯〈乂壺〉作𦈐最完析，上從𨾴，下從𦥑，當為𦥑之省，〈毛公鼎〉𦈐作𦈐，𦥑亦作𦥑，可證。《說文·𦥑部》：「𦥑，持也，象手有所𦥑據也。」古文𤮻從之，蓋與篆文又持鬯酒同意。後或省變作又，而小篆因之耳。

《說文·日部》：「昏，日冥也。从日氐省。氐者，下也。一曰民聲。」金文〈陳侯因𦤼敦〉云：「淖朝𨾴者諸侯。」𨾴舊釋為昏，近是。朝昏猶言朝朝莫夕也。諦審篆形，上從𨾴，即𤮻省，下從十，則疑氐或

民之省，金文氏作𠂤，民作𠬝〈楚良臣鐘〉，形並略同。婚字則唯〈多父盤〉从𡟰，與𡟰相邇，餘則咸無是形。但字字从𩰲省氏省，與日冥之義無會，所未詳也。〔註 47〕

金文又有𦖞字，〈彔白敦〉，王若曰，「彔白𢦚繇自乃且考又有𦖞于周邦。」𦖞从𠬞𩰲省聲，當即䎽之變體。《說文．手部》：「䎽，撫也。古文从手从𠬞，字多互通，故䎽亦作𦖞矣。又〈毛公鼎〉云：「𩰲堇勤大命。」〈單白鐘〉云：「𩰲堇大令命」，與〈彔敦〉文復微異。審校𩰲字上即从𠂉，中从凵者，古文从皿从豆字，下多作此形，𩰲爲飲器，故亦从此，小篆變爲𢆉，即由於此。〈彔敦〉从𠀠者，亦與从凵同意。金文皿字偏旁多作𥁑，鬲字又或作𠔿，皆其證也。唯據〈盂鼎〉𦖞𦖞兩文，𦖞字當从耳，乃得爲婚省，此諸文或無耳，則直是从𩰲省，蓋瑑畫尤簡，但推校文義，知必讀爲䎽耳。

又〈魯侯角〉云：「魯侯𠨍𩰲鬯□用尊。」此似即〈彔敦〉𦖞字偏旁之變，上从𢆉即𠂉，下从𠀠即𠀠，形並另同，當亦𩰲之省（舊釋爲鬱非。或爲婚，亦未塙）。《說文》古文上从冂，蓋即𠆢之變，下从冊，則與鬲下半形相近。〈彔敦〉从𠀠，或皆一形之變與！

通校諸文偏旁从𩰲，蓋有三體，一作𩰲，則从𣪍省。一作𩰲，則似从皿省，一作𦖞，則似从鬲省，三文迥異，而其从𠂉則同。其聯合成字，亦有三體，一昏作𡟰，則似从氏省；一婚作𦖞，則从耳从女；一𦖞作𦖞，則从𠬞，三文亦迥異，而其从𠂉則亦同。小篆變𩰲爲𢆉，似涉鹿字篆文而誤。至婚之古文，展轉譌變，乃成𡡇字，以金文校之，上半尚不甚相遠，下半則涉夒字而誤。《說文．巾部》幔，亦譌从夒段氏已校正。即其證也。其耳變爲巳，手形變爲止，中从川者，或即且之譌，下从夊者，又女之譌。此皆傳寫者以近似之字改竄象形字，非金文，固無从諟正之矣。（《名原》下，葉一）

先生以《說文》籀文𡡇字之不與金文合，乃歷據〈殳季良父壺〉、〈多父盤〉、〈毛公鼎〉、〈彔白敦〉、〈陳侯因資敦〉、〈楚良臣余義鐘〉、〈單白鐘〉、〈盂鼎〉、〈魯侯角〉各器銘識，通校互勘，歸納婚字之變，其偏旁不同者三，其聯合成字之別，亦有三，將籀文之譌變，「耳」變爲「巳」，「手」變爲「止」，

〔註 47〕原注：或疑𡟰即𩰲之省，𠂤或又之變形，朝𩰲蓋謂朝見酌禮之事，存之以備一義。

中从「山」者，或即「屮」之譌，下从「夂」者，又係「女」字之譌，皆傳寫者以近似之字改竄原始初形，非金文幾無從諟正俗體之舛牾。先生發伏摘疑，可謂召陵許氏之諍友矣。

（2）以甲金文字校覈許書古籀

彝 　《說文・糸部》：「彝，宗廟常器也。从糸。糸，綦也。収持之，米，器中實也。彑聲。<u>段校改从互，象形，誤。此與　相似。</u>」此謂収持米與　又持　同意。古文作　　。金文「尊彝」字甚多，互有錯異，然皆與《說文》不合，攷釋家多不能說其形聲，今據其璙畫明析者推勘之。如〈史頌鼎敦〉作　　，然〈虎敦〉作　，〈遣小子敦〉作　，〈大保敦〉作　，〈宗婦盤〉作　，〈突甗〉作　，形聲尚略可推尋。大氏从糸从収，與小篆同。〔註48〕或作　者，糸之省也。而所謂从彑聲者，實當爲从希聲，即易希字，从彑从豕省，故作　　，又或作　　諸形。〈鼄公䤾鐘〉象字作　，〈彔白敦〉作　，希與象形亦相近，可互證也。彝希古音同部，於聲例亦通。至希旁多著兩點或作彡者，〈吳象父敦〉，象作　，右著彡亦似象豕髦鬣形，是其例也。小篆省變，希爲彑聲通，而形實與古文迥異，許書兩古文其一亦从彑，而變从糸爲从素，金文未見。其次則似从絲而微異，左形不可識。〈曾侯鐘〉有　字，〈拍尊〉有　字，與古文弟二字略相近，然其形聲究莫能詳也。

金文尊彝字皆不从米，唯〈智鼎〉有人名彝字作　，从米，與小篆正同，上从Ａ，與金文今字相類，小篆从彑，恐即此形之譌變，而變収爲　，又从　，不知何形。它金文與小篆亦咸不如是，所未審也。（《名原》下，葉八）

先生說尊彝字，歷舉金文彝字之形聲，與《說文》古文小篆相對斠，溯源尋流，折衷今古，而歸至當，並於其所不知，蓋闕如也。

5、〈轉注楬櫫〉第五

許君之說轉注云：「建類一首，同意相受，考老是也。」後世如裴務齊〔註49〕、鄭樵〔註50〕、徐楚金，〔註51〕以下多至十幾家，於許君之說迭有闡發，惟

〔註48〕小篆作　。
〔註49〕見《廣韻注》。
〔註50〕見其著《通志・六書略》。

多囿於同部互訓，誤字義之解說，爲文字之構造，遂歷千載而不悟；至章太炎先生，始以雙聲叠韵發其伏，〔註52〕使轉注在溝通文字之重複，以不造字爲造字之怡，因而大明。仲容先生蓋崇楚金徐氏之意，以爲「倉沮制字之初爲數尚尟，凡形名之屬未有專字者，則依其聲義於其文旁詁注以明之，其後遞相沿襲，遂成正字，此孳乳浸多之所由來也。」所以「《說文》部首說解，凡某之屬皆从某釋之，其義最塙。」先生以同部互訓釋轉注，承前之失，自不待辯。但其以形聲駢合文無不兼轉注，頗具至理。後世儻作新名，亦可按其義例，權注易識之文以相楬示。審古文偏旁多任意變易者，或爲此例之所賅。如宮縣之樂謂之牆，鐘磬之縣半爲堵，全爲肆，而因鐘爲金樂，則作鐈、作鍺、作鐴。簋有鑄金刻木，則作鎘、作楄；以盛黍稷，則又從米作糐。此即「以形歸類」、「以聲注音」者也。以下特摭錄先生所標舉之古文，庸徵其說。

　　🔣🔣　金文〈楚良臣余義鐘〉云：「曾孫僕兒余迭斯于之孫，據〈編鐘〉余茲鋓疑鋓之異文，舊釋佫，未塙。之元子。曰於嘑敬哉余義楚之良臣而迭之字慈父余邁阮釋如是。又疑勘字，〈杞白壺〉萬季字與此略同。迭兒尋吉金鑄鋁，台鋁龢鐘，台追孝佹先且祖。」此鐘爲楚人僕兒作，以祭其祖者，所紀世系甚詳。蓋余義生迭斯于，斯于，迭字。迭生茲鋓，茲鋓生僕兒，是余義爲僕兒之曾祖，迭則僕兒之祖也。故迭字三見，前作🔣，後二作🔣作🔣，下增🔣形，當即且字，《說文》且，古文作🔣。因稱祖之名，特加🔣以爲幖識，故與上文殊異，古文多叚且爲祖，金文、龜甲文通例如是。非古文迭字或从且也。又因其爲幖幟文，非正字，故作□，與下文佹且字亦異，皆金文之變例也。（《名原》下，葉十四）

　　🔣🔣　金文〈大鼎〉云：「王召禿趞馬癭命取🔣🔣卅匹易錫大。」🔣🔣二字皆《說文》所無，以形聲求之，🔣从缶，〈石鼓〉作駐，當爲犒之借字。《爾雅·釋畜》：「驪白雜毛犒。」犒从缶聲，與犒从旱聲同部可通。《毛詩·鄭風·大叔于田》作鴇，此右从🔣，亦似从鳥，未能決定也。《說文·馬部》亦無犒字，而《爾雅》釋文引《說文》有之，疑今本《說文》脫。次字从馬、从同，當與犅聲義略同。《說文·牛部》：「犅，特牛也，从牛，岡聲。」特，牛父也。犅即《公羊》文十三年傳之騂犅，《毛詩·魯頌·閟宮》作騂剛，金文〈靜敦〉有🔣字，从牛从剛省，

〔註51〕見徐著《說文繫傳》。
〔註52〕見章氏《國故論衡·轉注叚借說》。

亦即牭之變體也。**鵌鷗**者，即驪白雜毛之牡馬，以其方稱馬，故易牛，而以馬注其旁矣。此例形聲變易，金文甚多，今不悉著。(《名原》下，葉十四)

圙　金文〈白疑父敦〉云：「白疑父乍△寶敦。」圙字从女从宁，璘文明晰，而字書未見，此當是女子字窋，故注女字於旁，以爲幖識，未必古實有是字也。金文从女字甚多，其不見於《説文》者，可以此例推之，不悉著也。(《名原》下，葉十四)

鷠鷜　金文〈智鼎〉云：「叀使乃小子鷠以限訟于井未。」又云：「效父乃詷鷜曰。」又云：「舍鷠矢五秉。」〈薑季鼎〉云：「鷜季作父癸寶尊彝。」〈井人鐘〉云：「安佞宧聖鷠□處。」此據拓本，與吳氏橅本異。〈戊寅父丁鼎〉云：「戊寅王□鷜□馬酌易貝，用△父丁簿。」右六字有从𠂤者三，〈薑鼎〉、〈井鐘〉、〈智鼎〉。从𠂤者一，〈父丁鼎〉，形略相似，而於文皆不可通。〈智鼎〉小子鷠三見，塙爲人名字。其第二字旁無𠂤，而二皆有之。攷〈師鷠鐘〉亦有鷠字作鷜，《説文·隹部》：「𩾧，繳鷠也，从隹，椒聲」，此疑即𩾧字異文，舊釋爲獲，誤。無𠂤形，足證其爲增益文，〈戊寅父丁鼎〉：「王□鷜。此字从虘从霝，《説文》未見，聲義無攷，舊釋嘑，未塙。」，此亦似人名。攷〈丙申父癸角〉云：「丙申王易錫苟亞鷜癸貝。」彼亦似人名，其字作鷜，無𠂤形，亦足證其本不从此。惟〈井人鐘〉作器者爲井人安佞憲聖，下似霝〃兩字，其義不甚可解，以前兩鼎文義校之，似皆當爲父字詁注文旁，或即表德之幖識與。(《名原》下，葉十五)

鷠鷜　金文有前後兩字同而義異，注文以示別異者，如〈師寰敦〉云：「王若曰，師寰鷠淮尸夷謫我貫畎晦臣，今敢博乃眾叚反，乃工事弗速蹟我東鷜。蓋文如是，器文作鷠鷜，小異。」此敦鷠鷜二文，右皆爲或，而左則一从父，一从邑，字書並無其字。尋文究義，乃知二同爲或字，而父、邑則旁注以示別異也。古文或、國二字多通用。如〈宗周鐘〉：「南國」、「三國」，〈南宮方鼎〉：「南國」，〈毛公鼎〉四國字，並作或是也。此兩或字亦當讀爲國。師寰或父者，或父爲師寰之字，周時人名字多并舉，如春秋時孔父嘉、叔梁紇是也。〈朱向敦〉云：「朱向父禹曰」，〈伯其父敦〉云：「唯白其父鷆作旅匜」，並金文名字連舉之例。寰今字作寰，《説文》無寰寰二字。古與縣通，縣爲六遂

之屬別，故名裹而以國爲字，二義正相應也。下東或則即東國，因與上文師裹字或文同義異，故注邑於旁，以別之，以邑亦訓國也。《說文‧邑部》。此例意致精析，而金文罕見，攷釋家咸未憭，故爲表出之。（《名原》下，葉十五）

綜上述五例，則金文之有奇正變易之例甚夥，其中有幖▢以稱祖名者，有幖▢以稱鑄器者之字者，有幖▢以表乍者之德者，更有幖▢以爲女性之識別者，有幖▢旁以爲方國之稱者，意致精析，剖解細膩，足徵古文之增逡變革，隱然含有至理，不可蓋以繇繆文例之。近人於銘刻之難解者，每喜釋以繇文，聽者既不尋繹，而說者尤自以爲是。今得先生此說之提示，則逆耳之言，或爲討古者之良劑矣。

6、〈奇字發微〉第六

古文自倉沮制字，至秦篆同書，歷年數千，遞更傳寫，以至錯訛閒出，此奇字之所由孳也。復以亡新改古文，別爲六書，而奇字爲其一，思其數原必甚多，而今《說文》所錄，唯儿、旡、叱、仓、䎿諸文而已。先生精究古文奇字，以爲凡古文而異者，皆宜入奇字之科，許書不悉識別也。

今所見金文、龜甲文亦恒覯變體。繇則偏旁重絫，駢枝多歧；簡則琢畫刪削，形聲並隱。考釋家目眩思瞀，率從蓋闕，或強以他字傅會之。然悉心推校，形義可說者尚多，雖篆文奇譎，有佹正體；而揆之字例，亦各自有精義，固非鄉壁虛造者比也。先生摭古文與許書殊異而略涉隱祕者，橭箸一二，以發其大例，特分別擇要譔錄如次：

（1）展轉省變之例

䚯　金文〈槍改彝〉云：「白伯辟父休于䚯改曰：歔祖乃任䚯白室。」此䚯爲國名，舊釋爲槍，古無此字。今攷此文，從木從幺甚明，下從▢，似目而異，實首之到文。《說文‧県部》：「県，到首也。賈侍中說：『此斷首到縣県字』」，即此。又云：「縣，繫也。從系持県。」從木從▢，當爲縣之異文。幺即系之省，從▢即所謂系持県，從木者，蓋取縣木之義。《說文‧系部》：「綱，古文作▢，此或從松県聲，亦通。《說文‧木部》：「梟，不孝鳥也。從鳥在木上。」《史記》、《漢書》県首字多作梟，此槍字從木，亦兼有梟義。又〈邵鐘〉云：「大鐘既縣」，縣亦作▢，鐘文纖細，不易辨似，又經後人誤別，今以拓本與〈槍彝〉互

校，審定如是。舊釋為穌，謬。與此正同。但偏旁左右互易，尤其墙證。橪國古書未見，唯《漢書‧地理志》鉅鹿有鄡縣。《說文‧邑部》作鄏縣，或即鄏之叚借字與！《說文‧首部》首字作𦣻，象髮。金文則多作𦣻〈頌鼎〉，作𦣻〈師遽敦〉，此𦣻到之，故作𦣻，〈邵鐘〉下从𦣻，形尤完備。依小篆縣當作𦣻，乃與字例合，今篆作𦣻，非其本形，蓋後人依直真諸字形妄改之，亦小篆變古之失也。（《名原》下，葉十九）

𡉚　金文〈師𡉚父鼎〉𡉚字，从大从玉，字書並未見，今以形義攷之，當即璑字之省。〈智鼎〉云：「井叔易錫智赤金𡉚。」其字从林从大从玉，阮文達釋為璑。攷《說文‧玉部》：「璑，三采玉也，从玉，𣞤聲。」又〈林部〉云：「𣞤，豐也。从林、𣞤。𣞤，或說規模字，从大冊。冊，數之積也。林者，木之多也。」是璑字本从𣞤得聲。〈智鼎〉省冊為𣞤，此鼎作𡉚，又省林，實一字也。古从無聲之字，與大義多通，如《爾雅‧釋詁》云：「幠，大也。《儀禮‧公食大夫禮》：「庶羞皆有大」，鄭注云：「大以肥美者，特為膴，所以祭也。魚或謂之膴，膴，大也。」〈有司徹〉云：「侑主人皆一魚，加膴祭於其上」，膴，即所謂大也。又禮有大尊亦曰瓾，故〈燕禮〉云：「君尊瓦大」，《禮記‧禮器》則云：「君尊瓦瓾」，是古从無字與大互通之證。故璑亦可作𡉚，从大。金文與經義正合，特因展轉省變，讀者遂眩瞀不能辨耳。（《名原》下，葉十九）

（2）璗畫奇詭之例

𦣞　金文眉壽字常見，眉皆作𦣞，〈齊侯甗〉又作𦣞，此當為湄之異文，非从須也。蓋从頁从𦥯省，古音𦥯，與微音相近，《周禮‧旄人》鄭注𦥯讀為徽，徽从微省聲。而微、眉音同，故金文眉通作𦣞，唯〈散氏盤〉云：「用矢國名戲散邑鹵即散用田𦣞」，又云：「𣑥封，或釋為表。于𦥯。」又云：「𦥯井邑田」，又云：「矢人有嗣𦥯田」，又云「凡十又五夫正𦥯」，又云：「散人小子𦥯田」，此文𦥯字六見，奇詭難識。諦審之，蓋亦眉之變體也。舊釋為竟，誤。《說文‧眉部》：「眉，目上毛也。从目。象眉之形，上象額理也。」金文〈戎都鼎〉：「用妥眉彔」作𦣞，此上从𠃌即𠂆，與鼎文𠂆同，所謂象眉形與額理也。从𦣻者即从頁，

古文頁、百、首皆从目，意略同，此蓋即从賢省聲，旁皆箸兩點者，金文賢字或作🔣〈頌鼎〉，作🔣〈魯大司徒匜〉，左右著兩點或四點，此并兩點箸之右旁，意亦略同，非重文也。「田𦥑」「𦥑田」「正𦥑」，當讀爲增坿之增，謂於竟上築短垣爲疆界，《國語‧齊語》云：「渠弭于有渚。」《周禮‧典瑞》云：「駔圭璋璧琮琥璜之渠𦥑」，𦥑弭並與增同。蓋掘地爲溝渠，封土爲增坿，咸所以辨區域。盤文皆紀散與矢兩邑分田定界之事，故云：「用田𦥑矣。」（《名原》下，葉十七）

🔣🔣 金文从召得聲之字甚多，如召、邵从卩與邵異。諸字，皆與小篆同，唯召國字獨縣重詭異，爲字書所無，而彝器文恒見，異體尤夥，大抵皆从白从酉，而下有从田者，如〈召白虎敦〉作🔣，作🔣，又別器作🔣🔣，〈召白父辛鼎〉作🔣，〈匽侯鼎〉作🔣，〈留君簠〉作🔣是也。又有从🔣者，如〈大史友甗〉作🔣，〈白害盉〉作🔣，〈召白彝〉作🔣是也，又有从🔣者，如〈孟鼎〉作🔣🔣是也，唯〈父戊觚〉作🔣，不从田🔣，〈番君鼎〉作🔣，从酉从田，則又不从白、召，於形爲最簡。諸字考釋家咸不能得其形聲，但以召公、召伯諸文推定，知其爲國名。然所从偏旁形義，終莫能究也。今綜合攷之，蓋从🔣省召聲，雖偏旁互有增省，大致不出是數形。其从🔣者，即🔣之省，其从田从🔣者，即畢🔣之省也。田即畢上田网形，其从🔣从🔣者，皆無田，而其从田者，則又皆無🔣，足證古畢字本不从田，田或即🔣之省變。而🔣左右有兩耳，正與甲文畢字同，下無柄，又與〈陳助敦〉🔣字同，可證畢之本有耳，而柄可省。其或旁注🔣🔣🔣🔣🔣🔣諸形者，疑亦即兩耳之變形。故唯从田者乃有此形，从🔣者咸無之，皆其字例之可推繹者。但从🔣从畢，其義終難知，然非甲文有🔣〔註53〕字，金文有🔣字，則召之奇字，幾不可辨識。古文放失，非博稽精校，固無從求其形例爾。（《名原》下，葉十八）

🔣🔣 《說文‧且部》：「且，所以薦也。从几，足有二橫。一，其下地也。古文作🔣。」金文例借且爲祖，其字恒見，皆與小篆同，間有省爲🔣者，〈且乙卣〉、〈且辛庚父鼎〉。於形亦不相遠。龜甲文且字

〔註53〕《藏龜》百五十七之二。

亦恒見，其作🔾，兩橫著中，相迫近於跗，校形義尤切。又有作🔾、作🔾者，則與金文、《說文》並同。唯金文別有且字，文較縣繆，如〈且子鼎〉作🔾，〈且女彝〉作🔾，〈貉子卣〉作🔾，〔註54〕皆無文義可說。唯〈聃敦〉云：「□亥王又有大豐疑豐王冂同三方王祀歺于大室降大廷又宥王衣殷祀歺王不顯考志文王叀喜帝文王德才在上不顯王𡆥省不緣王𡆥唐不克三衣王祀丁丑王鄉饗大🔾王降廷𡴝疑讀爲登薦復□隹唯聃又喜妥𣪠王休歺尊□。」此器爲周武王時作，文義奧衍，舊釋多誤，今以意攷正。此銘以王饗大且，與上王祀于大室，文義正相對，則亦當讀爲大祖矣。又〈無斁甗〉云：「王🔾尸夷方無斁咸。」此🔾亦且字，而其義則當爲徂之叚借。謂王往夷方，而無斁從之，其事咸備也。舊釋爲王匜人甗，大謬。〈秦子戈〉云：「用遠🔾从古文」，亦謂遠行所用也。此諸文皆搞爲且字，而文縣繆不可解，竊疑其爲俎之異文也。《說文・且部》：「俎，禮俎也。从半肉在且上。」凡金文从多者，蓋重紊肉字，或省从彡，亦即篆文半肉之濫觴，唯著於且字之間，則似象几上度肉之形，《說文》古文🔾云，「又以爲几字「。小篆省爲🔾而移著且旁，其从兩肉在且中之字，後人遂不復識矣。近人釋金文者，不知其爲从肉从且之字，因其形與🔾相近，率讀爲宜字，《說文・宀部》：「宜，所安也，从宀之下，一之上，多省聲。」古文作🔾🔾不省。殊誤。

龜甲文亦有此字，如云「口寅卜𢦓貝貞立下上□曰🔾獵庚寅且祖易日。」且作🔾。〔註55〕又云：「貝🔾丁卯其且。」且作🔾。〔註56〕又云：「□𢦓□🔾乙卯其且易□。」且作🔾。〔註57〕此文要見，義亦皆與徂通，而且祖（一）且丁字，則皆作🔾，無作此形者，與金文例略同。其从🔾，正是🔾形，與小篆尤相邇，亦古文之省也。

金文从且之字如叡、組諸文，偏旁皆作🔾，唯〈穌甫人匜〉有嫭字作🔾，又見〈嫭任壺〉作🔾，則仍从且，亦🔾與且同字之證也。舊皆釋爲嫭，其字爲《說文》所無。而《說文・晶部》云：「疊，揚雄

〔註54〕原注：以上三字並从🔾。

〔註55〕《藏龜》十六之三。

〔註56〕《藏龜》六十六之二。

〔註57〕六十九之一。

說以爲古理官決罪，三日得其宜，乃行之。从晶宜。亡新以从三日太盛，改爲三田。」今諦審金文嬺字，偏旁實从且不从宜，竊疑疊正字當作疊，乃从且从宜省，〈梁上官鼎〉疊省作🔲，可證。蓋取參重薦俎，會意。《說文‧多部》云：「重夕爲多，重日爲疊」，是其義也。子雲似已不識此字，故誤以爲从宜，決罪三日得宜之說，亦決無理據，恐未必塙也。

嬺字从女，則當爲女子名，古經典未見，惟《大戴禮記‧帝繫篇》云：「黃帝娶于西陵氏之子，謂之嫘祖。」《史記‧五帝本紀》同。《集解》徐廣云：「祖，一作俎。」即🔲字也。《國語‧晉語》韋昭注引〈帝繫〉作纍，《漢書‧古今人表》作絫，同馬貞《史記索隱》引《帝王世紀》作累，即絫之俗。張守節《史記正義》又作傫，《山海經‧海內經》作雷嫘，字亦不見於《說文》。竊疑黃帝妃或本名嬺，後人因晶厽形近，變嬺爲嫘。俗書疊誤作參，《玉篇》「厽，《尚書》以爲參字。」本〈西伯戡黎〉馬融說，是其例。又誤分爲兩字，以厽爲絫，以且爲祖，遂至忘其本始。此臆說，無左證，然古書重牲肊謬，往往有此，聊記之以備一義。(《名原》下，葉二十二)

先生精於古文奇字，故能推曠代之絕學，折衷至當，以成一家之言，如釋🔲、釋🔲，皆能比勘宗彝，歸本許氏，明辨其展轉省變之跡，而知其塙詁正解之由。至於以🔲爲旨，以🔲爲召，以🔲爲祖，以🔲爲俎，並借爲徂來之徂，兼推🔲字之分化，袪楊子雲解字之不當，補許叔重《說文》之闕佚，正末反始，博采慎繹，卓乎！其說之不可易也。

7、〈說文補闕〉第七

許氏《說文》九千，古來爲字書之鼻祖，研古之津梁，小學家奉爲職志。是以凡經典文字，《說文》所無者，概斥爲俗體別書；惟自金文發現，甲骨出土之後，歷經學者之精究研治，因而古文躁出，觀容希白《金文編》、《續金文編》，李孝定《甲骨文字集釋》，其綴錄之古文奇字，多有《說文》之未及載者。然三代彝器，固塙具其文，則非後世增益造作，已昭然可知，其意必者固執一詞，亦可不攻而自破。

先生既以古文正字多襍出於龜（一）彝器之間，於是彙而集之，推尋厥由，或小篆本無此字，許君不能盡見古文，馬衡《金文編‧序》云：「《說文‧敘》中

雖有郡國於山川得鼎彝之語，而篇中屢引秦刻石，不及鼎彝一字，吳大澂謂郡國所出鼎彝，許氏實未之見。非無因也。」容庚《金文編·自敘》云：「《漢書·藝文志》曰：『漢興，閭里書師合《蒼頡》、《爰歷》、《博學》三篇，斷六十字以爲一章，凡五十五章，并爲《蒼頡篇》。武帝時，司馬相如作《凡將篇》，無復字。元帝時，黃門令史游作《急就篇》，成帝時，將作大匠李長作《元尙篇》，皆《蒼頡》中正字也。《凡將》則頗有出矣。至元始中，徵天下通小學者以百數，令各記字於庭中。揚雄取其有用者以作《訓纂篇》，順續《蒼頡》，又易《蒼頡》中重複之字，凡八十九章。臣復續揚雄作十三章，凡一百三章，其數不合，三殆二之誤。無復字，六藝群書所載略備矣。』當時所作一百三章章六十字，凡六千一百八十字，無非編纂章句，以便誦習。觀其所云：『取其有用者』，與『六藝群書，所載略備』，非謂文字盡於此也。即《說文》所最九千三百五十三文，亦僅足供學童諷書之用。蓋太史試學童，能諷書九千字以上，乃得爲吏，亦非謂文字盡於此也。羅先生叔言《殷虛書契待問編》最錄甲骨文之不可遽釋者千名，而此編各部所坿，及坿錄所載亦千名，殆皆《說文》所無者，則其遺佚多矣。昔之治《說文》者，於《說文》所無之字，相率不敢用，或牽強而傅會之，不其惑與？」林義光《文原·敘》云：「顧許氏敘篆文合古籀，而所取古文，由壁中書及郡國所得鼎彝，時未有槧書之業，拓墨之術。壁經彝器，傳習蓋寡，即許君覩記，亦不能無失其真。故於古籀造字源，多闕不論，但就秦篆立說，而遂多不可通。」遂不免漏落，或《說文》本有，而傳寫挩佚，錢大昕《說文解字·跋》云：「自古文不傳於世，士大夫所賴以考見六書之源流者，獨有許叔重《說文解字》一書。而傳寫已久，多錯亂遺脫。」鄭珍《說文逸字敘目》云：「右上下二卷，凡一百六十五文，皆《說文》原有，而今之鉉本亡逸者也。許君記文字十四篇，孔壁遺式，賴以不墜。而歷代迻寫，每非其人，或併下入上，或跳此接彼，淺者不辨，復有刪易，逸字之多，恒由此作。」雖清人有逸字之纂，惟說者紛紜，皆未能決定。先生就新攷釋之古文，甄其形聲，塙可推繹，合於經詁字例者，特加綴錄一二，以補許書之闕，用徵《說文》之疏。今詳載如次，以發其凡。並誌大輅椎輪，作始之功爲何如也。

　　𧝌𧝾　《說文》無𧝾字，而金文恒見。如〈宂卣〉云：「易錫宂𧝾市同黃。」又〈趞尊〉、〈師奎父鼎〉、〈遱𪑺鼎〉，並有「𧝾市同黃」之文。尊文作𧝾，鼎文作𧝾作𧝾，皆即此字。〈師奎父鼎〉正从韋，〈宂卣〉、〈趞尊〉皆从帀者，蓋與衛从帀相類，〈衛子簠〉，衛作𧗌，與尊文偏旁正同。〈趞曹鼎〉則又有省變，依字𧝾从韋𢦏聲，以聲類推之，音義當與纔字相近。《說文·系部》：「纔，帛雀頭色」，从糸，毚聲，𢦏从才聲，與纔从毚聲，古音同部，義亦略同。其與禮經爵字亦聲近義通。〈士冠禮〉：「玄端爵韠」，鄭注云：「士皆爵韋爲韠。」

引《玉藻》曰：「韠，君朱，大夫素，士爵韋。」金文䘒市即禮經之爵韠也。自經典通叚爵字爲之，而其正字遂廢。纕字唯著於《說文》，而䘒則字書悉無之，不讀金文，幾不知古有此字矣。

金文又有䌌字，薛氏《款識・齊侯鎛鐘》作䌌，《說文》亦無其字，音義無攷。以䘒字例之，䌌从糸䍥聲，與纕字形同聲近，當爲一字，但〈齊鎛〉云：「余命女䌌䜌卿別器卿上有正字。」審校文義，蓋讀䌌爲爵，與禮經借爵爲䘒義異而例同，謂命以官爵䜌次於正卿也。因其借讀，可推定其本義必爲爵色絲帛，亦即禮經爵弁之正字。蓋市制韋爲之，爵色韋，則謂之䘒，其字从韋。帛織絲爲之，爵色帛則謂之䌌，其字从糸，古文形義至爲精析，經典則不分韋絲，通叚爵爲之，字書遂闕此兩字。唯彝器文䘒市尚用正字，而䌌字則以〈齊鎛〉叚爲爵僅存，考釋家亦咸瞢然莫辨，蓋古文之放失久矣。（《名原》下，葉二十六）

䖒　金文紀錫兵器有甲冑，〈彔彝〉云：「易錫䖒甲之異文冑，冑之異文冑，詳《古籀拾遺》。干戈」是也。〈白晨鼎〉則云：「□戈䖒冑之省」。〈豆鼎〉又云：「矢百畫䖒一貝冑一。」審校文義，甲冑二物相埒，不宜偏舉。〈白晨鼎〉以䖒與冑同錫，〈豆鼎〉以畫䖒與貝冑同錫，則亦必與甲同物矣。攷䖒字从虎从幺从本，古字書未見。以形聲推之，蓋當讀爲皋。其義則爲虎皮韜甲，亦即莊十一年《左傳》之皋比。杜預注云：「皋比，虎皮。」孔疏引服虔注，據《樂記》「倒載干戈，包之以虎皮」，名之曰建皋爲釋，今《禮記》作建櫜，鄭注讀爲鍵櫜，云：「兵甲之衣曰櫜。」二字古多通用。《說文・本部》：「皋，从白、本。」會意，實兼韜本聲。此䖒从本，與彼聲類同。蓋實虎皮包甲之正字，而櫜則櫜韜之通名，皋則同聲之叚字爾。因其用虎皮，故从虎，其从幺者，疑从糸省，甲衣亦以線縷縫綴之也。又疑ᗄ當爲白，拓本模黏，誤認爲幺形。古蓋本有此字，而字書挩之，〈孟鼎〉䖒字，亦當即此字，右从虎甚明，唯左本形摩滅，不甚可辨，要以〈白晨鼎〉證之，必是一字。〈少儀〉說獻甲云：「甲，若無以前之，則袒櫜奉冑」，是甲必有櫜，與冑同獻。凡賜予亦必三者相兼，故兩鼎並以皋冑同錫，明說皋可以晐甲，互相證覈，足以決定矣。（《名原》下，葉二十七）

夰　金文〈禽彝〉云：「王伐䤔庆，周公某謀禽夰禽又有殷夰王易錫金百爰鑱禽用作寶彝。」此夰字奇古難識，諦審之，當爲从兂从示，舊釋爲祝、爲祀，並非。字書未見。尋文討義，當爲禷之省。《書・舜典》：「歸格于藝祖」，馬融、王肅並釋爲禰，漢人引亦並作禰。《說文・示部》無禰字，古文蓋作禷，从示埶聲。夰即兂。金文〈丁玑卣〉玑字作夰禷之省，即其例也。不从坴者，文省。埶、爾聲近，故經典又作禰也。祝即禰廟，周公某禽禷，謂周公隨王伐許，而館於禽之禰廟，因以謀訪政事。禽又殷禷，謂禽有殷祭於禰廟，故王賜金以助祭也。推繹情事，其義昭然，與《尚書》義亦可互證也。（《名原》下，葉二十七）

媐　夏桀后妹喜，見《國語・晉語》。《楚辭・天問》及《呂氏春秋・慎大篇》、《漢書・古今人表》，並作末嬉，而《說文・女部》無嬉字，金文亦未見。唯龜甲文有媐字，从女从壴，蓋即嬉之省文。《說文・喜部》：「喜，古文作歖。」又《欠部》：「歖」字甲文作媐，並省喜爲壴，可與媐字互證。據甲文則古固有此字，可據以補《說文》之闕。《文選・洞簫賦》李善注引《說文》：「嬉，樂也。」疑今本挩之。（《名原》下，葉二十八）

更生案：先生引甲骨補《說文》之闕，可與本書第三章〈孫詒讓之甲骨學〉相勘校。

盛　金文〈散氏盤〉云：「史正中盛」，此字上似从豑省，下似从成省。〈毛公鼎〉述賜車飾亦云：「朿刺盛金」，則从成不省。而盛作盛，則璲畫又微有省減。金文从豑省字甚夥，皆不从田，盤文著田於白間，未詳其義。史正中盛，當爲成要之成，《周禮・方士》云：「獄訟成，士師受中，書其形殺之成。」又〈天府〉云：「凡官府鄉州及都鄙之治中，受而藏之。」又〈司會〉云：「以日要考日成，以月要考月成，以歲會攷歲成。」此中盛即謂訟獄成要之簿書，故史正之也。〈格白敦〉云：「乃書史諆識武立澘豑成」，與盤文義正同，可以互證。〈毛鼎〉之盛金，則當爲涂金之義。與《考工記・匠人》窗白盛之盛義同，謂車飾皆以金涂之也。以蜃灰涂窗謂之白盛，以金涂車上諸材謂之盛金，其義亦正同。盛有涂義，故从豑省。豑亦塗血

之祭也。以字例推之，戜金當爲此字之本義，〈散盤〉以戜爲成要字，則同聲叚借，與〈考工〉借用盛字例同。小篆無此文，後人遂不識白盛之自有本字矣。(《名原》下，葉二十九)

遉匡　金文〈史頌敦〉云：「日遉天子」，遉字以形聲求之，當爲从辵匡聲，然匡遉兩字《說文》並未收，尋文討義，或爲匡之異文。匡从𡉫聲，與羊聲同部也。龜甲文亦有云：「甲申巨人名令匡羌。」又云：「□□立匡□宙。」，匡即匡字，《說文·匚部》：「匚，籀文作匚，匚即匚之省。與敦文可以互證。匡羌似亦匡正之義，《爾雅·釋詁》：「匡，正也。」謂正其罪而伐之也。但以金文、甲文合校之，疑古本有从匚羊聲之字，又或加辵爲之，小篆無此二字，故許書失收耳。(《名原》下，葉三十)

鈺　金文〈毛公鼎〉「玉環玉鈺。」鈺字奇古難識，諦審字形，从玉从𣄼，蓋璬之反文鼎文余字亦作𠆤，可證。《說文·八部》：「𣄼，二余也，讀與余同。」玉璬當爲玉瑹之荼。《荀子·大略篇》：「天子御珽，諸侯御荼。」楊倞注云：「荼，古舒字。玉之上圓下方者也。」鈺蓋玉瑹之正字，今經典皆借荼爲之，其正字遂隱沒不傳。《說文·玉部》無鈺字，此可以補其闕。毛公膺，諸侯，故錫以玉瑹之鈺，與禮亦正相應也。(《名原》下，葉三十一)

先生於〈說文補闕〉錄有十二字，以上僅擇其半以書者，其他六字，或因是非錯出，別揀維艱，或由墨字太多，不易辨認，而推敲復易致誤，故不得不出乎此也。幸以先生此節之恉，在發伏辨疑，開物成務，功不期其備而期其有，言不要其詳而要其精，是以擇其說字明塙及扼要者書之，以見先生引篆就經，用經證字之大端也。

五、結　論

博綜我國文字學之演進，可分四期：第一期爲文字書時期，此期自秦漢至隋，計八百餘年，在文字學上重要之書，首推許叔重《說文解字》，此書是在明字例之條，分別部居，不相襍廁，啓研究文字之濫觴。許氏《說文》之後，若《字林》、《玉篇》、《廣雅》、《廣韻》等，或屬形，或屬聲，或屬義，要均由《說文解字》中繁衍而出，爲其支脈。至於較《說文解字》前出之書，若《八體》、《六技》、《倉頡》、《爰歷》

諸篇，大半不存，其僅殘存之《急就篇》，爲後人之輯佚，非其全貌也。第二期爲文字學前期，此期自唐至明，計千有餘年，而於文字之學有繼絕舉廢之功者，允以徐鉉、徐鍇兄弟爲代表，二徐於袪妄糾繆，摧廓異端，以復許書之舊，爲後此研究小學者之前驅。二徐之前，如李陽冰擅改《說文》，顏師古考定五經文字而著《字樣》，杜延業復增修顏書，成《新定字樣》，顏元孫又本之作《干祿字書》，郭忠恕作《佩觿》，皆屬正字辨俗之書，已略具研究文字之傾向。第三期爲文字學後期，爲有清一代，計二百六十八年，此期之學者，或綜合之鑽研，或精密之分析，一是皆以許書爲本，使成有系統條理之學。如段氏玉裁之精深，段注《說文解字》，以考據校勘之法治文字學，其中徵引審訂，雖不無武斷之弊，但學成一家，自不可免；而其於許書條例之發明，以及自明文字之條例，皆極精審允當，讀者玩味段注，即可有會心之得。故雖有小疵，仍不足爲大醇者病。桂氏馥之博大，桂氏博涉群書，潛心文字，嘗謂士不通經，不足致用，而訓詁不明，不足通經。其著《說文義證》一書，臚列古籍，而不專斷，使人讀之，展轉自通。其訓釋之例，深藏於字裏行間，端賴學者自求，後之治小學者，多能舉證之。其他若王氏筠之《釋例》、朱氏駿聲之《定聲》，皆能各就己力之所及，殫精竭思，而成絕詣。第四期爲古文字學時期，自清末至今，計其時不上百年，而百年之中，小學家由一向以秦篆爲本、《說文》爲據之研究方式，變而爲上溯三代之甲骨彝器，下求秦漢以來之殘簡碑碣，展延擴大更究其精，剖折分析尤窮其深，其中卓著固然不乏，而合金文、甲骨、石鼓、石刻以及《說文》古籀，互相校勘，爲研究古文字之學導夫先路者，厥以仲容先生之《名原》一書開其端緒。

　　《名原》之爲書也，前節已言之審矣，究以事屬初創，取材所限，居今日視之，其所諟正固仍不乏塙鑿可據之說，而於精討博校之後，其間是非錯出者，更所在多有，綜而論之，其失有四：一則於六書中轉注之體認，尚欠精密。二則於甲骨文字之誤識，至同條之中，於文字形聲之分析，瑕瑜互見，使讀之者不易別擇。三則受許氏《說文》之影響過深，是以其間有不能以古文論古文，而暢所欲言之弊。四則本書爲先生晚年力作，不徒老病催人，尤乏知者與於增訂之役，至未能重校，即倉卒付諸梨棗，是以其中墨字紛陳，難以卒讀。更生末學膚受，辱忝學界之林，承高師仲華先生之薰教，得讀徵君之全部著述，心儀先生之謹嚴治學，深疚不能追蹤逸步，踵事而增華，故於述先生之文字學既竟，中心若有所思，知《名原》之雖有小疵，但其在古文字學之研究上，永居於承先啓後之地位，後之欲究明小學者，吾知其必以此書發其蒙固矣。